编写人员

主　编： 谭庆芳　　皮加辉　　肖　庆

副主编： 汪　艺　　马　奔　　刘　明

参　编： 陈雪松　　卢志华　　冯　平　　王　梓

新时代司法职业教育"双高"建设精品教材

监所网络数据库技术

谭庆芳　皮加辉　肖庆 ◎ 主编

华中科技大学出版社
http://press.hust.edu.cn
中国·武汉

内 容 提 要

本书以 MySQL 8.0.32 为平台，按照高素质警务技术技能数据库人才培养的目标要求，遵循由浅入深、从易到难的规律，以项目/任务驱动的方式，通过实例讲述监所数据库应用技术。主要内容包括监所数据库的安装与配置、数据库和数据表的增删改查、MySQL 编程、数据库容灾与备份、数据库故障诊断等。本书由武汉警官职业学院和武汉伟创聚赢科技有限公司合作编撰，编写团队深入监狱、戒毒所和相关信息化企业调研，力争以最先进的数据库技术服务监所信息化建设，体现了公安司法类专业计算机课程服务行业的特点。通过本书，读者可以快速学会监所数据库的相关知识，掌握基于 MySQL 的监所数据库项目开发方法。

本书适用于公安司法类应用型本科、职教本科和高等职业院校数据库技术课程，作为在校生数据库课程教材使用，也可作为本科院校的学生和计算机爱好者的参考用书。

图书在版编目（CIP）数据

监所网络数据库技术/谭庆芳，皮加辉，肖庆主编. —武汉：华中科技大学出版社，2023.5
新时代司法职业教育"双高"建设精品教材
ISBN 978-7-5680-9343-9

Ⅰ.① 监⋯ Ⅱ.① 谭⋯ ② 皮⋯ ③ 肖⋯ Ⅲ.① 看守所-管理-关系数据库系统-中国-高等职业教育-教材 Ⅳ.① D631.7 ② TP311.132.3

中国国家版本馆 CIP 数据核字（2023）第 054171 号

监所网络数据库技术　　　　　　　　　　　　　　谭庆芳　皮加辉　肖　庆　主编
Jiansuo Wangluo Shujuku Jishu

策划编辑：张馨芳
责任编辑：苏克超
封面设计：孙雅丽
版式设计：赵慧萍
责任校对：张汇娟
责任监印：周治超
出版发行：华中科技大学出版社（中国·武汉）　　　电　话：（027）81321913
　　　　　武汉市东湖新技术开发区华工科技园　　　邮　编：430223
录　　排：华中科技大学出版社美编室
印　　刷：湖北新华印务有限公司
开　　本：787mm×1092mm　1/16
印　　张：23.25　　插页：2
字　　数：537 千字
版　　次：2023 年 5 月第 1 版第 1 次印刷
定　　价：78.00 元

本书若有印装质量问题，请向出版社营销中心调换
全国免费服务热线：400-6679-118　竭诚为您服务
版权所有　侵权必究

PREFACE 前言

"监所网络数据库技术"是司法信息技术、司法信息安全、计算机和信息管理相关专业的一门专业基础课。它的主要任务是研究存储、使用和管理数据，使学生掌握监所数据库的基本原理、方法和应用技术，掌握数据库结构的设计和数据库在监管场所应用系统的开发方式，能有效地使用各类数据库管理系统和软件开发工具。

在智慧监狱、智慧戒毒信息化建设中，需要使用数据库进行业务管理，因此这门课程讲解的数据库技术更有针对性，更具司法信息技术、司法信息安全专业特点。

在当前国际形势面临百年未有之大变局，少数国家由于制裁而成为"信息孤岛"之际，世界各国对信息安全也前所未有地重视。随着党的二十大胜利召开，人们充分认识到，对于一个国家，数据库的建设规模、使用水平已成为衡量该国信息化程度的重要标志，选择一个可靠、安全、不受外部控制的数据库系统已成为人们的共识。本书以习近平新时代中国特色社会主义思想为指导，遵循习近平法治思想，遵循职业教育标准规范，符合总体国家安全观要求。从数据安全角度出发，以开源数据库语言MySQL为依托进行知识点实训编写，从理论到实践推演，再从实践到理论印证，好理解，易上手，快掌握。

MySQL作为一个小型的关系型数据库管理系统，体积小、速度快，是目前最常用的开源数据库系统之一。监狱、戒毒所等信息高度保密的法律执行机构选用国产或开源数据库能较好保障数据安全。监所内罪犯基本信息、机构基本信息、业务数据信息、计分管理信息、生活卫生管理信息、被服发放管理信息及监狱人民警察信息等都需要借助数据库系统提升信息化管理效能。因此，我们组织监所信息化建设经验丰富、教学能力突出的"双师型"骨干教师联合企业工程师编写了这本适合公安司法类院校在校学生和广大计算机爱好者使用的书籍。

全书以项目为载体，以任务为驱动，将课程思政有机融入教材，注重职业素养提升，充分体现现代职业教育特色及监所行业特点。全书分为十二章：

第1章，介绍数据库基础知识、安装MySQL、客户端连接MySQL服务等内容；

第 2 章，介绍关系模型与数据表、MySQL 数据类型和数据完整性等内容；

第 3 章，介绍使用 DDL 定义维护数据库表结构和使用 DML 维护表数据；

第 4 章，介绍使用 select 进行数据查询；

第 5 章，介绍 MySQL 函数；

第 6 章，介绍聚合函数和分组查询；

第 7 章，介绍内连接查询、多表连接查询等连接查询；

第 8 章，介绍单行子查询、多行子查询、子查询非典型应用等；

第 9 章，介绍数据需求分析、概念结构设计和逻辑结构设计等；

第 10 章，介绍 MySQL 编程；

第 11 章，介绍视图、索引、触发器、事务等常见数据库对象；

第 12 章，介绍 MySQL 二进制日志、MySQL 备份和还原、MySQL 复制等 MySQL 高级应用。

由武汉警官职业学院谭庆芳、肖庆老师和武汉伟创聚赢科技有限公司皮加辉任主编，具有司法行政信息化建设经验的陈雪松老师对书中任务和实例进行了设计和指导。谭庆芳、肖庆、皮加辉、陈雪松对全书进行了审核。

编写人员及分工如下：第 1 章，卢志华；第 2、5 章，马奔；第 3、4 章，汪艺；第 6、8 章，皮加辉；第 7 章，王梓；第 9、10 章，刘明；第 11 章，冯平；第 12 章，谭庆芳。

本书具有理实一体化的特点，可作为相关院校专业课程教材使用，也可供各类司法行政部门相关工作人员学习参考，普通读者也能从中学习数据库知识技能。

由于计算机及数据库技术发展迅速，应用软件版本日益更新，囿于编者常识，错误和疏漏之处在所难免，敬请专家、读者批评、指正。

本书在编写过程中，得到了许多兄弟院校教师和相关行业专家的关心和帮助，并提出许多宝贵的修改意见，对于他们的关心、帮助和支持，一并表示感谢。

本书编委会
2023 年 2 月

目录

第1章　MySQL 数据库基础 ········· 1
1.1　数据库概述　/ 2
1.2　MySQL 服务　/ 4
1.3　客户端连接 MySQL 服务　/ 20
1.4　Navicat for MySQL 工具介绍　/ 23
1.5　本章实践任务　/ 32

第2章　MySQL 表结构管理概述 ········· 34
2.1　关系模型与数据表　/ 35
2.2　MySQL 数据类型　/ 37
2.3　数据完整性约束　/ 42
2.4　参照完整性约束　/ 47
2.5　本章实践任务　/ 52

第3章　MySQL 数据库和数据表基本操作 ········· 56
3.1　SQL 简介　/ 57
3.2　数据库的基本操作　/ 59
3.3　数据表的基本操作　/ 65
3.4　插入和更新数据表的数据　/ 95
3.5　删除数据表的数据　/ 102
3.6　本章实践任务　/ 105

第4章　Select 基础查询 ········· 109
4.1　select 语句基本语法　/ 110
4.2　使用 select 语句进行简单查询　/ 111
4.3　使用 where 条件子句　/ 116
4.4　定制显示查询结果　/ 128
4.5　本章实践任务　/ 132

第5章 MySQL 基本函数应用 ·········· 134

5.1 数学函数和控制流函数 / 135

5.2 字符串函数 / 141

5.3 日期和时间函数 / 146

5.4 系统信息函数和加密函数 / 154

5.5 本章实践任务 / 161

第6章 聚合函数和分组查询操作 ·········· 170

6.1 聚合函数 / 171

6.2 分组查询 GROUP BY 子句 / 178

6.3 多字段分组和 HAVING 子句 / 181

6.4 本章实践任务 / 185

第7章 MySQL 数据表连接查询 ·········· 191

7.1 内连接查询 / 192

7.2 多表连接查询 / 202

7.3 外连接查询 / 204

7.4 连接查询综合应用 / 207

7.5 本章实践任务 / 210

第8章 MySQL 数据表子查询 ·········· 221

8.1 单行子查询 / 222

8.2 多行子查询 / 224

8.3 子查询的非典型应用 / 227

8.4 在 DML 语句中使用子查询 / 229

8.5 本章实践任务 / 230

第9章 数据库设计 ·········· 233

9.1 数据需求分析 / 234

9.2 概念结构设计 / 241

9.3 逻辑结构设计 / 247

9.4 使用 PowerDesigner 设计数据模型 / 250

9.5 本章实践任务 / 257

第10章 MySQL 数据库编程 ·········· 265

10.1 用户自定义变量 / 266

10.2 存储过程 / 272

10.3 条件控制语句 / 280

10.4 游标 / 285
10.5 本章实践任务 / 288

第 11 章 其他数据库对象及应用 296
11.1 视图 / 297
11.2 索引 / 305
11.3 触发器 / 310
11.4 事务 / 315
11.5 本章实践任务 / 318

第 12 章 MySQL 数据库安全管理 321
12.1 MySQL 二进制日志 / 322
12.2 MySQL 备份和还原 / 329
12.3 MySQL 复制 / 335
12.4 MySQL 查询优化 / 340
12.5 本章实践任务 / 349

附录 数据字典 352

参考文献 362

第 1 章
MySQL 数据库基础

本章简介

MySQL 是一个关系型数据库管理系统，由瑞典 MySQL AB 公司开发，目前属于 Oracle 公司旗下产品，MySQL 是最流行的关系型数据库管理系统之一。监所内也会使用到数据库，例如用于劳动计分管理、生活卫生管理、被服发放管理、罪犯信息管理及监狱人民警察信息管理等，因此具有很强的实践意义和可操作性。

本章将讲解数据库的基础知识以及如何安装 MySQL 数据库管理系统、客户端连接 MySQL 服务和 Navicat for MySQL 的介绍。

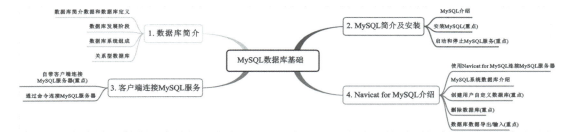

学习目标

1. 了解数据库简介
2. 掌握 MySQL 简介及安装
3. 掌握客户端连接 MySQL 服务
4. 了解 Navicat for MySQL 介绍

课前预习

1. 单词掌握

data：数据

database（DB）：数据库

DBMS：数据库管理系统

SQL（Structure Query Language）：结构化查询语言

2. 关系型数据库的特点是_____。

3. MySQL 安装的要点是_____。

4. Navicat for MySQL 的作用是_____。

1.1 数据库概述

1.1.1 数据和数据库定义

数据（data）是事实或观察的结果，是对客观事物的逻辑归纳，是用于表示客观事物未经加工的原始素材。数据可以是连续的，比如声音、图像，称为模拟数据；也可以是离散的，如符号、文字，称为数字数据。在计算机系统中，数据以二进制信息单元 0、1 的形式表示。

数据库（database，DB）是"按照数据结构来组织、存储和管理数据的仓库"。是一个长期存储在计算机内的、有组织的、可共享的、统一管理的大量数据的集合。办公室的文件柜是一个存放文档的物理空间，我们可以类比把数据库想象成电子化的文件柜，即存储电子文件的场所。

1.1.2 数据库发展阶段

数据库管理技术发展经历了三个阶段：人工管理阶段、文件系统阶段、数据库系统阶段。

1. 人工管理阶段

早期的数据处理都是通过手工进行的，因为当时的计算机主要是用于科学计算。人工管理阶段的特点如下。

（1）数据量较少：数据和程序一一对应，数据面向应用独立性很差。应用程序所处理的数据之间可能有一定的关系，因此程序之间会有大量的重复数据。

（2）数据不保存：该阶段计算机的主要任务是科学计算，一般不需要长期保存，计算出结果就行了。

（3）没有软件系统对数据进行管理：程序员不仅要规定数据的逻辑结构，而且要在程序中设计物理结构，包括存储结构的存取方法、输入输出方式等。

2. 文件系统阶段

主要是大容量的磁盘等辅助存储设备的出现，使得专门管理辅助设备上的数据的文件系统应运而生，它是操作系统中的一个子系统。文件系统中按照一定的规则将数据组织成为文件，利用存储设备，通过文件系统对文件中的数据进行存取和加工。文件系统阶段的特点如下。

（1）数据可以长期保留：程序可以按照文件名访问和读取数据，不关心数据的物理位置。

（2）数据不属于某个特定应用：应用程序和数据不再是直接的对应关系，可以重复使用，不同的应用程序无法共享同一数据文件。

（3）文件组织形式多样化：如索引文件、链接文件、Hash等。文件之间没有联系相互独立，数据间的联系要通过程序去构造。

文件系统的缺点：数据冗余，数据不一致性，数据孤立。

3. 数据库系统阶段

数据库系统由计算机软件、硬件资源组成，它实现了有组织地、动态地存储大量关联数据，方便多用户访问。它与文件系统的重要区别是：数据的充分共享、交叉访问，与应用程序的高度独立性。数据库系统阶段的特点如下。

（1）采用复杂的数据模型表示数据结构：数据模型描述数据本身的特点、数据之间的联系。数据不再面向单个应用，而是面向整个应用系统。数据冗余明显减少，实现数据共享。

（2）有较高的数据独立性：数据库是以一种更高级的组织形式，在应用程序和数据库之间由数据库管理系统（DBMS）负责数据的存取。

数据库系统和文件系统的区别：数据库对数据的存储按照同一结构进行，不同应用程序都可以直接操作这些数据。数据库对数据的完整性、唯一性、安全性都有一套有效的管理手段。另外，数据库还提供管理和控制数据的各种简单操作命令，使用户编程更加容易。

1.1.3 数据库系统组成

数据库系统由以下4个部分组成。

1. 数据库

数据库（database，DB）是指长期存储在计算机内的，有组织、可共享的数据集合。数据库中的数据按一定的数学模型组织、描述和存储，具有较小的冗余，较高的数据独立性和易扩展性，并可为各种用户共享。

2. 硬件

硬件是构成计算机系统的各种物理设备，包括存储所需的外部设备。硬件的配置应满足整个数据库系统的需要。

3. 软件

软件包括操作系统、数据库管理系统（DBMS）及应用程序。其主要功能包括数据定义功能、数据操作功能、数据库的运行管理和数据库的建立与维护。

4. 人员

人员主要有4类。第一类为系统分析员和数据库设计人员。第二类为应用程序员，负责编写使用数据库的应用程序。第三类为最终用户，利用系统的接口或查询语言访问数据库。第四类用户是数据库管理员（data base administrator，DBA），负责数据库的总体信息控制。

1.1.4 关系型数据库

关系型数据库，是指采用关系模型来组织数据的数据库，其以行和列的形式存储数据，以便用户理解。关系型数据库这一系列的行和列被称为表，一组表组成数据库。用户通过查询来检索数据库中的数据，而查询是一个用于限定数据库中某些区域的执行代码。关系模型可以简单理解为二维表格模型，而一个关系型数据库就是由二维表格及其之间的关系组成的一个数据组织。

关系模型的数据库应用语言是SQL（Structure Query Language，结构化查询语言），SQL语言由IBM于20世纪70年代开发出来，后由美国国家标准局（ANSI）开始着手制定SQL标准，先后有SQL-86、SQL-89、SQL-92、SQL-99等标准。

主流关系型数据库有Oracle、DB2、MySQL、Microsoft SQL Server等。

1.2 MySQL 服务

1.2.1 MySQL 介绍

MySQL是一个开放源码的小型关系型数据库管理系统，开发者为瑞典MySQL AB公司。2008年1月16日，MySQL AB被Sun公司收购。2009年，SUN又被Oracle收购，于是MySQL成为Oracle公司的一个数据库项目。

目前 MySQL 被广泛地应用在 Internet 上的中小型网站中。由于其体积小、速度快、总体拥有成本低，尤其是开放源码这一特点，使得很多公司都采用 MySQL 数据库以降低成本。

MySQL 的象征符号是一只名为 Sakila 的海豚，代表着 MySQL 数据库的速度、能力、精确和优秀本质，如图 1.1 所示。

图 1.1 MySQL 的象征符号

在 DB-Engines 发布的 2022 年最新数据库排名中 Oracle、MySQL 和 Microsoft SQL Server 占据前三名，如图 1.2 所示。

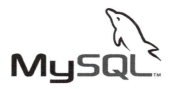

398 systems in ranking, June 2022

Rank Jun 2022	Rank May 2022	Rank Jun 2021	DBMS	Database Model	Score Jun 2022	Score May 2022	Score Jun 2021
1.	1.	1.	Oracle	Relational, Multi-model	1287.74	+24.92	+16.80
2.	2.	2.	MySQL	Relational, Multi-model	1189.21	-12.89	-38.65
3.	3.	3.	Microsoft SQL Server	Relational, Multi-model	933.83	-7.37	-57.25
4.	4.	4.	PostgreSQL	Relational, Multi-model	620.84	+5.55	+52.32
5.	5.	5.	MongoDB	Document, Multi-model	480.73	+2.49	-7.49
6.	6.	↑7.	Redis	Key-value, Multi-model	175.31	-3.71	+10.06
7.	7.	↓6.	IBM Db2	Relational, Multi-model	159.19	-1.14	-7.85
8.	8.	8.	Elasticsearch	Search engine, Multi-model	156.00	-1.70	+1.29
9.	9.	↑10.	Microsoft Access	Relational	141.82	-1.62	+26.88
10.	10.	↓9.	SQLite	Relational	135.44	+0.70	+4.90

图 1.2 2022 年最新数据库排名

1.2.2 安装 MySQL

MySQL 分为服务端安装和客户端安装。MySQL 服务端用于数据库软件本身存放数据，MySQL 客户端用于从服务端获取数据。

下面是 MySQL 服务端在 Windows 电脑上的详细安装步骤。

1. 下载 MySQL

打开搜索引擎输入 MySQL，找到 MySQL 官网链接，如图 1.3 所示。

进入 MySQL 官方网站后，点击下载菜单栏（如图 1.4 所示），进入 MySQL 社区下载页面（如图 1.5 所示）；点击 MySQL Installer for Windows 链接，进入 MySQL 安装包下载页面（如图 1.6 所示），选择对应的操作系统及安装包。

MySQL Installer 有两个：第一个（大小是 2.3M）是联网在线安装，会在线下载安装包；第二个（大小是 439.6M）是离线安装。这里我们选第二个下载到本地进行安装。虽然下载的是 32 位版本，但是同时已经包含 64 位版本。另外由于官网会不定期更新版本和网站页面，随着时间的推移，下载的界面会和上面有所不同，如图 1.7 所示。

图 1.3　搜索官网下载数据库

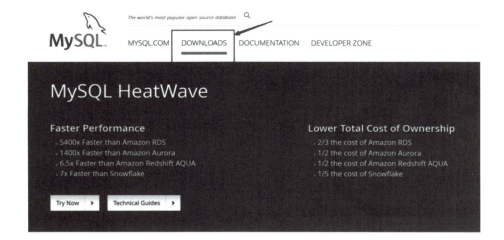

图 1.4　点击下载菜单栏

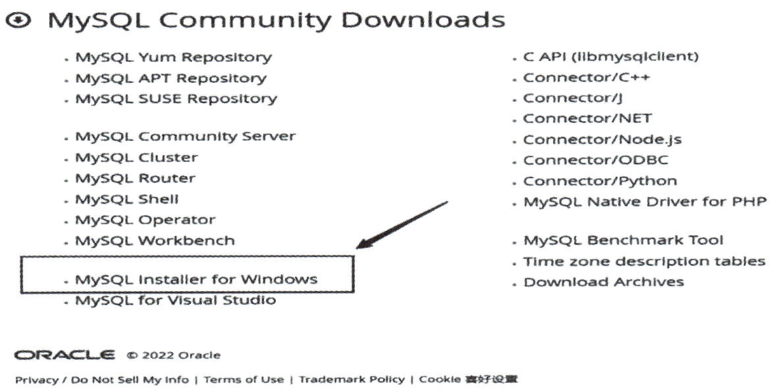

第1章 MySQL数据库基础

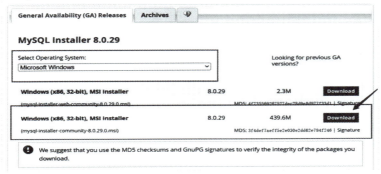

图 1.5　MySQL 社区下载

图 1.6　MySQL 安装包下载

图 1.7　下载界面不同提示

如果不想注册的话请直接点击此处开始下载并等待下载完成。

2. 安装 MySQL

（1）在本地电脑上找到如图 1.8 所示的离线安装文件，双击开始安装；

图 1.8　MySQL 安装包

（2）按提示进行操作之后来到选择安装类型界面，如图 1.9 所示，选择其中的默认安装；

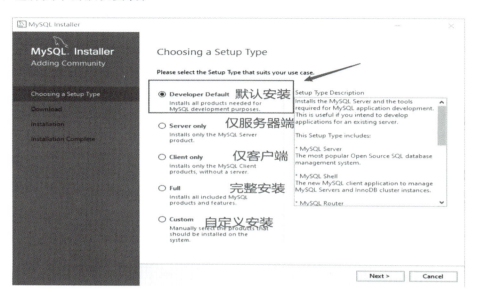

图 1.9　MySQL 安装类型

（3）点击右下角的 Next 按钮，进入安装需求确认界面，如图 1.10 所示：

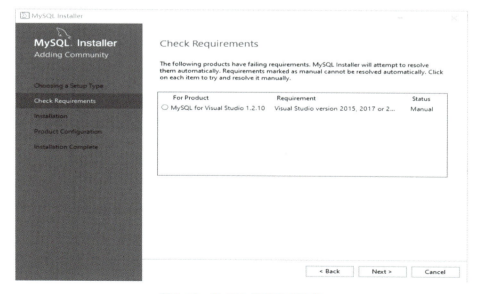

图 1.10　MySQL 安装需求确认

（4）检测需要的安装，这里我们直接点击 Next，进入执行安装界面，如图 1.11 所示；

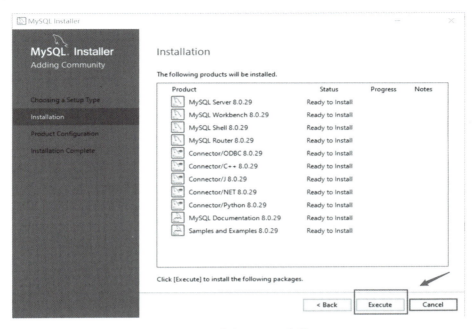

图 1.11　执行 MySQL 安装

（5）继续点击 Execute，等待相关组件的安装，在右侧会显示各组件安装的百分比，如图 1.12 所示；

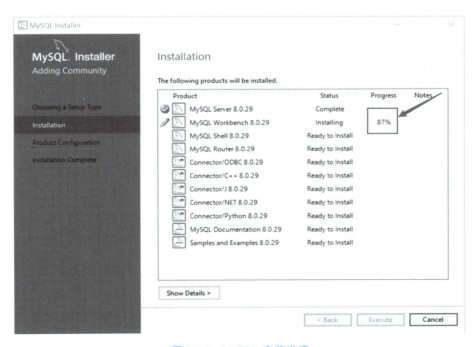

图 1.12　MySQL 安装进度

(6) 确认组件全部安装无误之后点击 Next 按键,如图 1.13 所示;

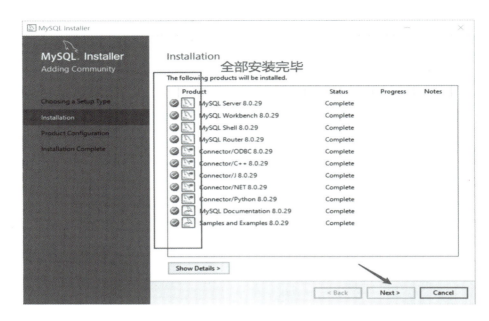

图 1.13　MySQL 安装完成

(7) 点击 Next,进入产品配置界面,如图 1.14 所示;

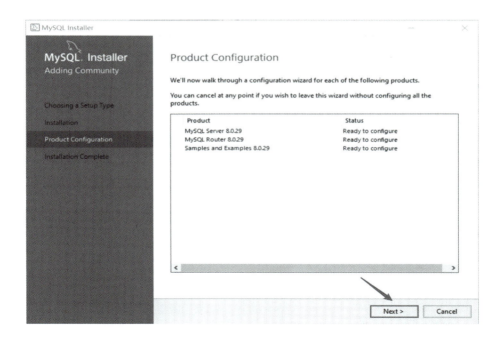

图 1.14　MySQL 产品配置

(8) 继续点击 Next，设置类型和网络，如图 1.15 所示；

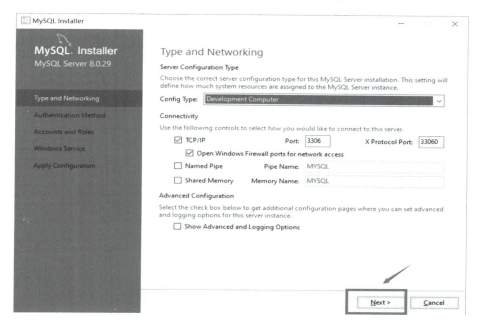

图 1.15　MySQL 产品配置

(9) 密码验证方式（Authentication Method），这一步很重要，第一个是强密码校验，MySQL 推荐使用最新的数据库和相关客户端，MySQL 8 换了加密插件，所以如果选择第一种方式，很可能在 Navicat（我们将在后面专门介绍这个软件）等客户端连不上 MySQL 8。所以这里一定要选第二个，如图 1.16 所示；

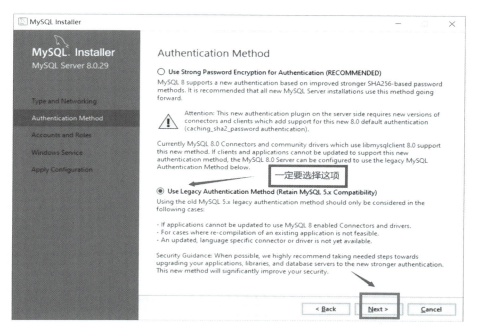

图 1.16　MySQL 密码验证方式

（10）设置密码，需要牢记，最好将登录用户名和密码记录到有道云笔记或者其他地方，因为后面要用这个密码连接数据库，输入完点击 Next 继续，如图 1.17 所示；

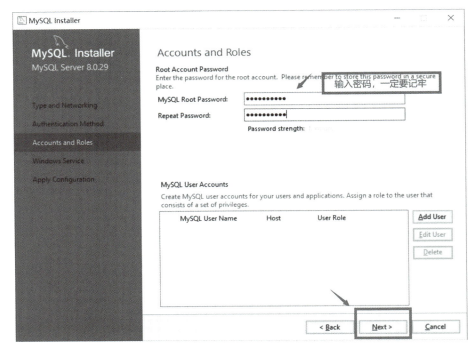

图 1.17　登录密码和角色设置

（11）默认，点击 Next，进入服务设置界面，如图 1.18 所示；

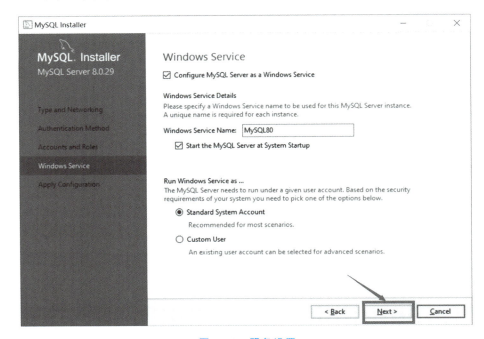

图 1.18　服务设置

（12）点击 Next，进入同意配置页面，点击 Execute 执行安装，如图 1.19 所示；

图 1.19　执行配置

（13）默认，点击 Finish，如图 1.20 所示；

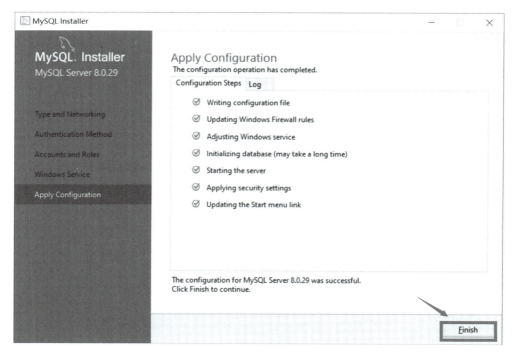

图 1.20　完成配置

(14) 点击 Next，如图 1.21 所示；

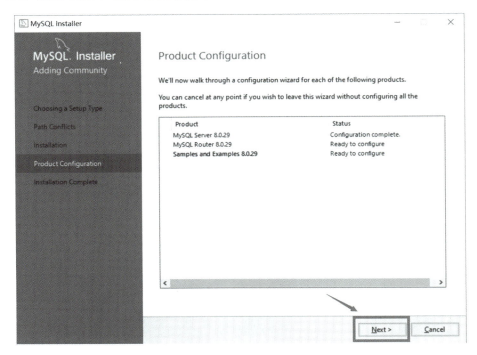

图 1.21　产品配置

(15) 默认，点击 Finish，如图 1.22 所示；

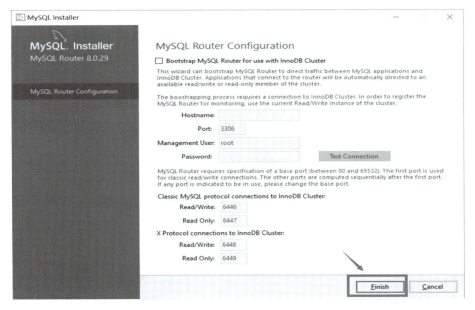

图 1.22　路由配置

(16) 点击 Next，如图 1.23 所示；

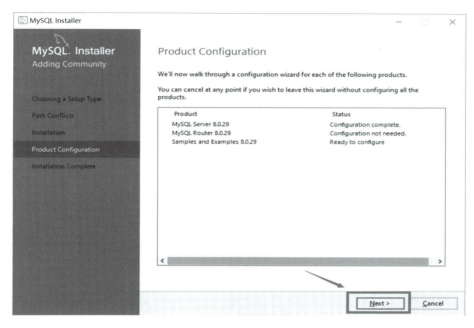

图 1.23　产品配置

(17) 输入在第 10 步中设定的密码（用户名默认为 root），点击 check，检查是否正确，成功后点击 Next 按钮，如图 1.24 所示；

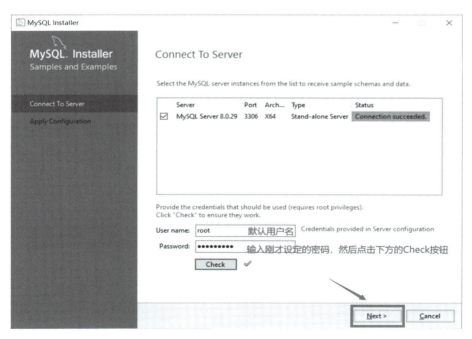

图 1.24　连接到服务

(18) 点击 Execute，如图 1.25 所示；

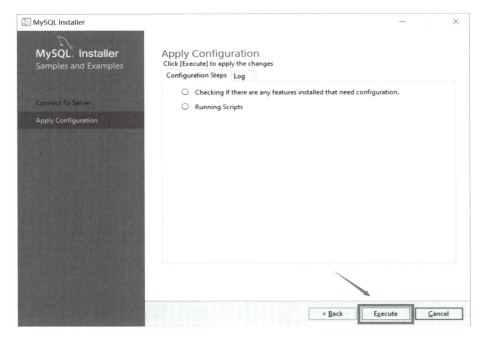

图 1.25　执行配置

(19) 点击 Finish，如图 1.26 所示；

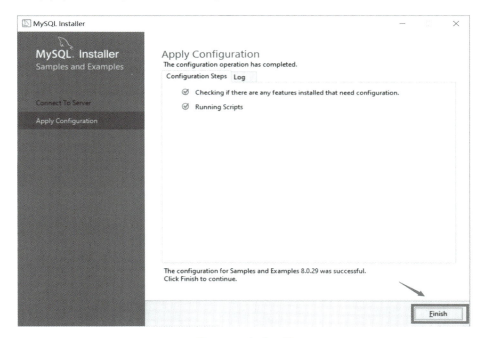

图 1.26　完成配置

（20）点击 Next，如图 1.27 所示；

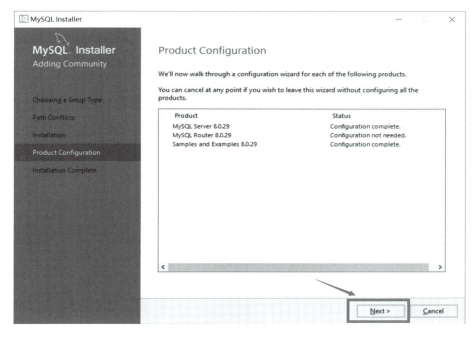

图 1.27　产品配置

（21）勾选第 2 个"Start MySQL Shell after setup"，点击 Finish，如图 1.28 所示。

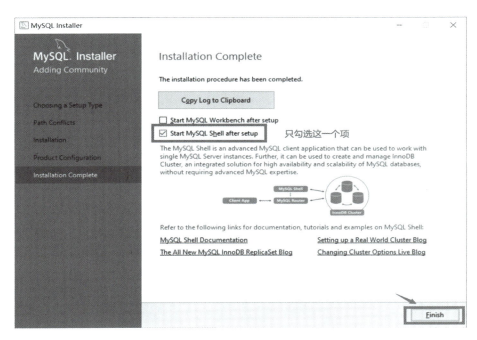

图 1.28　安装完成选择

最后看到如下界面（如图 1.29 所示），表明安装完成。

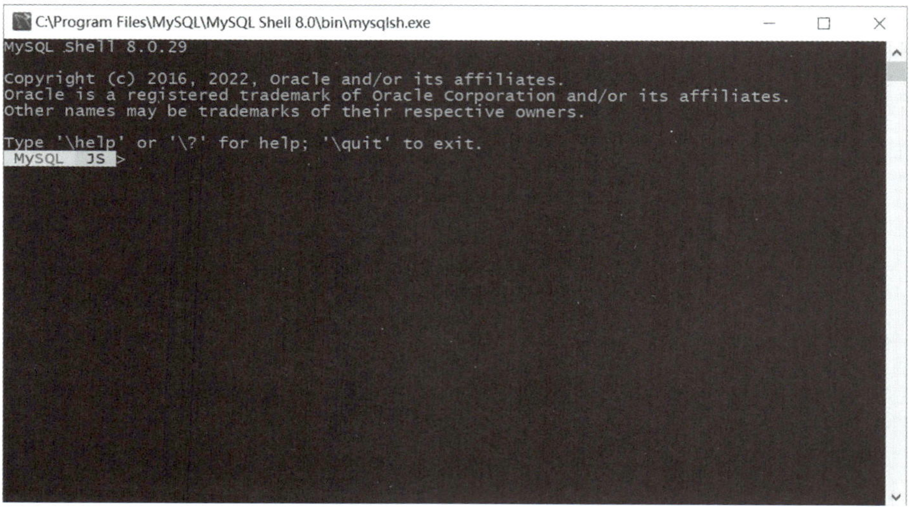

图 1.29 安装完成后界面

1.2.3 启动和停止 MySQL 服务

在 Windows 桌面上找到"此电脑"，如图 1.30 所示。

在上面点击鼠标右键，在弹出的对话框中选择"管理"，弹出如下对话框，点击左侧的"服务和应用程序"，如图 1.31 所示；展开后选择"服务"，如图 1.32 所示。

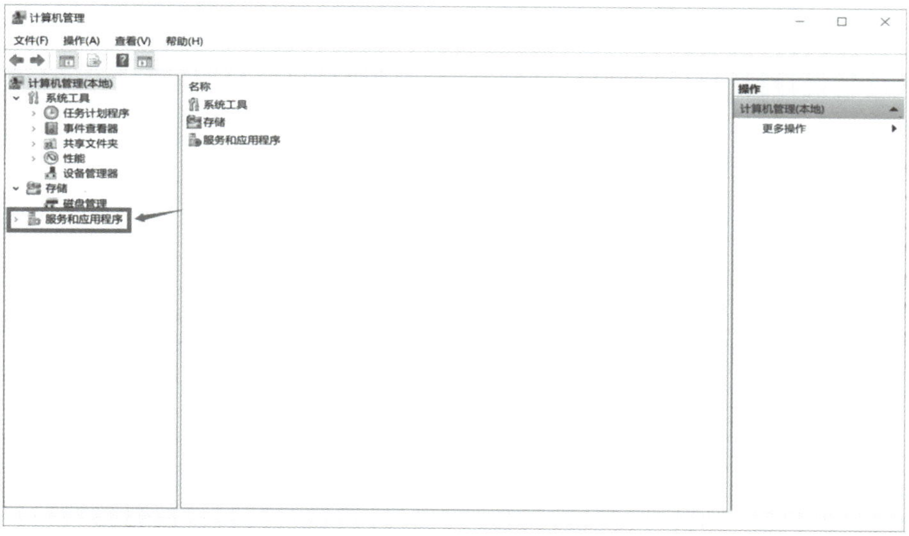

图 1.30 "此电脑"快捷方式图标

图 1.31 服务和应用程序

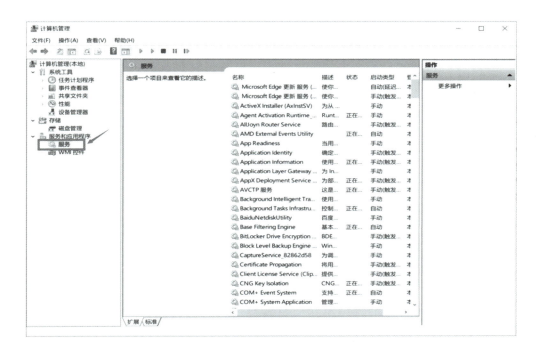

图 1.32 服务

在右侧对话框中找到 MySQL 服务，然后选择中间的"启动"就可以启动 MySQL 服务，如图 1.33 所示。

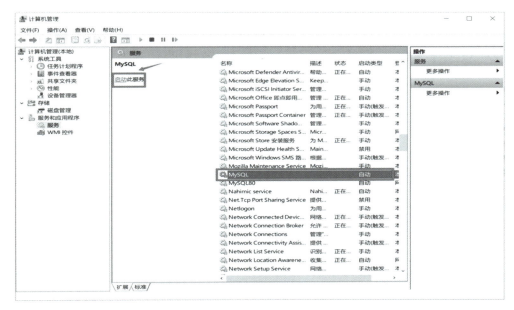

图 1.33 MySQL 服务设置

MySQL 启动完毕之后，对话框变成如下所示，在里面可以根据需要选择停止、暂停、重启等服务，如图 1.34 所示。

图 1.34　MySQL 服务设置

1.3　客户端连接 MySQL 服务

1.3.1　自带客户端连接 MySQL 服务器

点击 Windows 的开始按钮，找到最近添加的程序项，如图 1.35 所示，单击进入命令行模式。

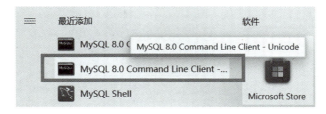

图 1.35　MySQL 服务设置

输入安装时设定的密码，即可进入图 1.36 所示的界面。

在"mysql"命令提示符后输入"show databases;"（这个命令后面一定要加分号，表示语句结束。这个命令用于表示显示默认安装的数据库），回车，看到如下的数据即表明成功连接，如图 1.37 所示。

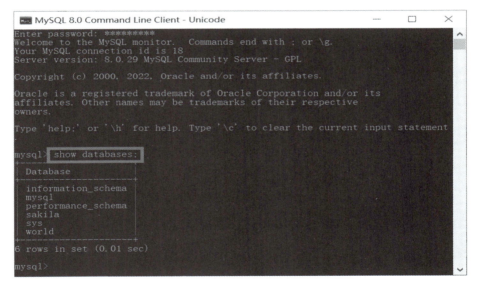

图 1.36　登录成功

图 1.37　显示数据库信息

1.3.2　通过命令连接 MySQL 服务器

在 Windows 桌面下方的任务栏中，搜索 PowerShell，并单击进入，如图 1.38 所示。

图 1.38　查找 PowerShell

在命令提示符后输入"mysql-h localhost-P3306-uroot-p",回车,然后输入安装时设定的密码,回车,在"mysql〉"提示符后输入"show databases"(注意一定要有分号),回车,看到如图所示方框的内容即表示连接成功,如图 1.39 所示。

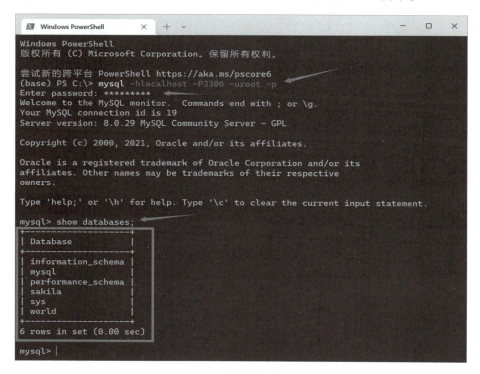

图 1.39　查看数据库信息

1.4 Navicat for MySQL 工具介绍

Navicat for MySQL 是管理和开发 MySQL 或 MariaDB 的理想解决方案。它是一套单一的应用程序，能同时连接 MySQL 和 MariaDB 数据库，并与 Amazon RDS、Amazon Aurora、Oracle Cloud、Microsoft Azure、阿里云、腾讯云和华为云等云数据库兼容。这套全面的前端工具为数据库管理、开发和维护提供了一款直观而强大的图形界面。Navicat 图标如图 1.40 所示。

图 1.40　Navicat 图标

1.4.1 使用 Navicat for MySQL 连接 MySQL 服务器

找到官网，找到 Windows 下的 Navicat 16 for MySQL，如图 1.41 所示。

图 1.41　Navicat for MySQL 下载界面

等待下载完毕，在电脑下载目录中找到安装文件（如图 1.42 所示），并双击打开安装。

安装完成之后在 Windows 开始菜单栏中找到 Navicat 16 for MySql，单击打开，如图 1.43 所示。

图 1.42 Navicat for MySQL 安装程序

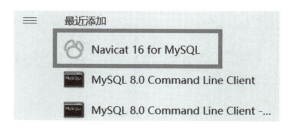
图 1.43 Navicat for MySQL 打开快捷方式

在如图 1.44 所示的界面中选择"试用"（如果有许可证密钥则点击注册按钮）。

图 1.44 Navicat for MySQL 试用提醒界面

然后按提示进入到 Navicat 主界面。在主界面中选择左上角"连接"按钮，如图 1.45 所示。

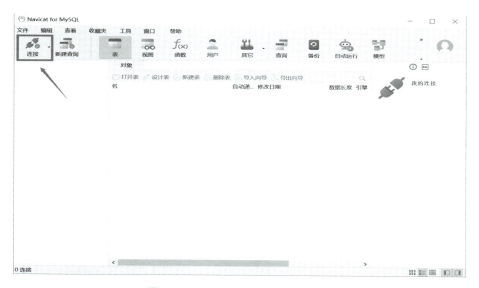

图 1.45 Navicat for MySQL 主界面

选择 MySQL，如图 1.46 所示。

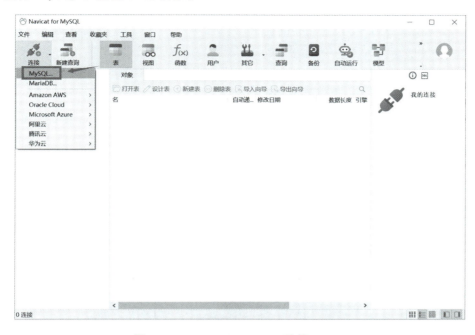

图 1.46　Navicat for MySQL 连接 MySQL

然后在弹出的对话框中填写密码等相关信息，并进行测试，出现正确结果即表明连接成功，如图 1.47 所示。

图 1.47　Navicat for MySQL 连接成功提示

1.4.2 MySQL 系统数据库介绍

1. mysql

当我们安装初始化 MySQL 后，默认建了几个数据库，其中 mysql 系统库是数据库的核心，如图 1.48 所示，它存储了 MySQL 的用户账户和权限信息，一些存储过程、事件的定义信息，一些运行过程中产生的日志信息，一些帮助信息以及时区信息等。

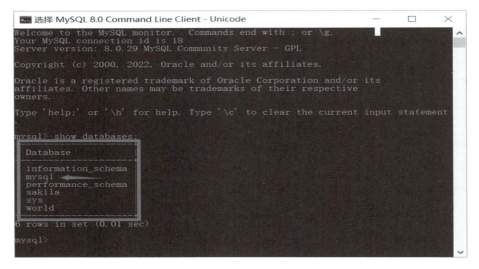

图 1.48　mysql 系统库

2. information_schema

information_schema 提供对数据库元数据、有关 MySQL 服务器的信息（例如数据库或表的名称、列的数据类型或访问权限）的访问。

3. performance_schema

performance_schema 用于在低级别监视 MySQL 服务器执行，提供了一种在运行时检查服务器内部执行的方法，并监视服务器事件。

4. sakila

sakila 是 MySQL 官方提供的一个学习 MySQL 的很好的素材，作者是 Mike Hillyer，它用于替代 world 数据库。此示例数据库还展示了 MySQL 的一些最新特性，比如视图（Views）、存储过程（Stored Procedures）、触发器（Triggers）等。

5. sys

这个数据库主要是通过视图的形式把 information_schema 和 performance_schema 结合起来，帮助系统管理员和开发人员监控 MySQL 的技术性能。

1.4.3 创建用户自定义数据库

MySQL 安装完成后，要想将数据存储到数据库的表中，首先要创建一个数据库。创建数据库就是在数据库系统中划分一块空间存储数据，语法如下：

❖ 语法
```
create database 数据库名称;
```

例如创建一个叫 db1 的数据库 MySQL 命令如下："create database db1;"如图 1.49 所示。

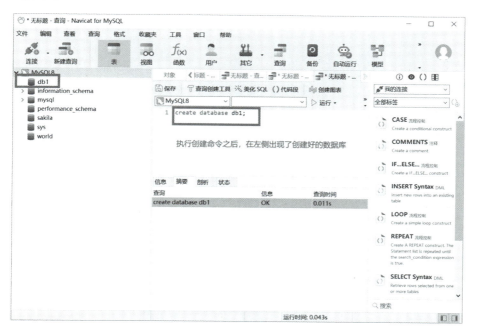

图 1.49　MySQL 命令创建数据库

创建好后可以用如下命令查看："show create database db1;"如图 1.50 所示。
我们也可以用前面检查连接是否成功时用的查询 MySQL 数据库命令："show databases;"如图 1.51 所示。

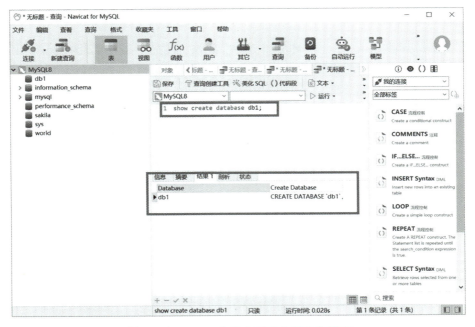

图 1.50　MySQL 命令查看创建好的数据库

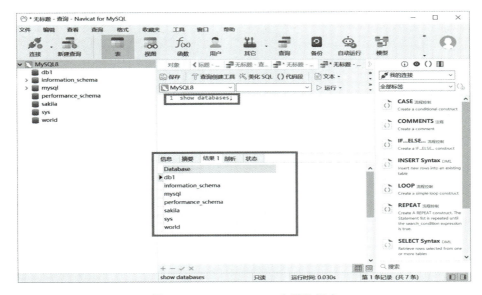

图 1.51　show databases 查看数据库

1.4.4　删除数据库

删除数据库语法如下：

❖ 语法

```
create database 数据库名称;
```

例如删除名称为 db1 的数据库，MySQL 命令如下："drop database db1;" 如图 1.52 所示。

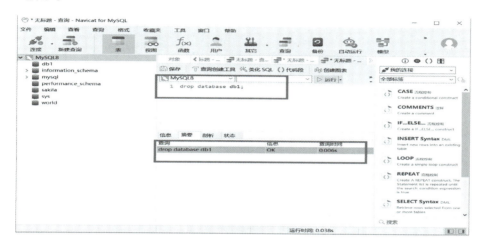

图 1.52 MySQL 命令删除数据库

1.4.5 数据库数据导出/导入

尽管采取了一些管理措施来保证数据库的安全，但是不确定的意外情况总是有可能造成数据的损失，例如意外的停电、管理员不小心的操作失误都可能会造成数据的丢失。保证数据安全最重要的措施是确保对数据进行定期备份，如果数据库中的数据丢失或者出现错误，可以使用备份的数据进行恢复，这样就尽可能地降低了意外原因导致的损失。

mysqldump 是 MySQL 提供的一个非常有用的数据库备份工具。myxqldump 命令执行时，可以将数据库导出备份成一个文本文件，语法如下：

❖ 语法

```
mysqldump -u user-h host-ppassword dbname [tbname, [tbname.]] > filename.sql
```

例如将系统默认安装的数据库 sakila 备份成名为 mybackup.sql 文件的过程如下：

```
mysqldump -hlocalhost-P3306-uroot-p sakila> mybackup.sql;
```

效果如图 1.53 和 1.54 所示。

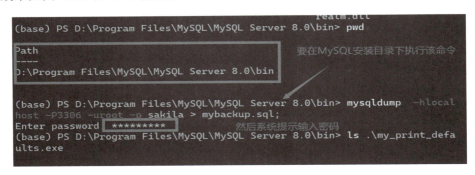

图 1.53 执行备份命令

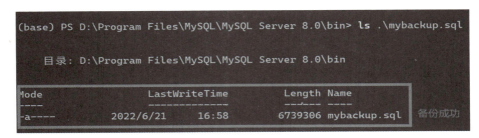

图 1.54 备份成功提示

user 表示用户名称；host 表示登录用户的主机名称；password 为登录密码；dbname 为需要备份的数据库名称；tbname 表示数据库中的表名，多个表名之间用空格隔开。右箭头符号"〉"告诉 mysqldump 将备份数据表的定义和数据写入备份文件；filename.sql 为备份文件的名称。

另外，使用--all-databases 参数可以备份系统中所有的数据库：

```
mysqldump -u user-h host-p--all-database> filename.sql
```

使用参数--all-databases 时，不需要指定数据库名称。该语句创建的备份文件中包含了对系统中所有数据库的备份信息。

如果想要恢复原来备份的数据库，则可以将备份的数据库导入，首先进入 MySQL 命令行（或者在 Windows 命令行中连接数据库），语法如下：

❖ 语法

```
source filename
```

例如我们要恢复被误删的系统自带 sakila 数据库，则可以到官网下载：http://downloads.mysql.com/docs/sakila-db.tar.gz。解压之后在命令行中执行：

```
source.sakila/sakila-schema.sql;
source.sakila/sakila-data.sql;
```

效果如图 1.55 和 1.56 所示。

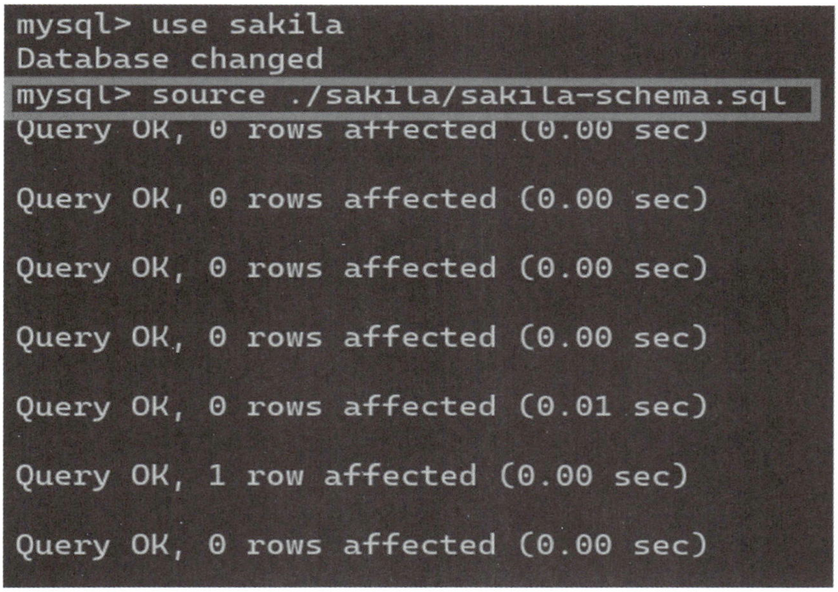

图 1.55　恢复数据库 1

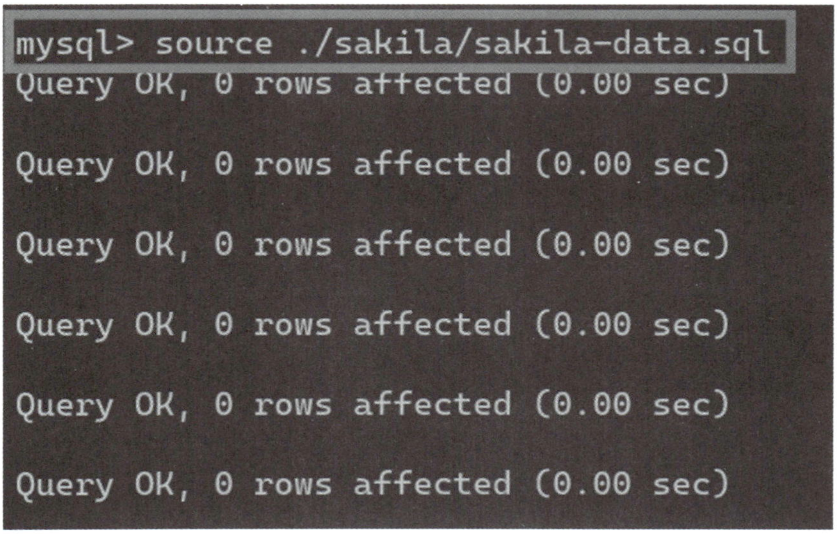

图 1.56　恢复数据库 2

两条命令执行之后可以看到 sakila 数据库的内容完全恢复。实际工作中，我们往往通过工具来做备份。

1.5 本章实践任务

1.5.1 实践练习一

1. 需求说明

（1）在自己的电脑上安装一个 MySQL 管理系统；
（2）在 Windows 中设置数据库自启动。

2. 实现思路

（1）首先按上面的提示安装好 MySQL；
（2）然后回到 Windows 桌面，在"我的电脑"图标上进行相应操作。

1.5.2 实践练习二

1. 需求说明

（1）请在安装好 MySQL 的电脑上用 Windows 自带的命令行界面（Command Prompt）试着连接 MySQL 数据库；
（2）比较自带客户端和以上的方法有什么异同，想一想为什么。

2. 实现思路

（1）用"Win＋R"组合键打开命令行，然后按提示操作；
（2）利用自带客户端连接，然后截图比较界面的不同之处。

1.5.3 实践练习三

1. 需求说明

（1）创建一个以自己学号为名称的数据库；
（2）对上述数据库进行查询和删除操作。

2. 实现思路

（1）打开 Navicat 并连接好 MySQL；
（2）在界面中可以利用命令行创建数据库及进行查询和删除等操作。

本章总结

1. 什么是数据库

数据库（database，DB）是"按照数据结构来组织、存储和管理数据的仓库"，是一个长期存储在计算机内的、有组织的、可共享的、统一管理的大量数据的集合。办公室的文件柜是一个存放文档的物理空间，我们可以类比把数据库想象成电子化的文件柜，即存储电子文件的场所。

2. 如何认识 MySQL 数据库系统

MySQL 是一个开放源码的小型关系型数据库管理系统，开发者为瑞典 MySQL AB 公司。2008 年 1 月 16 日，MySQL AB 被 Sun 公司收购，而 2009 年 Sun 公司又被 Oracle 收购，于是 MySQL 成为 Oracle 公司的一个数据库项目。

目前 MySQL 被广泛地应用在 Internet 上的中小型网站中。由于其体积小、速度快、总体拥有成本低，尤其是开放源码这一特点，使得很多公司都采用 MySQL 数据库以降低成本。

3. Navicat 是什么

Navicat for MySQL 是管理和开发 MySQL 或 MariaDB 的理想解决方案。它是一套单一的应用程序，能同时连接 MySQL 和 MariaDB 数据库，并与 Amazon RDS、Amazon Aurora、Oracle Cloud、Microsoft Azure、阿里云、腾讯云和华为云等云数据库兼容。这套全面的前端工具为数据库管理、开发和维护提供了一款直观而强大的图形界面。

本章拓展知识

数据安全性是指采用保护措施来防止数据受到未经批准的访问并保持数据机密性、完整性和可用性。数据安全性包括数据保护技术，例如数据加密、密钥管理、数据编辑、数据子集和数据屏蔽，以及特权用户访问控制、审计和监视。

对于任何组织，数据都是非常宝贵的资产。因此，保护数据免受任何未经授权的访问至关重要。数据泄露、审计失败和未遵守监管要求都可能会导致声誉受损、品牌资产损失、知识产权受损以及违规罚款。敏感数据包括个人身份信息、财务信息、健康信息和知识产权。组织需要采用数据保护措施来避免数据泄露并帮助实现合规性。

请根据数据安全的相关知识，想一想为什么我们在安装 MySQL 数据库时要设置密码，并且在后面连接数据库服务时都需要提供正确的密码。结合我国政法工作的实际，思考一下这样做对提高监所信息安全有什么意义。

第 2 章
MySQL 表结构管理概述

本章简介

监所数据库是一个数据容器，监所数据库中的数据表才是其实质内容，一个监所数据库可以包含若干个与监所信息有关的数据表，表是数据库中一个非常重要的对象，是数据库重要的组成部分之一，是该数据库对象的基础。

本章将讲解 MySQL 的数据类型，如何使用 Navicat for MySQL 数据库管理工具创建和管理监所数据库中的数据表。为保证录入监所数据的准确性和一致性，监所数据库提出了监所数据的完整性，它们分别是实体完整性、域完整性和参照完整性。其中，主键约束是最重要的实体完整性约束，它可以保证监所记录的唯一性；外键约束用于实现参照完整性，利用它可以保证监所数据库中表的数据的一致性。

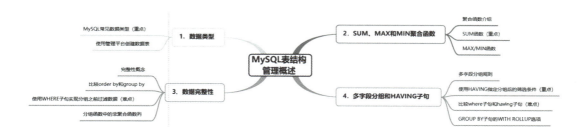

学习目标

1. 掌握关系模型与数据表
2. 掌握 MySQL 数据类型
3. 掌握数据完整性约束
4. 掌握参照完整性约束

课前预习

1. 单词掌握

table：表

datetime：日期时间

column：字段、列

decimal：小数

primary key：主键

restraint：约束

2. MySQL 中表示可变长字符的数据类型是_____。

3. MySQL 中表示日期和时间的数据类型是_____和_____。

4. 对数据表结构进行维护，主要包括对数据表中的字段进行_____操作，并对约束进行维护。

5. 数据完整性约束包括_____、_____和_____。

6. 参照完整性通过_____来实现。

2.1 关系模型与数据表

2.1.1 关系模型

目前，在实际数据库系统中支持的数据模型主要有 3 种：层次类型（Hierarchy Model）、网状模型（Network Model）和关系模型（Relational Model）。20 世纪 80 年代以来，计算机厂商推出的数据库管理系统几乎都是支持关系模型的数据库系统。关系模型已经占据市场主导地位。

关系模型是由若干个关系模式组成的集合，关系模式的实例称为关系，每个关系实际上是一张二维表格。关系模型用键导航数据，其表格简单。如表 2.1 所描述的警察信息简单明了。

表 2.1 警察信息表

警察姓名	警号	性别	部门	职位
李*光	42＊＊＊25	男	刑罚执行科	监区长
王*安	42＊＊＊38	男	劳动改造科	副监区长
刘*勇	42＊＊＊79	女	行政后勤科	副分监区长

续表

警察姓名	警号	性别	部门	职位
张*芳	42＊＊＊63	女	教育科	政治教导员
谭*华	42＊＊＊94	男	狱政管理科	副指导员

关系数据库是以关系模型为基础的数据库，是一种根据表、元组（记录）以及字段（列）之间的关系组织和访问数据的数据库，其通过若干个表来存取数据，并且通过关系将这些表联系在一起。

以表2.1所示的警察信息为例，介绍关系模型中的一些术语。

1. 关系（Relation）

对应通常所说的一张表，如警察信息表。

2. 元组（Tuple）

表中的一行即为一个元组，可标识实体集中的一个实体，元组亦可称作记录（Record）。如"李*光，42＊＊＊25，男，刑罚执行科，监区长"即为警察表中的一个元组。表中任意两行（元组）不能相同。

3. 属性（Attribute）

表中的一列即为一个属性，给每个属性起一个名称即属性名，属性亦可称作列（Column）。如属性"警察姓名"、"警号"、"性别"、"部门"以及"职位"等。表中的属性名（列名）不能相同。每个属性都有值。

4. 主键（Key）

表中的某个属性组，可以唯一确定一个元组，属性组可以有一个或多个属性。如警察信息表中属性"警号"为主键，警察表中不能有相同的警号记录存在。

5. 关系模式

对关系的描述，可表示为关系名（属性1，属性2，属性n）。例如，上面的警察关系可以描述为：警察（警察姓名，警号，性别，部门，职位）。

2.1.2 数据表

对于关系型数据库而言，一张表就是一个关系。例如，上面的警察关系所对应的警察表可以描述为：警察（警察姓名，警号，性别，部门，职位），它与警察关系完全一致。

在数据库中,数据表是数据存储的基本单位,是数据库中最重要、最基本的操作对象。数据表被定义为列的集合,数据在表中是按照行和列的格式来存储的。每一行代表一条唯一的记录,每一列代表记录中的一个域。

2.2 MySQL 数据类型

任何数据库中数据表的每个字段(Column)都必须设定数据类型,合适的数据类型可以有效地节省存储空间、有效地提升数据的计算性能。

2.2.1 MySQL 常见数据类型

数据类型是一种属性,用于指定对象可保存的数据的类型。MySQL 常见数据类型的具体描述,见表 2.2。

表 2.2 MySQL 常见数据类型

类型分类	类型	取值范围或描述	示例
整数类型	tinyint	0∽255	警察年龄:32
	smallint	−32768∽32767	警察数:2540
	int	−2147483648∽2147483647	
小数类型	decimal	decimal(5,2) 表示小数的取值范围是−999.99∽999.99	商品单价:892.35
定长字符串类型	char	char(10) 表示字符串存储 10 个字符,即便该字符串只有一个字符,它所占用的存储空间也是 10 个字符空间大小	学校名:武汉警官职业学院
变长字符串类型	varchar	varchar(10) 表示字符串最多存储 10 个字符,如果该字符串仅包含一个字"中",那么它所占用的存储空间也只是一个字符空间大小。定义 varchar 类型可节省存储空间	学校地址:武汉市东西湖区东吴大道 1206 号

续表

类型分类	类型	取值范围或描述	示例
日期类型	date	格式：YYYY-MM-DD（年-月-日） 取值范围： 1000-01-01∽9999-12-31	出生年月：1982-03-24
	time	格式：HH：MM：SS（时：分钟：秒） 取值范围： —838：59：59∽838：59：59 注意：时间不限当天	早晨上班时间：08：30：00
	datetime	格式：YYYY-MM-DD HH：MM：SS 取值范围： 1000-01-0100：00：00∽9999-12-31 23：59：59	登机时间： 2022-05-12 14：35：00

2.2.2 使用 Navicat for MySQL 创建数据表结构

1. 表及表字段分析

在监所数据库下创建监所部门表 department，监所部门信息见表 2.3。

表 2.3 监所部门信息

编号	部门编码	部门名称	部门负责人	部门职能	上级部门编号
1	70101	刑罚执行科	李＊光	刑事执行	22301
2	70102	劳动改造科	王＊安	劳动改造	22301
3	70103	行政后勤科	刘＊勇	保障监狱正常运转	22301
4	70104	教育科	张＊芳	思政教育	22301
5	70105	狱政管理科	谭＊华	监狱日常管理	22301
6	22301	省机关	刘＊尚	负责全省监狱监管	0

分析表 2.3 所示的监所部门信息，可知每一行部门信息记录都对应具体的部门，所有部门的集合，就构成了监所部门信息表 department。部门信息表的表结构见表 2.4。

表 2.4 监所部门表（department）

字段名	说明	类型	长度
id	编号	int	11
department_id	部门编码	varchar	32
department_name	部门名称	varchar	32
department_head	部门负责人	varchar	32
department_function	部门职能	varchar	256
superiordepartment_id	上级部门编号	int	11

2. 利用 Navicat for MySQL 创建表

（1）进入 Navicat for MySQL，依次展开"监所数据库"→"prison_database"，右键单击"表"，在弹出的快捷菜单中选中"新建表"，如图 2.1 所示。

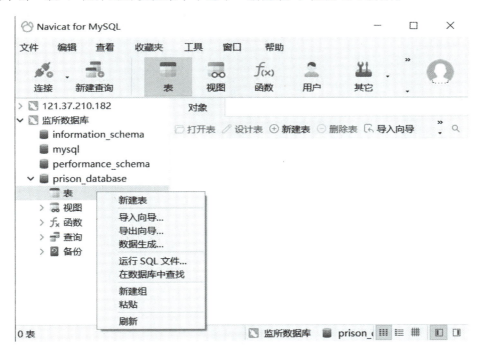

图 2.1 新建表

（2）输入表字段信息。依次输入表字段的名和类型，如图 2.2 所示。如果勾选"允许空值"，则表明该字段的值可以允许为空。添加一个字段后，单击"添加栏位"，再新增一条字段；如果某条字段需要删除，则选中该字段，点击"删除栏位"即可。

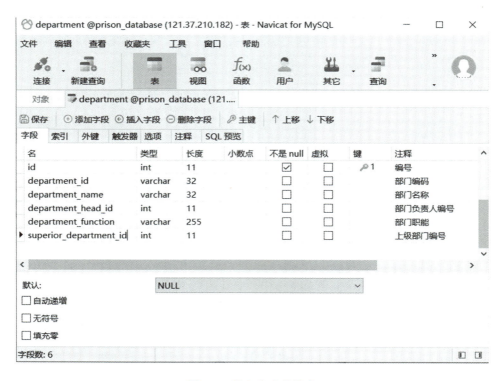

图 2.2　输入表字段信息

（3）输入表名。表字段输入完毕后，关闭输入字段窗口，输入表名，则生成 department 表。如图 2.3 所示。

图 2.3　输入表名

3. 使用 Navicat for MySQL 维护数据表结构

（1）使用 Navicat for MySQL，可以创建数据表，方便管理和维护数据表结构。左键单击需要修改的表，右键弹出菜单，选择"设计表"，如图 2.4 所示。

（2）选择"设计表"后，出现 department 表的表结构，如图 2.5 所示。

（3）左键选中所属修改的字段，可以修改字段属性。右键弹出菜单，菜单中有"复制"（字段复制）、添加字段、删除字段等操作，如图 2.6 所示。

第2章 MySQL表结构管理概述

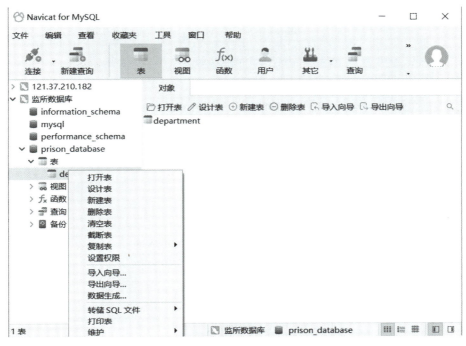

图 2.4 设计表结构

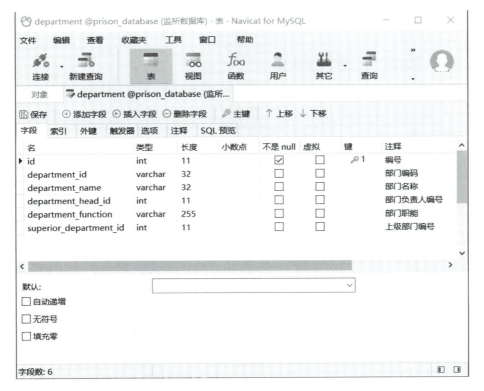

图 2.5 表结构内容

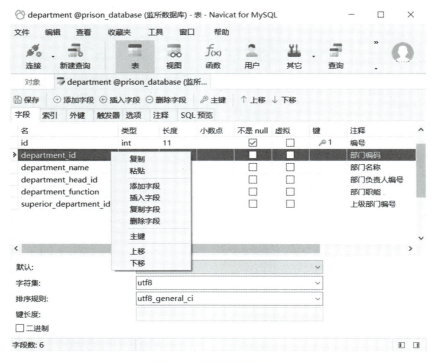

图 2.6　编辑表结构内容

2.3　数据完整性约束

2.3.1　数据完整性约束概念

为了防止不符合规范的数据进入数据库，在用户对数据进行插入、修改以及删除等操作时，DBMS 自动按照一定的约束条件对数据进行监测，使不符合规范的数据不能进入数据库，以确保数据库中存储的数据正确、有效、相容。

为保证数据的准确和一致，防止无效数据或错误数据保存进数据库，提出了数据完整性的要求。数据完整性即用于保证数据库中的数据在逻辑上的一致性、正确性和可靠性。数据完整性主要包含实体完整性、域完整性和参照完整性。

2.3.2　实体完整性约束

实体完整性规定表的每一行记录在表中是唯一的，其主要包含主键约束和唯一约束。

1. 主键约束

主键约束（Primary Key Constraint）用于唯一识别每一条记录，数据表中具有唯一值的字段可设定为主键字段。

1) 主键选择策略

（1）为了能够唯一标识警察信息表中的一条记录，我们可以在警察信息表中设置一个主键，表记录的主键值是唯一的，不能重复。通过观察警察信息表，由于该表的警号是唯一的，我们可以将警号设为主键。

（2）但是在数据库设计的工程实践中，对于主键的选取应该遵循的规则是：主键值不宜含有业务信息。

（3）由于警号与警察姓名、性别、部门、职位都蕴含一定的业务信息，因此，警号不宜作为主键。

关于主键的选取，推荐的做法是：新增一个无业务含义的字段作为主键，该字段为整数类型，且字段值自动增长。

2) 警察信息表主键选择

在警察信息表中新增一个 int 类型的字段"编号（id）"，将该字段设置为主键且自动增长。当"编号（id）"设置为自动增长时，则每次新增警察信息时"编号（id）"值将从1开始，且每次递增1。

3) 主键设置方法。

在警察信息表中设置主键和主键自增长的具体做法如下。

（1）新增字段"编号（id）"，设置该字段为 int 类型。

（2）选中字段"id"，单击" 🔑 1"，即设置"id"为主键，并勾选"自动增长"。如图 2.7 所示。

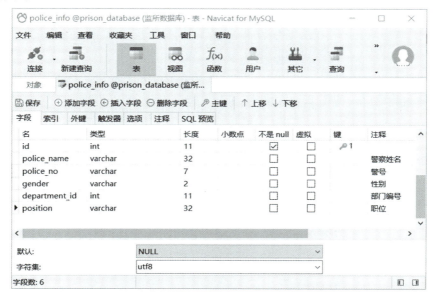

图 2.7　设置主键和自动增长

每个数据表只能有一个主键。设定为主键的字段内容不能有重复值，且不能为 NULL 值。

2. 唯一约束

如果某个字段满足唯一性约束（Unique Constraint）要求，则可以向该字段添加唯一性约束。例如，警察信息表的警号，这个字段的值都不能重复。

与主键约束相比，唯一约束也用于确保列中不存在重复值，但其列值可以是 NULL。警察信息表中的警号不能重复，即需要在警察信息表的"police_no"上设置唯一约束，具体步骤如下：

（1）在 police_info 表设计窗口，点击"索引"弹出"索引"编辑窗口，如图 2.8 所示。

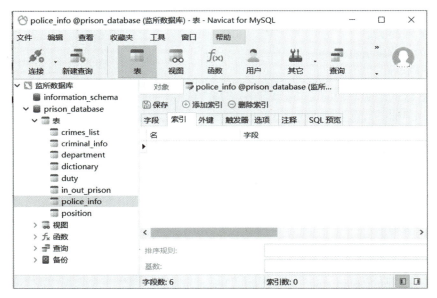

图 2.8　"索引"编辑窗口

（2）在"名"文本框输入索引名，光标移至"字段"文本框，点击编辑按钮"…"，弹出索引列编辑窗口，如图 2.9 所示。

图 2.9　索引列编辑窗口

（3）在索引列编辑窗口，勾选唯一索引列"police_no"（单击"＋"和"-"，用于新增、删除索引），如图 2.10 所示。

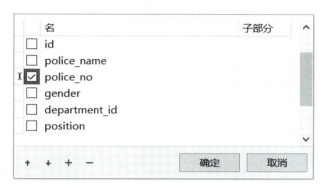

图 2.10　配置"police_no"为索引列

（4）单击"确定"，回退至索引列编辑窗口，在"索引类型"下拉框选取索引类型，此处选择唯一约束"UNIQUE"，如图 2.11 所示。

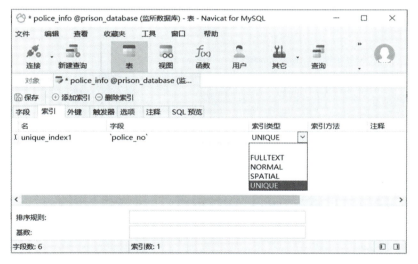

图 2.11　在"police_no"列配置唯一约束

（5）关闭并保存索引列编辑窗口。

> **注意**
>
> 主键约束要求列值非空，而唯一键约束允许列值为空。

2.3.3　域完整性

域完整性指给定列输入的有效性，即保证指定列的数据具有正确的数据类型、格式和有效的数据范围。实现域完整性可以通过定义非空约束、默认值约束等方法实现。

1. 非空约束

如果某个字段满足非空约束（Not Null Constraint）的要求，如警察姓名和警号不能是空值，则应该在字段"警察姓名"和"警号"上设置非空约束。

在警察信息表中的"警察姓名"和"警号"设置非空约束，只需在警察信息表设计窗口中分别对"police_name"和"police_no"，勾选"不是 null"即可。

2. 默认值约束

如果某个字段满足默认值约束（Default Constraint）的要求，可向该字段添加默认值约束。例如，罪犯信息表有"罪犯国籍"字段，在国内，罪犯的国籍大多为"中国"，可在"罪犯国籍"列上设置默认值约束，默认值为"中国"。这样在新增罪犯信息时，"国籍"列的值无须输入，系统默认设置为"中国"。具体做法是在 criminal_info 表设计窗口，选中"nationality"列，在"默认"文本框中输入"中国"即可，如图 2.12 所示。

图 2.12　在"criminal_info"列配置默认值约束

2.4 参照完整性约束

2.4.1 外键

在前文中已经设计了检索管理系统的警察信息表，本节将继续设计该系统的罪犯信息表（criminal_info）。本系统规定罪犯都隶属于某个具体的人进行管教，应在罪犯信息表设计一个字段，该字段的值全部来源于警察信息表中的主键，即编号 id。该字段与警察信息表的主键 id 的数据类型和长度大小应完全一致，并且值也参照警察信息表中的主键值，这种参照其他表中主键的字段称为外键。

2.4.2 参照完整性定义

1. 参照完整性

参照完整性是指通过定义一张表中外键与另一张表中主键之间的引用规则来约束这两张表之间的联系。建立参照完整性的目的就是利用关联表之间的制约机制互相参照，控制表间数据的一致性和完整性。这种制约机制会在用户执行插入、修改或删除记录等编辑记录的操作时，发挥其限制作用。参照完整性有效地限制了对表中数据的非法编辑，参照完整性的实质就是不允许在相关数据表中引用那些不存在的记录。

2. 参照完整性相关术语

我们以罪犯信息表和警察信息表之间的关联为例，对参照完整性的相关术语介绍如下。

（1）从表：含有外键且参照其他表的表称作从表，如罪犯信息表，从表亦称作子表或参照表。

（2）主表：被其他表参照的表称作主表，如警察信息表，主表亦称作父表或被参照表。

（3）外键：从表中的参照列称为外键，外键名与被参照的主表中的主键数据类型应完全一致，但可以不同名。如罪犯信息表中的字段"管教编号"。

（4）被参照列：主表中的被参照列通常为主表的主键（也可以为唯一键）。如表的主键 id 为被参照列。

警察信息表和罪犯信息表之间的主从关系示意图如图 2.13 所示。

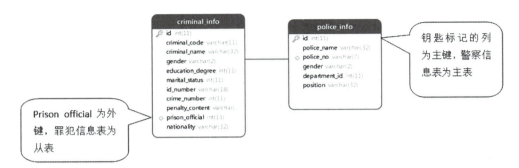

图 2.13　警察信息表和罪犯信息表之间的主从关系示意图

> 经验

（1）参照完整性实现方法：通过定义外键与主键之间的对应关系来实现。

（2）参照完整性作用：保证从表中数据与主表中数据的一致性。当增加、修改或删除数据表中的记录时，可以借助参照完整性来保证相关联表之间数据的一致性。

2.4.3　配置外键约束实现参照完整性

罪犯信息表 criminal_info 的表结构见表 2.5。

表 2.5　罪犯信息表（criminal_info）

字段名	说明	类型	长度	约束
id	编号	int	11	主键、自动增长
criminal_code	罪犯编号	varchar	11	非空
criminal_name	姓名	varchar	32	非空
gender	性别	varchar	2	非空
education_degree	文化程度	int	11	可空
maritalstatus	婚姻状态	int	11	可空
id_number	身份证号	varchar	18	非空
crimenumber	罪名编号	int	11	非空
penalty_content	刑罚时长	varchar	255	非空
prison_official	管教编号	int	11	外键，参照 police_info 表
nationality	罪犯国籍	varchar	32	非空

由表 2.5 可知，criminal_info 表的字段"prison_official"是一个外键，它参照 police_info 表的主键"id"。

1. 使用 Navicat for MySQL 定义外键约束

使用 Navicat for MySQL 在 criminal_info 表的 prison_official 上设置外键的具体步骤如下。

（1）在 criminal_info 表设计窗口，点击"外键"菜单，弹出"外键"编辑窗口。如图 2.14 所示。

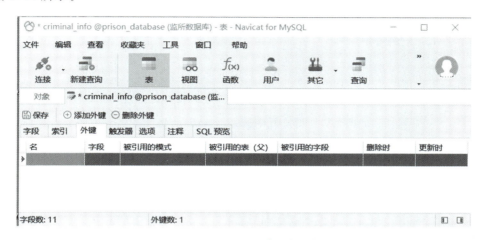

图 2.14 criminal_info 表外键编辑窗口

（2）在"名"文本框输入外键名称，光标移至"字段"文本框，点击编辑按钮"…"，弹出外键列编辑窗口。如图 2.15 所示。

（3）在外键列编辑窗口，勾选"prison_official"，则该列成为外键，如图 2.16 所示。

图 2.15 外键列编辑窗口　　　　　图 2.16 配置"prison_official"为外键

（4）单击"确定"，完成外键列选择，此时回退至外键编辑窗口，如图 2.17 所示。

（5）光标移至"被引用的模式"文本框，下拉选择被参照表所在数据库，此处选择"prison_database"，如图 2.18 所示。

（6）光标移至"被引用的表（父）"文本框，下拉选择被参照表，此处选择"police_info"，如图 2.19 所示。

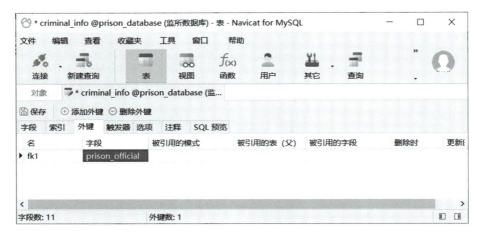

图 2.17 已完成 criminal_info 表外键选择

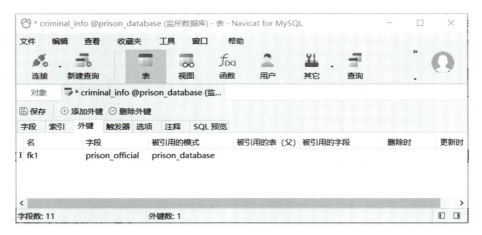

图 2.18 选择被参照表所在数据库

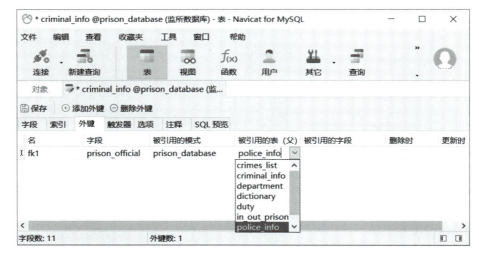

图 2.19 被引用的表

（7）光标移至"被引用的字段"文本框，点击编辑按钮"…"，弹出被参照列编辑窗口，如图 2.20 所示。

（8）在被参照列编辑窗口，勾选被引用的字段。被引用的字段通常为主键或唯一约束字段，此处为"id"，如图 2.21 所示。

图 2.20　被引用的字段编辑窗口　　　　　图 2.21　选择被引用的字段

（9）单击"确定"，完成外键列选择，此时回退至外键编辑窗口，如图 2.22 所示。

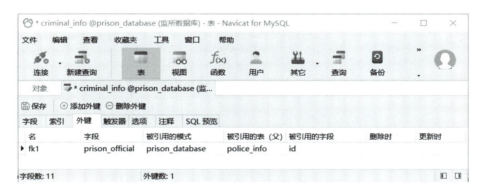

图 2.22　完成被参照列选择

（10）单击外键编辑窗口的"×"，关闭并保存外键的编辑操作。

2. 测试添加从表数据一致性问题

前文中我们已将罪犯信息表 criminal_info 的 prison_official 设为外键，参照警察信息表 police_info 的主键。此时，如果欲添加罪犯的 prison_official 字段的值在 police_info 表中不存在，则会出现如图 2.23 所示的对话框，表明在添加子表数据时需保证数据的参照完整性，否则会违背所定义的外键约束。

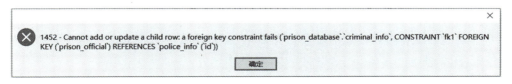

图 2.23　添加数据时违背所定义的外键约束

2.5 本章实践任务

2.5.1 实践练习一

1. 需求说明

（1）描述监狱管理系统中"罪犯信息"表的细节。
（2）描述监狱管理系统中"常见罪名"表的细节。

2. 实现思路

（1）"罪犯信息"表：罪犯编号，姓名，性别，文化程度，婚姻状态，身份证号，罪名编号，刑罚时长，管教编号，罪犯国籍。其中，"罪犯编号"为主键。
（2）"常见罪名"表：编号，法律名称，适用范围，量刑建议。其中，"编号"为主键。

2.5.2 实践练习二

1. 需求说明

（1）监所是一个关押罪犯的地方。监所是封闭式管理的，因此需要有人在指定的位置站岗值班，观察周围的情况，防止发生意外事件。
（2）设计监所系统中值班调度信息和位置信息的表结构。

2. 实现思路

（1）在监所管理系统中，每个指定的岗亭都需要人员去值守，值守人员需要预先知道岗亭的位置等信息，地理信息需集中反映所有的值守点信息。
（2）为简化系统设计和实现，假定系统中仅有地理信息表和值班调度信息表，每个地理信息记录都可以有多条值班站岗记录。
（3）通过以上分析，地理信息表见表 2.6，值班调度信息表见表 2.7。

表 2.6　地理信息表（position）

字段名	说明	类型	长度	约束
id	编号	int	11	非空
prisonname	监狱名称	varchar	32	非空
positionname	地点名称	varchar	32	非空
longitude	精度	varchar	128	非空
latitude	纬度	varchar	128	非空
remark	备注	varchar	128	可空

表 2.7　值班调度信息表（duty）

字段名	说明	类型	长度	约束
id	编号	int	11	非空
dutytime	值班时间	datetime	—	非空
personliable	值班责任人	varchar	32	非空
dutylog	值班记录内容	varchar	256	非空
transitionperson	交班负责人	varchar	32	非空
transitioncontent	交接内容	varchar	256	非空
positionid	值班位置id	int	11	非空

2.5.3　实践练习三

1. 需求说明

（1）使用实体完整性约束完善地理信息表和值班调度信息表的定义。要求在地理信息表和值班调度信息表中定义主键和自增约束。

（2）使用域完整性约束完善地理信息表定义。要求地理信息中的监狱名称默认为"×××女子监狱"。

2. 实现思路

（1）分别在地理信息表字段"编号（id）"和值班调度信息表字段"编号（id）"上定义主键和自增约束。

（2）在地理信息表字段"监狱名称（prisonname）"上设置非空约束，并设置默认值为"×××女子监狱"的默认约束。

2.5.4 实践练习四

1. 需求说明

使用参照完整性约束完善 duty 数据表与 position 数据表定义，要求保证值班调度信息表与地理信息表数据中值班地点信息的一致性。

2. 实现思路

参照 2.4.3 配置外键约束的方法，在值班调度信息表"值班地点"字段上定义一个参照地理信息表主键的外键约束。

本章总结

- **1. 数据完整性的作用是什么？数据完整性包括哪些**

  在用户对数据进行插入、修改以及删除等操作时，合适的数据完整性可以确保不符合规范的数据不能进入数据库，以确保数据库中存储的数据正确、有效和相容。数据完整性包括实体完整性、域完整性和参照完整性。

- **2. 实体完整性约束包括哪些？域完整性约束包括哪些？主键的作用是什么**

  实体完整性约束包括主键约束和唯一约束。域完整性包括非空约束和默认值约束。主键约束用于唯一识别每一条记录，它保证表中所有记录的唯一性。

- **3. 参照完整性的作用是什么？外键和从表的定义是什么**

  参照完整性是指通过定义一张表中外键与另一张表中主键之间的引用规则来约束这两张表之间的联系。建立参照完整性的目的就是利用关联表之间的制约机制互相参照，控制表间数据的一致性和完整性。这种制约机制会在用户执行插入、修改或删除记录等编辑记录的操作时，发挥其限制作用。

  参照其他表主键或唯一约束列的字段称为外键，外键用于实现参照完整性。包含外键的表称为从表或子表。

本章拓展知识

疫情期间，核酸检测是围堵疫情所采用的重要手段，而我国人口基数大，如何设计数据库表和合理的使用约束条件来维护全国人民的核酸数据，这将成为计算机工作者所面临的现实问题。

第 3 章
MySQL 数据库和数据表基本操作

本章简介

一个数据库中可以包含多个数据表，数据就存储在数据表中。监所内使用到的监所管理数据库中可以包含警察信息表、罪犯信息表和罪犯出入监信息表等数据表。如何管理这些数据具有现实意义。

本章首先介绍了 SQL 结构化查询语言及其组成；其次介绍了在 MySQL 中使用 SQL 语言的数据定义语言（DDL）创建数据库和表、使用数据库操作语言（DML）来操作数据库及表的方法。

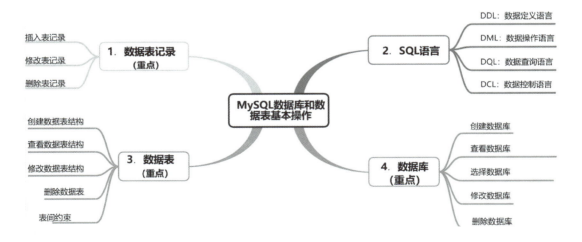

学习目标

1. 能创建数据库，并会对数据库进行增删改查操作
2. 能创建数据表，并会对数据表进行增删改操作
3. 能在创建数据表时，正确设置字段的数据类型
4. 能在创建数据表时，正确设置字段的不同约束

课前预习

1. 理论知识

一般地，使用 MySQL 来管理用户的数据，需要遵循以下几个步骤：

（1）安装 MySQL；
（2）设置环境变量；
（3）启用 MySQL 服务；
（4）登录 MySQL；
（5）创建数据库；
（6）在已有的数据库里创建数据表；
（7）在已有的数据表中录入表中具体数据；
（8）对已有的数据表中的数据进行增删查改等维护工作。

因此，可以看出，在 MySQL 中，必须先创建好数据库，然后才能创建存放于数据库中的数据对象，并且才能继续后续的日常增删查改等维护工作。

2. 单词掌握

SQL：结构化查询语言	DDL：数据定义语言	DML：数据操作语言
create：创建	alter：修改	drop：删除
database：数据库	table：数据表	show：显示、查看
use：打开、使用	describe：查看、描述	modify：修改
change：更改	insert：插入	update：修改、更新
delete：删除	truncate：删除	

3.1 SQL 简介

MySQL 安装完成后，就在机器上搭建好了一个完整的 DBMS，此时数据库的使用者可以通过命令行（命令字符窗口中登录 MySQL）或者图形化界面（Navicat 界面）来建立与 MySQL 数据库服务器的连接，从而实施各种数据库相关的操作。

然而不论使用哪种方式跟 MySQL 数据库服务器进行交互，实质上都是通过 SQL 语言写 SQL 语句来实现的。

3.1.1 结构化查询语言 SQL

SQL 是结构化查询语言（Structured Query Language）英文单词首字母的缩写，是各类数据库交互方式的基础，它是一种专门用来与数据库通信的语言。所有关系数据库都支持 SQL 语言。

用 SQL 语言写的命令就是 SQL 语句，SQL 语句与其他常见程序设计语言不同，它由很少的英文单词构成，这些词称为关键字。每条 SQL 语句都是一个或多个关键字开头构成的命令。

SQL 语句不区别英文单词的大小写，但是许多开发人员习惯于对所有 SQL 关键字使用大写，而对所有列和表的名称使用小写，这样的书写方式可增加代码可读性，并且更容易调试。

3.1.2 SQL 语言组成

常用的 SQL 语言主要包含部分见表 3.1。

表 3.1 SQL 语言组成

名称	特点	SQL 语句中用到的关键字
DDL（Data Definition Language）：数据定义语言	操作对象是数据库及数据库中各对象（表、默认约束、规则、视图、触发器、存储过程等）。用于新建数据表、修改表结构、删除表等操作	create：创建数据库或数据对象 alter：修改数据库或数据库对象 drop：删除数据库或数据库对象
DML（Data Manipulation Laguage）：数据操作语言	操作对象是数据表当中的数据。用于对表中的具体数据进行增删改操作	insert：将数据插入表或视图 update：修改表或视图中的数据 delete：删除表或视图中满足一定条件的数据
DQL（Data Query Language）：数据查询语言	操作对象是数据表当中的数据。按用户要求在数据表中查询检索指定内容	select：从表或视图中按条件检索查询数据
DCL（Data Control Language）：数据控制语言	主要用于安全管理	grant：授予权限 revoke：收回权限

3.2 数据库的基本操作

一般地,可以使用 SQL 语言中的 DDL(Data Definition Language)即数据定义语言来创建新的数据库和修改、删除数据库。数据定义语言具体包含关键字及含义如图 3.1 所示。

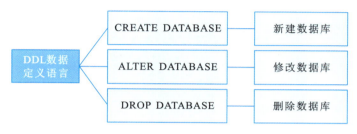

图 3.1 数据定义语言用到的关键字及含义

3.2.1 新建数据库

MySQL 安装完成后,要存储数据首先得创建一个数据库。数据库可看作是一个专门存储数据对象的容器,这里的数据对象包括表、视图、触发器、存储过程等,其中,表是最基本的数据对象。

新建数据库的本质其实就是在数据库系统中划分一块存储数据的空间,方便数据的分配、放置和管理。

在 MySQL 中,创建数据库的命令为 create database。

1. 语法格式

```
create database 数据库名;
```

示例 3.1

新建一个监所管理数据库,数据库名为 prison_database。

```
create database prison_database;
```

执行完上述命令后,结果如图 3.2 所示。

图 3.2 创建一个新的数据库 prison_database

图 3.2 表示新建数据库成功。

2. 说明

(1) 格式中的"数据库名"是创建的数据库的名字,在写具体 SQL 命令时,按照需求,应将格式中的"数据库名"这几个汉字替换成具体的数据库名称。

(2) 在 SQL 命令中,数据库的名字尽量用英文字母或者每个汉字的汉语拼音首字母缩写。

(3) 数据库的名字在同一个数据库服务器上必须是唯一的,不允许重复。

(4) 在文件系统中,MySQL 的数据存储区将以目录方式表示数据库。上述命令执行成功后,系统会自动在 MySQL 的缺省安装路径下创建一个与数据库名称相同的文件夹。

3.2.2 查看已有的数据库

在 MySQL 中,可使用 show databases 语句查看当前所有可用数据库。

1. 语法格式

```
show databases
```

2. 说明

此命令用于查看当前用户权限范围内所能查看到的数据库名称，单词 databases 最后的 s 不能省略。

示例 3.2

为了验证上一例中新建的数据库是否创建成功了，输入命令查看当前所有数据库的信息。

```
show databases;
```

显示结果如图 3.3 所示。

图 3.3　使用 show databases 语句查看当前所有可用数据库

从图 3.3 可以看出当前系统一共有 5 个数据库，其中的 prison_database 即为示例 3.1 创建的数据库，其他的数据库为 MySQL 安装时系统自动创建的数据库。

3.2.3　选择当前数据库

当系统中有多个数据库时，使用 use 命令指定当前数据库。在用 create database 语句创建了数据库之后，该数据库不会自动成为当前数据库，必须用 use 命令指定其为当前数据库。

1. 语法格式

```
use 数据库名；
```

示例 3.3

指定 prison_database 数据库为当前数据库。

```
use prison_database;
```

示例 3.4

假设当前数据库为 test，现在要指定 prison_database 数据库为当前数据库。

```
use prison_database;
```

2. 说明

（1）当前数据库只有一个。

（2）一个数据库只有成为当前数据库之后，才能对该数据库及其存储的数据对象执行各种操作。

3.2.4 修改数据库

数据库创建之后，数据库编码方式就确定了。可以使用 alter database 语句来修改数据库的编码方式。

1. 语法格式

```
alter database 数据库名 default character set 编码方式 collate 编码方式_bin;
```

示例 3.5

将数据库 prison_database 的编码方式修改为 gbk。

```
alter database prison_database default character set gbk collate gbk_bin;
```

执行结果如图 3.4 所示。

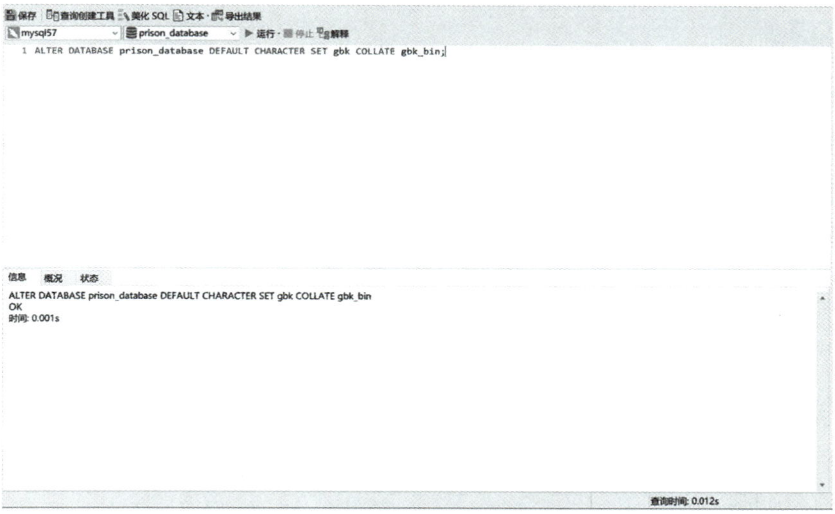

第3章 MySQL数据库和数据表基本操作

图 3.4 修改数据库编码方式为 gbk

2. 说明

为了验证数据库的编码方式是否修改成功，可以使用 show create database 语句查看修改后的数据库。

示例 3.6

```
show create database prison_database;
```

执行结果如图 3.5 所示。

图 3.5 使用 show create database 语句查看修改后的数据库 prison_database

示例 3.7

将数据库 prison_database 的编码方式再修改为 utf8，并查看修改结果。

```
alter database prison_database default character set utf8 collate utf8_bin;
show create database prison_database;
```

执行结果如图 3.6 所示：

图 3.6　修改数据库编码方式为 utf8

3.2.5　删除数据库

删除数据库就是将数据库系统中已经存在的数据库删除。成功删除数据库后，数据库中的所有数据都将被清除，原来分配的空间也将被回收。

删除数据库可以使用 drop database 命令。

1. 语法格式

```
drop database 数据库名;
```

示例 3.8

删除监所管理数据库 prison_database。

```
drop database prison_database;
```

执行结果如图3.7所示。

图3.7 删除数据库

2. 说明

（1）如果要删除的数据库不存在，则系统会报错。如果不想让系统报错，可以使用如下删除数据库的基本语法：

```
drop database if exists 数据库名称；
```

（2）为了验证删除数据库的操作是否成功，可以使用show databases语句查看已经存在的数据库。

3.3 数据表的基本操作

数据库创建成功之后，接下来需要在数据库中创建数据表。数据表是数据库中存放数据的对象实体，一个数据库里可以有零到多个数据表。

数据表被定义为字段的集合，数据在表中是按照行和列的格式来存储的，每一行代表一条记录，第一列代表一个字段的取值。

数据表内容如表 3.2 所示。

表 3.2 警察信息表 police_info 内容

字段					
警号 police_no	姓名 police_name	性别 gender	部门编号 departmentid	电话号码 tel	职务 position
0234135	陈*帆	男	1	139****984	副监区长
0123456	李*基	男	1	139****246	监区长
9876543	张*	男	2	135****686	教导员
0234136	胡*	女	3	139****435	教导员

记录

创建数据表的过程是定义每个字段的过程，同时也是实施数据完整性约束的过程。

建立表 3.2 所示的数据表，需要两个步骤：第一步，建立表结构，即指定字段名、字段类型及数据长度、约束；第二步，添加表中的数据，即按照第一步的要求一行一行地添加数据。只有上述两步都做完了，才能得到一个完整的数据表。

一般地，可以使用 SQL 中的数据定义语言（Data Definition Language）来创建新的数据表和修改、删除数据表。如图 3.8 所示。

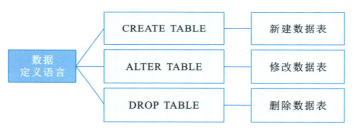

图 3.8 数据定义语言关键字和含义

3.3.1 数据类型

数据类型是指系统中所允许的数据的类型。字段的数据类型就是定义该字段所能存放的数据值的类型。确定表中每个字段的数据类型就是限制或允许该字段中存储的数据，是创建表的重要步骤之一。

MySQL 支持多种数据类型，大致可分为数值类型、日期和时间类型、字符串（字符）和二进制类型。

1. 数值类型

MySQL 支持所有标准 SQL 数值类型，包括精确数值类型（interger、smallint 和 decimal）和近似数值类型（float 和 double）。也支持整数类型 tinyint、mediumint 和

bigint。不同数值类型所占用的字节数和取值范围都不同。表3.3列出了MySQL每种数值类型占用字节数、范围。

表 3.3 数值类型

数据类型	字节数	无符号数的取值范围	有符号数的取值范围
tinyint	1	255	$-128 \sim 127$
smallint	2	$0 \sim 65535$	$-32768 \sim 32768$
mediumint	3	$0 \sim 16777215$	$-8388608 \sim 8388608$
interger	4	$0 \sim 4294967295$	$-2147483648 \sim 2147483648$
bigint	8	$0 \sim 18446744073709551615$	$-9223372036854775808 \sim 9223372036854775808$
float	4	1.175494351E-38,3.402823466E+38	$-3.402823466E+38 \sim 1.175494351E-38$
double	8	$2.2250738585072014E\text{-}308 \sim 1.7976931348623157E+308$	$-1.7976931348623157E+308 \sim 2.2250738585072014E\text{-}308$
decimal（M，D）	M+2	$2.2250738585072014E\text{-}308 \sim 1.7976931348623157E+308$	$-1.7976931348623157E+308 \sim 2.2250738585072014E\text{-}308$

对于decimal来说，有效取值范围由M和D决定，M表示整个数据位数，不包括小数点；D表示小数点后数据的位数。

2. 日期和时间类型

表示日期和时间值的日期和时间类型有datetime、date、timestamp、time和year。表3.4列举了MySQL中日期和时间类型所对应的字节数、取值范围及格式。

表 3.4 日期和时间类型

类型	字节数	取值范围	格式
date	4	1000-01-01～9999-12-31	YYYY-MM-DD
time	3	$-838\colon 59\colon 59 \sim 838\colon 59\colon 59$	HH：MM：SS
year	1	1901～2155	YYYY
datetime	8	1000-01-01 00：00：00～9999-12-31 23：59：59	YYYY-MM-DD HH：MM：SS
timestamp	4	1970-01-01 00：00：00～2038-01-19 03：14：07	YYYY-MM-DD HH：MM：SS

3. 字符串（字符）和二进制类型

为了存储字符串、图片和声音等数据，MySQL 提供了字符串和二进制类型，如表 3.5 所示。

表 3.5 常用字符类型

类型	大小	使用
char（n）	0～255 字符	定长字符串，n 为字符串的最大长度
varchar（n）	0～65536 字符	变长字符串，n 为字符串的最大长度
BLOB	0～65535 字节	主要存储图片、音频
TEXT	0～65535 字节	文本数据

3.3.2 创建数据表

在创建数据表之前，一定要使用 use 命令指定当前数据库，明确数据表将在哪个数据库中创建，否则系统会显示"No database selected"错误。在创建表时，必须为表的每个字段指定正确的数据类型及可能的数据长度。

在 MySQL 中使用 create table 命令创建数据表。

1. 语法格式

```
create table 数据表名
(
字段名 1    数据类型    ［完整性约束条件］,
字段名 2    数据类型    ［完整性约束条件］,
……
字段名 n    数据类型    ［完整性约束条件］
);
```

2. 说明

（1）在上述语法格式中，"数据表名"是创建的数据表的名字。MySQL 对命名数据表有以下原则：名字可以由当前字符集中的任何字母、数字、字符组成，下划线和美元符号也可以；名字最长为 64 个字符。

（2）"字段名"是数据表的列名，"完整性约束"是字段的特殊约束条件。

（3）方括号中的完整性约束条件在命令中的可选项，要根据具体题目需要来判断命令中是否得加上这个完整性约束条件，以及加上怎样的完整性约束条件。

（4）上述命令虽然写成多行，但它们是一条完整的命令，执行的时候需要把多行全部选中作为一个整体来执行。

示例 3.9

在监所管理数据库 prison_database 中创建一个警察基本信息表 police_info 的表结构，具体如表 3.6 所示。

表 3.6　警察信息表 police_info 原始的表结构

字段名	数据类型	备注说明
police_no	varchar（18）	警号
police_name	varchar（32）	姓名
gender	varchar（2）	性别
department_id	int	部门编号
tel	char（11）	电话号码
position	varchar（32）	职务

根据上述要求，SQL 命令如：

```
use prison_database;        # 必须先选择监所管理数据库 prison_database
                              为当前数据库
create table police_info    # 新建警察信息表 police_info 的表结构
(
police_no varchar(18),      # 警号
police_name varchar(32),    # 姓名
gender varchar(2),          # 性别
department_id int(11),      # 部门编号
tel char(11),               # 电话号码
position varchar(32)        # 职位
);
```

执行后如图 3.9 所示。

图 3.9 说明警察信息表 police_info 创建成功。

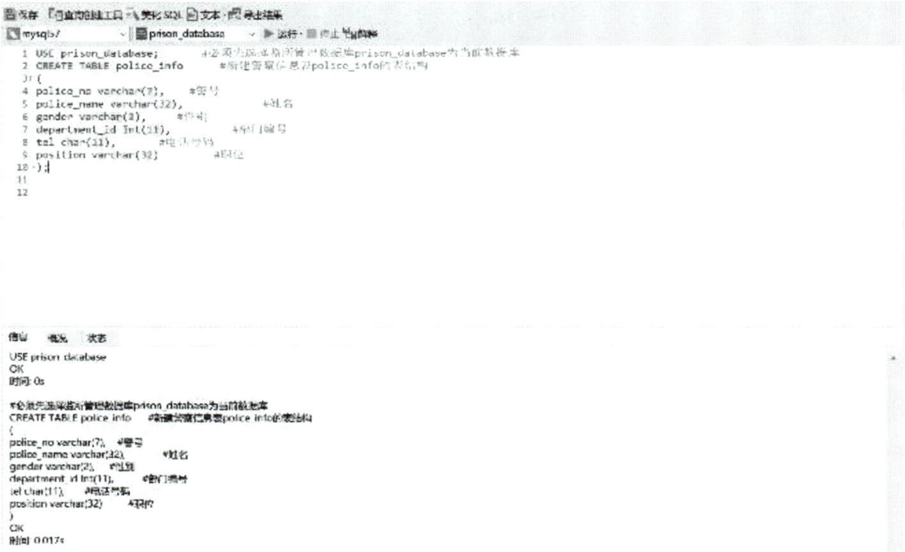

监所网络数据库技术

图 3.9　新建警察信息表 police_info 的表结构

3.3.3　查看数据表的表结构

创建好数据表的表结构之后，可以查看数据表的表结构。

1. 使用 show create table 语句查看表结构

1）语法格式

show create table 数据表名。

2）说明

（1）格式中的"数据表名"是要查看的数据表的名字。

（2）本语句可以查看创建表时的 create table 语句、存储引擎和字符编码。

> 示例 3.10

查看警察信息表 police_info 的表结构。

```
show create table police_info;
```

执行结果如图 3.10 所示。

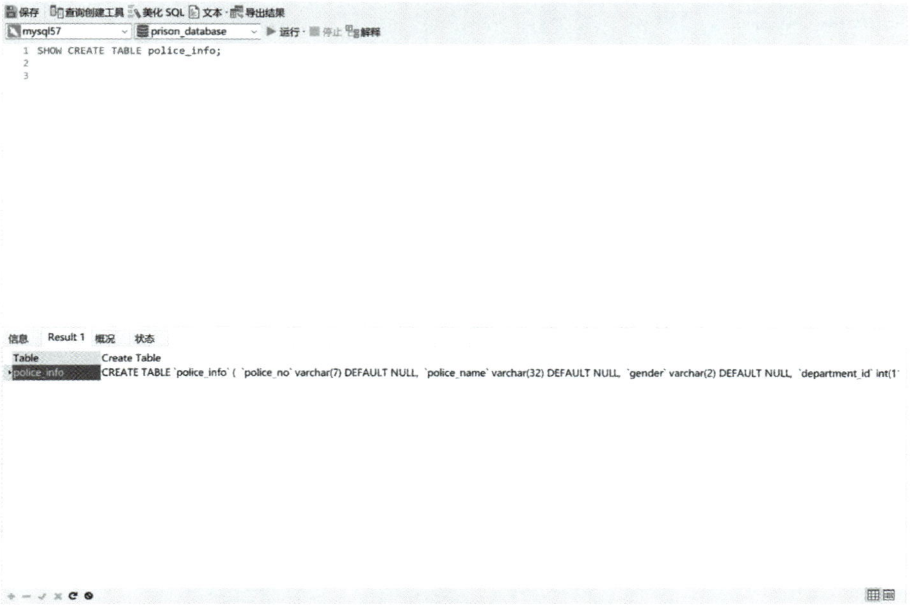

图 3.10 查看警察信息表 police_info 的表结构

2. 使用 describe 语句查看数据表的表结构

1）语法格式

    describe 数据表名；

2）说明

格式中的"数据表名"是要查看的数据表的名字。

示例 3.11

查看警察信息表 police_info 的表结构。

    describe police_info;

执行结果如图 3.11 所示。

图 3.11 查看警察信息表 police_info 的表结构

3.3.4 修改数据表的表结构

修改数据表的表结构是对数据库中已经创建的表做进一步的结构修改与调整。需要注意的是，修改表结构的成本比较高，因此，数据表的表结构应该尽量在创建表时一步到位定下来，后期最好不要轻易改动，尤其是已经往数据表里添加了大量数据记录以后。

1. 添加字段

1）语法格式

```
alter table 表名 add 新字段名　新字段的数据类型
```

2）说明
默认将新添加的字段追加到数据表末尾。

示例 3.12

在警察信息表 police_info 的表结构中添加字段出生日期 birthdate，数据类型为 date。

```
alter table police_info  add birthdate date;
```

执行结果如图 3.12 所示。

图 3.12 添加字段

为了验证 birthdate 字段是否添加成功，可以使用 describe 语句查看警察信息表 police_info 的表结构。执行结果如图 3.13 所示。

图 3.13 查看表结构

从图 3.13 可以看出，在表结构的最后已经成功添加了一个名称为 birthdate 类型为 date 的字段。

2. 修改字段名

1）语法格式

    alter table 表名 change 旧字段名 新字段名 新数据类型;

2)说明

(1)"旧字段名"是之前的字段名;"新字段名"是修改之后的字段名;"新数据类型"是修改以后的字段类型。

(2)修改后的数据类型不能为空。

(3)本语法适用于"既改字段名又改字段类型"和"只改字段名但不改字段类型"两种情况。

(4)如果是"只改字段名但不改字段类型"的情况,则要将字段从前的数据类型写在格式中"新数据类型"位置处。

(5)请慎重使用本命令,如果已经往数据表里添加了大量数据记录,再改动字段的类型可能会造成数据丢失。

示例 3.13

将警察信息表 police_info 的表结构中的字段 birthdate 改成字段身份证号码 id_number,类型改为 char(18)。

首先,可以使用 describe 语句查看警察信息表 police_info 的表结构。

接着,输入并执行下面的 SQL 语句:

```
alter table police_info change birthdate  id_number char(18);
```

执行结果如图 3.14 所示。

图 3.14　修改字段名称和类型

最后,可以使用 describe 语句查看警察信息表 police_info 的表结构。执行结果如图 3.15 所示。

第3章 MySQL数据库和数据表基本操作

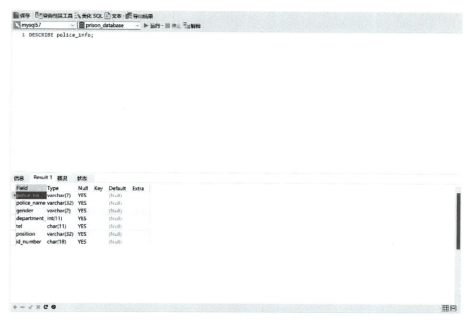

图 3.15 查看表结构

对比上图可以看出：原有的名称为 birthdate 类型为 date 的字段已经成功改成名称为 id_number 类型为 char（18）的字段了。

3. 修改字段的数据类型

1）语法格式

    alter table 表名 modify 字段名　新字段类型

2）说明

（1）本语法适用于"不修改字段名、只改该字段类型"的情况。

（2）请慎重使用本命令，如果已经往数据表里添加了大量数据记录，再改动字段的类型可能会造成数据丢失。

示例 3.14

将警察信息表 police_info 的表结构中的身份证号码 id_number 字段的类型改为 varchar（20）。

在修改字段类型之前，首先查看一下警察信息表 police_info 的表结构。

接着输入并执行下面的 SQL 语句：

    alter table police_info modify id_number　varchar(20);

执行结果如图 3.16 所示。

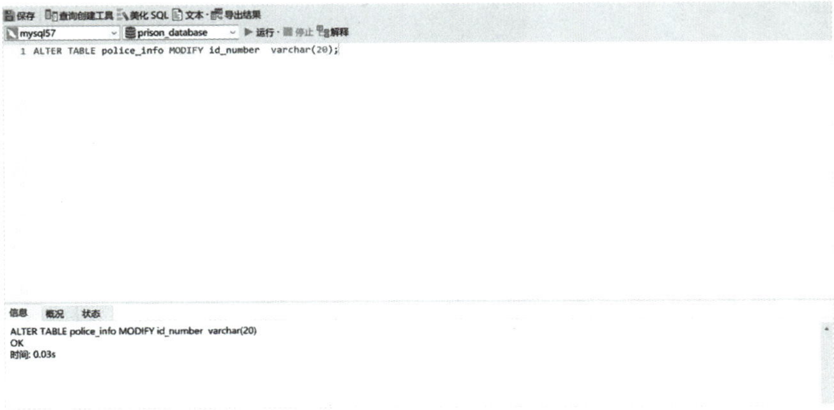

图 3.16　修改字段类型

最后，可以使用 describe 命令查看一下警察信息表 police_info 的表结构。结果如图 3.17 所示。

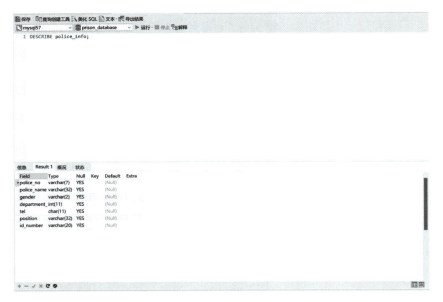

图 3.17　查看表结构

对比图 3.17 可以看出：字段 id_number 的字段类型已经由从前的 char（18）成功修改为 varchar（20）。

4. 删除字段

1）语法格式

```
alter table 表名 drop 字段名
```

2）说明

请慎重使用本命令。如果已经往数据表里添加了大量数据记录，一旦删除字段，原本存储在该字段的所有内容都会跟着被删除。

示例 3.15

删除警察信息表 police_info 的表结构中的身份证号码 id_number 字段。

首先查看一下警察信息表 police_info 的表结构。

接着输入并执行下面的 SQL 语句：

```
alter table police_info drop id_number;
```

执行结果如图 3.18 所示：

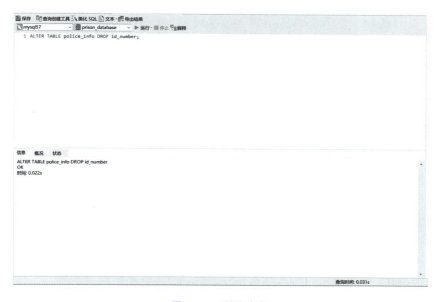

图 3.18　删除字段

最后，可以使用 describe 命令查看警察信息表 police_info 的表结构。结果如图 3.19 所示。

对比图 3.19 可以看出：警察信息表 police_info 中的 id_number 字段已经成功被删除了。

5. 修改表名

用 alter table 命令来修改数据表的名字。

1）语法格式

```
alter table 旧表名 rename 新表名;
```

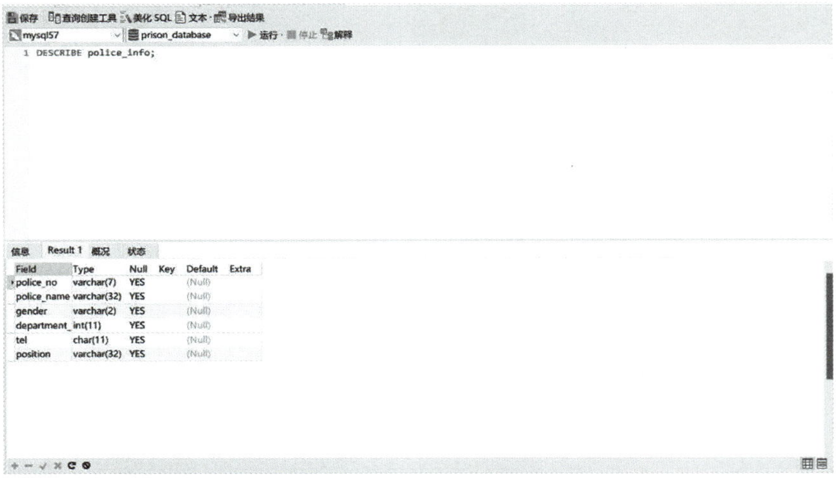

监所网络数据库技术

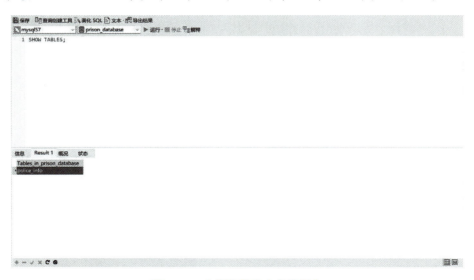

图 3.19　查看表结构

2）说明

"旧表名"对应的必须是当前数据库中已经存在的数据表；"新表名"不能跟当前数据库中已经存在的数据表重名。

示例 3.16

将监所管理数据库 priso_ndatabase 的表结构中的警察信息数据表 police_info 改名为 prison_database_police_info。

首先，用 show tables 来查看当前数据库里的所有数据表的名字。效果如图 3.20 所示。

图 3.20　查看数据库中的数据表

接着输入并执行以下的 SQL 语句：

```
alter table police_info rename prison_database_police_info;
```

执行结果如图 3.21 所示。

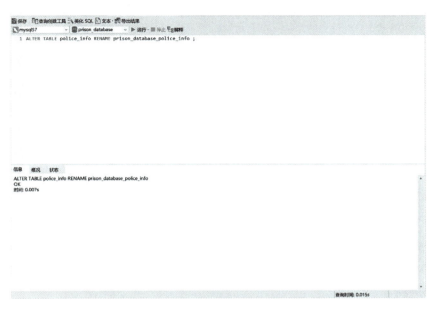

图 3.21　修改数据表名称

命令执行后，再次使用 show tables 来查看当前数据库里的所有数据表的名字，从而检验修改数据表名称的效果，如图 3.22 所示。

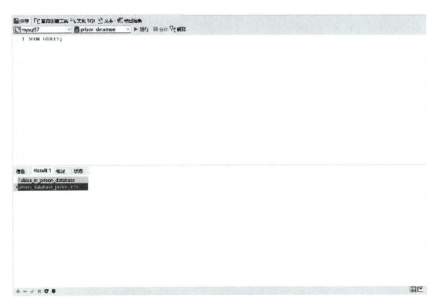

图 3.22　查看数据库中的数据表

对比图 3.22 可以看出：已经将监所管理数据库 prison_database 中的警察信息数据表 police_info 成功改名为 prison_database_police_info。

3.3.5 删除数据表

删除数据表是指删除数据库中已经存在的表，如果该数据表中已经添加有记录数据，一旦执行了删除数据表命令，则该数据表中所有的记录数据也会被删除。

1. 语法格式

```
drop table 数据表名；
```

2. 说明

（1）请慎重使用本命令。

（2）如果同一数据库下多个表之间设置了表间关联，必须遵从"先删除从表，再删除主表"原则。

（3）如果使用本命令删除一个根本就不存在的数据表，数据库系统会报错。因此，如果不确定将要删除的数据表是否在数据库中存在，可以使用如下格式：

```
drop table if exists 数据表名；
```

示例 3.17

删除监所管理数据库 prison_database 中的警察信息数据表 prison_database_police_info。

首先，使用 show tables 来查看当前数据库里的所有数据表的名字。

接着输入并执行以下的 SQL 语句：

```
drop table prison_database_police_info;
```

结果如图 3.23 所示。

命令执行后，再次使用 show tables 来查看当前数据库里的所有数据表的名字，从而检验删除数据表命令的效果。如图 3.24 所示。

从图 3.24 可以看出：已经将监所管理数据库 prison_database 中的警察信息数据表 prison_database_police_info 成功删除。

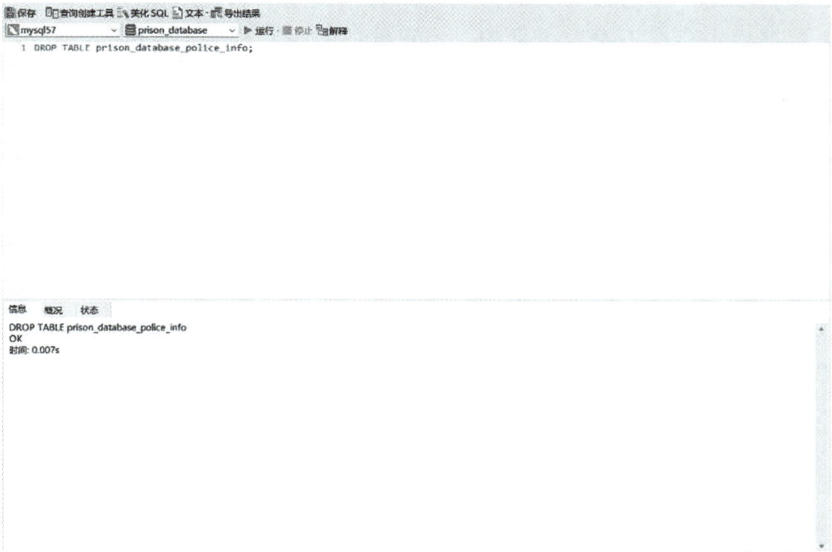

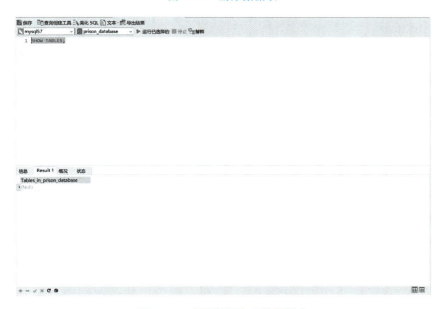

图 3.23　删除数据表

图 3.24　查看数据库中的数据表

3.3.6　数据表的约束

在一个数据表中，每行每列数据之间都是有逻辑关系的。在一个数据库中，多个数据表之间的数据也应该有逻辑关系存在。因此，这些数据不能是随意的，应该满足一定的逻辑要求，即数据必须受到约束。

约束是一种限制，它通过对表的行或列的数据做出限制，来保障数据的正确性和一致性，防止数据库中存在不符合语义的、不正确的数据。

前面讲到建立数据表需要两个步骤：创建表结构和添加表中数据。一般地，可以在第一步创建表结构时，直接指定表内或表间的约束，然后在第二步添加表中的数据时，再按照第一步中的约束要求添加表中数据，以此来确保表中或表间数据的合理性、完整性。

如果在创建表结构时指定了表内或表间约束，后续在进行添加、修改或删除数据操作时，数据库系统将审核这些数据是否遵守已有约束的规定。只有符合约束规定的数据才能保存到数据库中。如果用户进行添加、修改或删除数据操作时违反了已有约束的规定，系统将会自动报错。

在 MySQL 中常用的约束有主键约束、非空约束、唯一约束、默认值约束、自增约束和外键约束。

1. 主键约束

主键是能唯一标识一个表中一条记录的字段。主键约束要求主键字段中的数据唯一，并且不能为空值。主键可以是表中的一个字段构成单字段主键，也可以是表中多个字段构成复合主键。

在前面的表 3-2 警察信息表 police_info 中，警号是全国唯一编号，通过警号可以唯一区别两个警察，因此，警号字段 police_no 可以充当警察信息表 police_info 中的主键。在创建数据表的时候，通过将关键字 primary key 放在字段的数据类型后面来直接指定表中的主键约束。

1) 语法格式

```
字段名  数据类型  primary key;
```

2) 说明

（1）一个数据表中最多只能有一个主键。

（2）一个数据表中的主键列字段的值不能重复，也不能为空值。

示例 3.18

在监所管理数据库 prison_database 中重新创建警察信息表 police_info 的表结构，并且设置警号字段 police_no 为主键。

SQL 语句如下：

```
use prison_database;                    # 选择监所管理数据库 prison_
                                          database 为当前数据库
```

```
drop table if exists police_info;# 如果 police_info 表已经存在,则删除它
create table police_info # 重新创建警察信息表 police_info 的表结构
(
police_no varchar(18)primary key,# 警号   主键约束
police_name varchar(32),# 姓名
gender varchar(2),# 性别
department_id int(11),# 部门编号
tel char(11),# 电话号码
position varchar(32)# 职位
);
```

执行结果如图 3.25 所示。

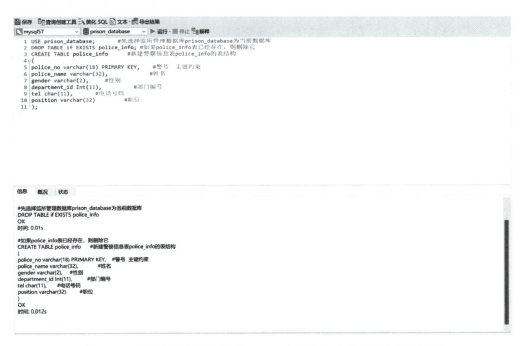

图 3.25　重新创建警察信息表 police＿info 的表结构，设置主键约束

执行上述命令之后，用 describe 命令查看警察信息表 police＿info 的表结构，结果如图 3.26 所示。

从图 3.26 可以看出，police＿no 字段的 Key 显示为 PRI，表示此字段为主键。同时，Null 自动显示为 NO，因为主键不能为空值。

在给警号字段 police＿no 成功设置了主键约束后，表中任意两个警察的警号将不能相同，否则就是违反了主键约束的要求，数据库系统会立即报错。

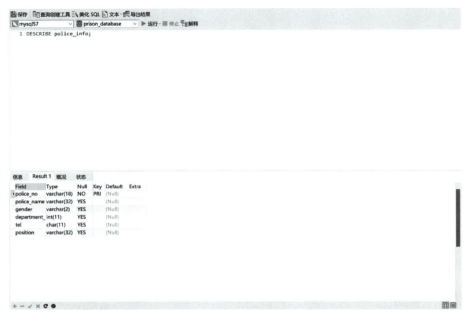

图 3.26 查看表结构

2. 非空约束

非空约束指字段的值不能为空。即：后续在添加数据的时候，这个字段必须要给定一个不为空的值。

在创建数据表的时候，将关键字 not null 放在字段的数据类型后面来直接指定非空约束。

1）语法格式

字段名　数据类型　　not null;

2）说明

一个数据表中可以设置零到多个非空约束。

示例 3.19

删除警察信息表 police_info，再重新创建警察信息表 police_info 的表结构，设置警号字段 police_no 为主键，姓名字段 police_name 和部门编号字段 department_id 不能为空。

SQL 语句如下：

```
drop table if exists police_info;      # 如果 police_info 表已经存在,则
                                        删除它
create table police_info               # 重新创建警察信息表 police_info
                                        的表结构
(
police_no varchar(18)primary key,      # 警号   主键约束
police_name varchar(32) not null,      # 姓名   非空约束
gender varchar(2),                     # 性别
department_id int(11) not null,        # 部门编号 非空约束
telchar(11),                           # 电话号码
position varchar(32)                   # 职位
);
```

命令执行结果如图 3.27 所示。

图 3.27　重新创建警察信息表 police_info 的表结构，设置非空约束

执行上述命令之后，用 describe 命令查看警察信息表 police_info 的表结构，结果如图 3.28 所示。

从图 3.28 可以看出，姓名字段 police_name 和部门编号字段 department_id 的 Null 显示为 NO，设置非空约束成功。

在给姓名字段 police_name、部门编号字段 department_id 成功设置了非空约束后，表中任何警察的姓名、部门编号将不能为空值，否则就是违反了非空约束的要求，系统会立即报错。

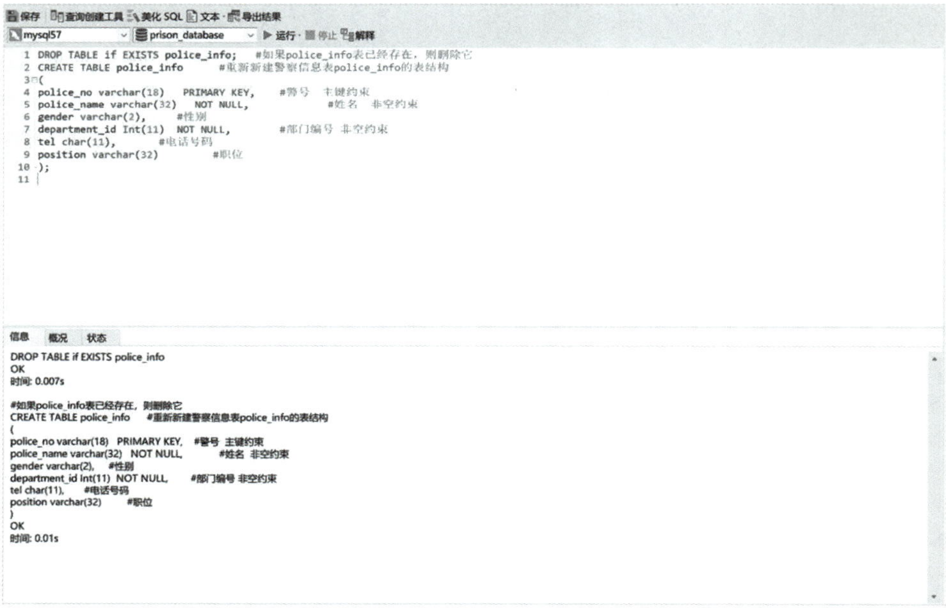

图 3.28　查看表结构

3. 唯一约束

唯一约束要求一列字段值是唯一的，不能重复。在创建数据表的时候，将关键字 unique 放在字段的数据类型后面来直接指定唯一约束。

1）语法格式

　　字段名　数据类型　unique；

2）说明

（1）一个数据表中可以设置零到多个唯一约束。

（2）唯一约束的字段不能有重复值，但允许存在空值。

示例 3.20

删除警察信息表 police_info，再重新创建警察信息表 police_info 的表结构，设置警号字段 police_no 为主键，姓名字段 police_name 和部门编号字段 department_id 不能为空，电话号码字段 tel 为唯一约束。

SQL 语句如下：

```
drop table if exists police_info;      # 如果 police_info 表已经存在,则
                                        删除它
create table police_info               # 重新创建警察信息表 police_info
                                        的表结构
(
police_no varchar(18) primary key,     # 警号   主键约束
police_name varchar(32) not null,      # 姓名   非空约束
gender varchar(2),                     # 性别
department_id int(11) not null,        # 部门编号  非空约束
tel char(11) unique,                   # 电话号码  唯一约束
position varchar(32)                   # 职位
);
```

命令执行结果如图 3.29 所示。

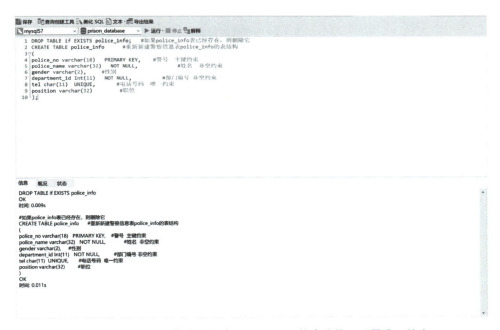

图 3.29　重新创建警察信息表 police_info 的表结构,设置唯一约束

执行上述命令之后,用 describe 命令查看警察信息表 police_info 的表结构,结果如图 3.30 所示。

从图 3.30 可以看到,电话号码字段 tel 的 Key 列显示为 UNI,设置唯一约束成功。今后电话号码 tel 中的值就不能重复,否则数据库系统直接报错。

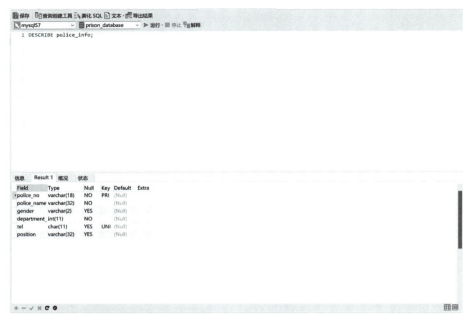

图 3.30　查看表结构

4. 默认值约束

将数据表的某字段设置了默认值约束，则在用户插入新的数据行时，如果没有为该列指定数据，则数据库系统会自动将默认值赋给该字段。

在创建数据表的时候，将关键字 default 和指定的默认值放在字段的数据类型后面来直接指定默认值。

1）语法格式

```
字段名  数据类型  default  默认值;
```

2）说明

（1）给字符类型或日期类型字段指定默认值时，需要用一对半角单引号将默认值括起来。

（2）默认值可以为空值。

（3）在大批量添加数据记录时，提前给字段设置默认值将大大简化工作量。

示例 3.21

删除警察信息表 police_info，再重新创建警察信息表 police_info 的表结构，设置警号字段 police_no 为主键，姓名字段 police_name 和部门编号字段 department_id 不能为空，电话号码字段 tel 为唯一约束，性别字段 gender 的默认值为男。

SQL 语句如下：

```
drop table if exists police_info;    # 如果 police_info 表已经存在，则
                                       删除它
create table police_info             # 重新创建警察信息表 police_info
                                       的表结构
(
police_no varchar(18) primary key,   # 警号   主键约束
police_name varchar(32) not null,    # 姓名   非空约束
gender varchar(2) default '男',      # 性别   默认为男
department_id int(11) not null,      # 部门编号 非空约束
tel char(11) unique,                 # 电话号码 唯一约束
position varchar(32)                 # 职位
);
```

命令执行结果如图 3.31 所示。

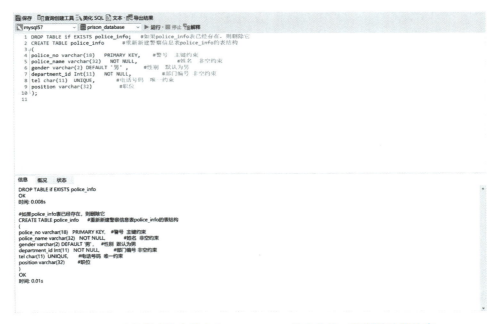

图 3.31　重新创建警察信息表 police_info 的表结构，设置默认值约束

执行上述命令之后，用 describe 命令查看警察信息表 police_info 的表结构，结果如图 3.32 所示。

从图 3.32 可以看出，性别字段 gender 的 Default 列的值为男，表示这个字段具有默认值"男"。今后再给警察信息表 police_info 添加行记录时，如果不指定性别字段 gender 的值，数据库系统将自动填上"男"。

图 3.32　查看表结构

5. 自增约束

在 MySQL 中，当主键定义为自增长后，这个主键的值就不再需要用户输入数据了，而由数据库系统根据定义自动赋值，即：今后每增加一条记录，主键会自动以相同的步长进行增长。这就是自增约束。

在创建表结构的时候，通过给字段添加 autoincrement 属性来实现主键自动增长。默认情况下，autoincrement 的初始值是 1，每新增一条记录，字段值自动加 1。

1）语法格式

```
字段名 数据类型 autoincrement  primary key;
```

2）说明

（1）一个表中只能有一个字段使用自增约束。

（2）设置为自增约束的字段必须有唯一索引，还必须具备 not null 属性，以避免序号重复（即为主键或主键的一部分）。因此，设置成自增约束的字段一般都为表中的主键。

（3）设置成自增约束的字段只能是整数类型（tinyint、smallint、int、bigint 等）。

（4）写具体命令的时候，关键字 autoincrement 需要放在 primary key 左侧。

示例 3.22

删除警察信息表 police_info，再重新创建警察信息表 police_info 的表结构，设置姓名字段 police_name 和部门编号字段 department_id 不能为空，电话号码字段 tel

为唯一约束，性别字段 gender 的默认值为男，编号 id 字段 int 类型为非空自增字段并且是主键。

SQL 语句如下：

```
drop table if exists police_info;    # 如果 police_info 表已经存在,则
                                       删除它
create table police_info              # 重新创建警察信息表 police_info
                                       的表结构
(
id int(11)not null autoincrement primary key,  # 非空自增主键约束
police_no varchar(18),                # 警号
police_name varchar(32) not null,     # 姓名 非空约束
gender varchar(2)default '男',        # 性别 默认为男
department_id int(11) not null,       # 部门编号 非空约束
tel char(11) unique,                  # 电话号码 唯一约束
position varchar(32)                  # 职位
);
```

执行上述命令之后，用 describe 命令查看罪犯出入监信息表 in_out_prison 的表结构，结果如图 3.33 所示。

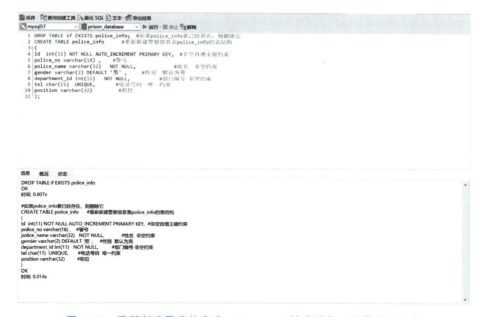

图 3.33　重新创建警察信息表 police_info 的表结构，设置自增约束

可以看到编号字段 id 的 Extra 列值为 autoincrement。今后在给罪犯出入监信息表 in_out_prison 添加数据记录时，可以不需要为编号字段 id 指定值，数据库系统将从 1 开始递增自动赋值给该字段。

6. 外键约束

前面讲的主键约束、非空约束、唯一约束、默认值约束、自增约束是对一个表内字段的约束条件。而外键约束常用于保证两个表之间的参照完整性，即构建两个表的字段之间的参照关系。

观察本章前文表3.2警察信息表police_info和下面的表3.7罪犯信息表criminal_info的数据内容。

表 3.7 罪犯信息表 criminal_info 数据内容

罪犯编号 criminal_code	姓名 criminal_name	性别 gender	捕前文化程度 educationdegree	婚否 maritalstatus	出生日期 birthdate	罪名信息 crime_name	刑罚 penalty_content	管教警察警号 prison_official
42342221101	赵*盖	男	中学	否	19800807	抢劫罪	有期徒刑十五年	0234135
42342221102	高*	男	小学	否	19740516	诽谤罪	管制	0234135
52342221103	梁*民	男	大学	是	19740721	走私文物罪	有期徒刑五年	0234135
52342221101	鲁*	男	小学	是	19700302	危害国家安全罪	无期徒刑	0123456
42342221105	高*	男	小学	是	19740516	聚众斗殴罪	拘役	0234135
42342221106	陈*书	男	硕士研究生	否	19800223	盗窃罪	有期徒刑五年	0123456
42342221107	杨*	男	中学	否	19891208	过失杀人罪	有期徒刑十五年	0123456
42342221108	陆*川	男	小学	是	19911009	放火罪	有期徒刑十五年	0123456
52342221113	蔡*达	男	大学	是	19570511	故意杀人罪	无期徒刑	9876543
42342221103	孙*	女	文盲	是	20001003	非法经营罪	拘役	0234136

不难发现，这两个表中有两个字段的值是有逻辑关系存在的：表 3.7 罪犯信息表 criminal_info 中的管教警察警号字段 prison_official 的值应该是从表 3.2 警察信息表 police_info 的警号字段 police_no 这一列而来。也就是说，管教警察警号字段 prison_official 这一列中不能出现警号字段 police_no 这一列的值之外的值。两个表由管教警察警号字段 prison_official 和警号字段 police_no 构成了关联关系，即外键约束关系。

外键在两个表的数据之间建立关联，是构建于一个表的两个字段或是两个表的两个字段之间的参照关系。一个表的外键可以为空值，若不为空值，则每一个外键值都依赖于另一个表中主键的某个值，形成了主从（父子）关系。相关联字段中主键所在的表就是主表（父表），外键所在的表就是从表（子表）。

警察信息表 police_info 中警号字段 police_no 是主键，在罪犯信息表 criminal_info 中的管教警察警号字段 prison_official 是外键。因此，警察信息表 police_info 是主表，罪犯信息表 criminal_info 是从表。

可以在创建从表的表结构时设置主从表的外键约束。

1）语法格式

```
constraint 外键名 foreign key(从表的外键字段名)references 主表名(主表的主键名);
```

2）说明

（1）格式中的"外键名"是两个表之间的关联的名字。即：在从表上设置一个外键约束，要给这个约束额外取一个名字。

（2）定义两个表之间的外键约束时，必须先创建主表再创建从表。

（3）在创建主表结构时要为主表定义主键。主键不能包含空值，但允许在外键中出现空值。

（4）外键的数据类型必须和主表主键的数据类型相同。

（5）一个表可以有一个或多个外键。

（6）定义外键后，在删除数据的时候，要先删除子表中的数据才能再删除主表中的数据。

示例 3.23

重新创建警察信息表 police_info 的表结构和罪犯信息表 criminal_info 的表结构，设置它们的主从关系，给罪犯信息表 criminal_info 的管教警察警号字段 prison_official 设置外键约束。

首先，有主从关系的两个表必须要先创建主表的表结构。在监所管理数据库 prison_database 中创建警察信息表 police_info 的表结构。SQL 命令如下：

```
use prison_database;                    # 选择监所管理数据库 prison_
                                          database 为当前数据库
drop table if exists police_info;       # 删除从前的警察信息表 police_
                                          info,如果有
create table police_info                # 重新创建警察信息表 police_
                                          info 的表结构
(
ploice_no varchar(18) primary key,      # 警号,主键约束
police_name varchar(8) not null,        # 姓名,非空约束
gender char(2)default '男',             # 性别,默认值为男
department_id int not null,             # 部门编号,非空约束
tel char(11)unique,                     # 电话号码,唯一约束
position varchar(10)                    # 职位
);
```

接着,创建从表的表结构,同时设置外键约束。根据表 3.8 的要求,创建罪犯信息表 criminal_info 的表结构。

表 3.8　罪犯信息表 criminal_info 的表结构

字段名	字段类型	约束	说明
criminal_code	varchar(11)	主键约束	罪犯编号
criminal_name	varchar(32)		姓名
gender	varchar(2)	默认值为男	性别
education_degree	varchar(10)		捕前文化程度
maritalstatus	char(2)	默认值为是	婚否
id_number	char(18)	非空约束	身份证号码
crime_name	varchar(20)	非空约束	罪名信息
penalty_content	varchar(20)	非空约束	刑罚
prison_official	varchar(18)	非空约束,外键约束	管教警察警号

SQL 命令如下:

```
drop table if exists criminal_info;         # 删除从前已有的 criminal_info 表
create table criminal_info                  # 新建罪犯信息表 criminal_info
(
criminal_code varchar(11)primary key,       # 罪犯编号,主键
criminal_name varchar(32),                  # 姓名
gender varchar(2)default '男',              # 性别,默认值为男
```

```
        education_degree varchar(10),          # 文化程度
        maritalstatus char(2)default '是',       # 婚否,默认值为是
        id_number char(18)not null,              # 身份证号码,非空约束
        crime_name varchar(20)not null,          # 罪名信息,非空约束
        prison_official varchar(18) not null,    # 刑罚,非空约束
        prison_official char(8)not null,         # 管教警察警号,非空约束
        constraint fk_police_info_criminal_info foreign key(prison_
official)references police_info(police_no)
        # 建立表间关联,并给这个关联取名为 fk_police_info_criminal_info
        );
```

执行结果如图 3.34 所示。

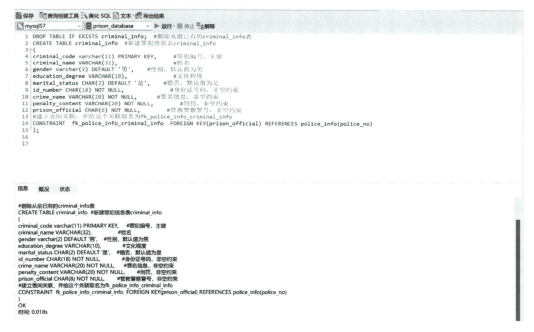

图 3.34　在从表罪犯信息表 criminal_info 中设置外键

从图 3.34 可以看出,已经成功创建了警察信息表和罪犯信息表之间的主外键关联。

3.4　插入和更新数据表的数据

在前文中提到过,建立一个完整的数据表需要两个步骤:第一步,建立表结构,即指定字段名、字段类型及数据长度、约束;第二步,添加表中的数据,即按照第一步的

约束的要求一行一行地添加数据。只有上述两步都做完了才能得到一个完整的数据表。前节学习了如何完成第一步，本节学习如何完成第二步。

一般地，可以使用 SQL 语言中的 DML（Data Manipulation Laguage）数据操作语言来向数据表中插入、修改、删除数据。DML 数据操作语言用到的关键字及含义如图 3.35 所示。

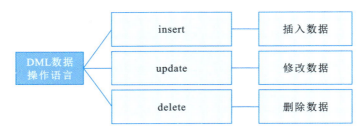

图 3.35 数据操作语言用到的关键字及含义

3.4.1 插入表记录

用 insert 命令向已经存在的数据表中添加数据。insert 命令执行成功后，可以通过查询语句查看数据是否添加成功。

1. 插入单条记录

1）语法格式

```
insert into 表名[(字段名列表)] values(字段值列表);
```

2）说明

（1）"字段名列表"指要插入数据的字段名，依次写下，用半角逗号分隔。如果不写任何字段名列表，则默认是表中所有字段。

（2）如果字段的类型是 char、varchar、date，对应的值需要用半角单引号括起来。

（3）可以不指定字段名列表，只需要保证 values 语句后面的值是依照字段在表结构中定义的顺序排列即可。

（4）字段的值要跟格式中表名后面的字段名列表中的顺序保持严格一致。

示例 3.24

在警察信息表 police_info 中添加一条记录：警号 023413，姓名陈＊帆，性别男，部门编号 1，电话号码 139＊＊＊＊＊984，职务副监区长。

SQL 语句如下：

```
insert into police_info(police_no,police_name,gender,
department_id,tel,position)
values('0234135','陈＊帆','男',1,'139＊＊＊＊＊984','副监区长');
```

执行结果如图 3.36 所示。

图 3.36　插入一条新记录

当给数据表的每一个字段列都指定了值时，可以在命令中省略表后面的字段名。

示例 3.25

在警察信息表 police_info 中添加一条记录：警号 0123456，姓名李＊基，性别男，部门编号 1，电话号码 139＊＊＊＊＊246，职务监区长。

SQL 语句如下：

```
insert into police_info
values('0123456','李＊基','男',1,'139＊＊＊＊＊246','监区长');
```

执行结果如图 3.37 所示。

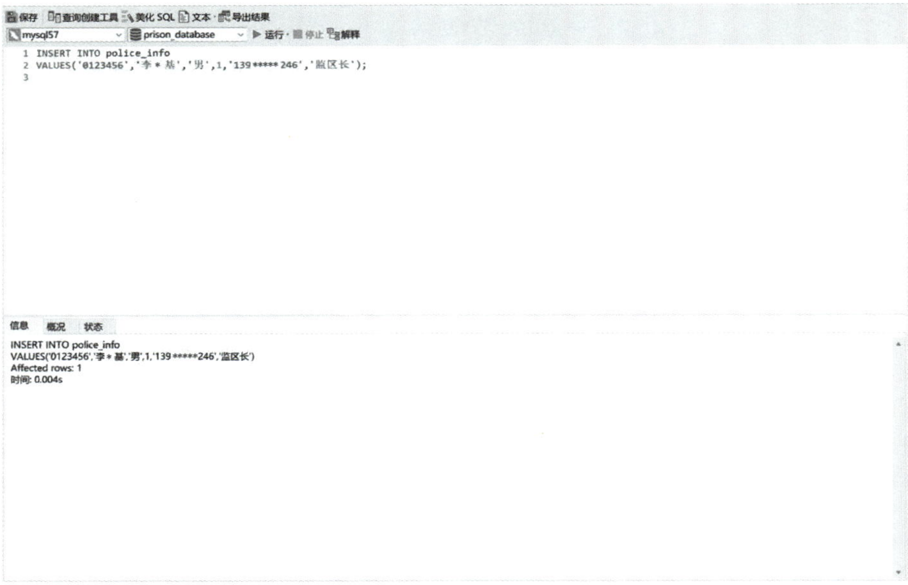

图 3.37　插入一条新记录

2. 插入多条记录

一条 insert 语句可以同时添加多条记录。

1) 语法格式

  insert 表名[(字段名列表)]
  values(字段值 1 列表),
  (字段值 2 列表),
  ……,
  (字段值 n 列表);

2) 说明

(1) 格式中每一个字段值列表都是一行完整的记录,每行完整记录之间用半角逗号分隔。

(2) 如果字段的类型是 char、varchar、date,对应的值需要用半角单引号括起来。

(3) 可以不指定字段名列表,只需要保证 values 语句后面的值是依照字段在表结构中定义的顺序排列即可。

(4) 字段的值要跟格式中表名后面的字段名列表中的顺序保持严格一致。

示例 3.26

在警察信息表 police_info 中添加两条记录:

第 1 条记录警号 9876543，姓名张＊，性别男，部门编号 2，电话号码 135＊＊＊＊＊686，教导员；

第 2 条记录警号 0234136，姓名胡＊，性别女，部门编号 3，电话号码 139＊＊＊＊＊435，教导员。

SQL 语句如下：

```
insert into police_info
values('9876543','张＊ ','男',2,'135＊＊＊＊＊686','教导员'),
('0234136','胡＊ ','女',3,'139＊＊＊＊＊435','教导员');
```

执行结果如图 3.38 所示。

图 3.38　插入两条新记录

示例 3.27

按照表 3.7 罪犯信息表 criminal_info 数据内容所示，在罪犯信息表 criminal_info 中同时插入多条记录。

SQL 命令如下：

```
insert into criminal_info
values('42342221101','赵＊盖','男','中学','否','020104198008070432','抢劫罪','有期徒刑15年','0234135'),
('42342221102','高＊ ','男','小学','否','020103197405160813','诽谤罪','管制','0234135'),
```

('52342221103','梁＊民','男','大学','是','0301041974072104 29','走私文物罪','有期徒刑 5 年','0234135'),

('52342221101','鲁＊','男','小学','是','02010519700302086X','危害国家安全罪','无期徒刑','0123456'),

('42342221105','高＊','男','小学','是','0201031974051 60813','聚众斗殴罪','拘役','0123456'),

('42342221106','陈＊书','男','硕士研究生','否','020104198002230756','盗窃罪','有期徒刑 5 年','0123456'),

('42342221108','陆＊川','男','小学','是','0201031991110095678','放火罪','有期徒刑 15 年','0123456'),

('42342221103','孙＊','女','文盲','是','0201052000100 30422','非法经营罪','拘役','0123456'),

('52342221703','赵＊','女','中学','否','0201052005105 59248','非法经营罪','拘役','9876543');

执行结果如图 3.39 所示。

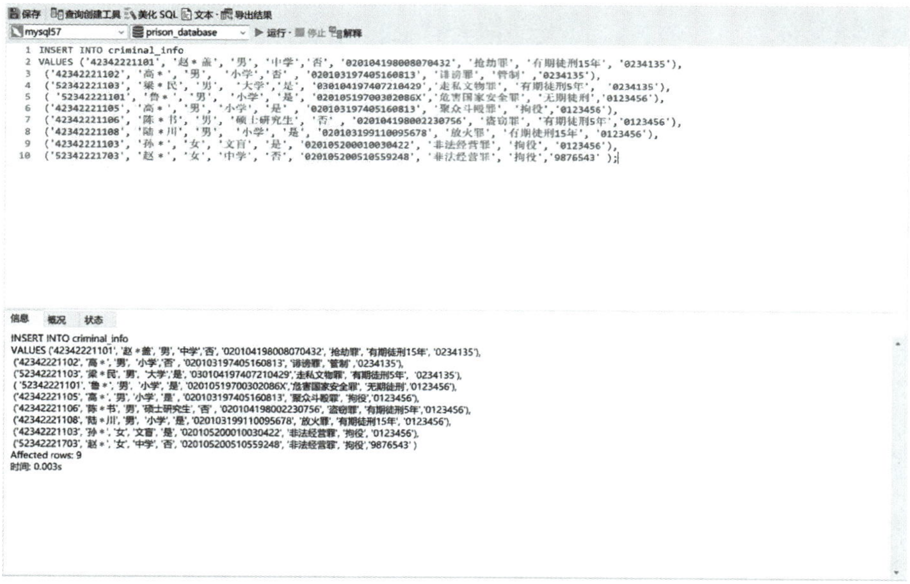

图 3.39　插入多条新记录

3.4.2　修改表记录

MySQL 中使用 update 语句来更新表中的记录。

1. 语法格式

```
update 表名
set 字段名= 新值 [,…]
[where 条件 ];
```

2. 说明

（1）字段名指用于指定要更新数据值的字段名称。
（2）新值用于表示该字段的新值。新值可以是数据，也可以是表达式。
（3）"where 条件"用于表示符号条件的记录才修改值。省略"where 条件"子句，表示对所有记录进行修改。
（4）在修改数据时，要注意遵守先前定义好的表中和表间约束。
（5）如果字段的类型是 char、varchar、date，对应的值需要用半角单引号括起来。

示例 3.28

将在警察信息表 police_info 中警号为 0123456 的警察的电话号码改为 134＊＊＊＊＊986。

SQL 语句如下：

```
update police_info
set tel= '134* * * * * 986'
where police_no= '0123456';
```

执行结果如图 3.40 所示。

图 3.40　修改表记录

本例执行结果显示1行数据受影响，说明只有一条数据满足where条件，所以只修改这1行数据的值。

示例 3.29

将在警察信息表 police_info 中所有警察的部门编号加1。
SQL 语句如下：

```
update police_info
set department_id= department_id+ 1;
```

执行结果如图3.41所示。

图 3.41 修改表记录

本例 update 语句中没有 where 条件，表示对整个数据表所有记录行的部门编号 department_id 字段的值都执行修改操作。一共有4条记录，所以4行数据受影响。

3.5 删除数据表的数据

MySQL 中一般使用 delete 语句和 truncate 来删除表中的记录。

3.5.1 使用 delete 删除数据

1. 语法格式

```
delete from 表名
[where 条件];
```

2. 说明

(1) 表名：指定要执行删除操作的表。

(2) where 条件：指定要删除的表的条件，可以省略。如果不指明条件，则表示要清空整个指定的数据表中的数据，只剩下表结构；若指明了条件，则只将满足条件的记录删除。

(3) 在删除数据时，要注意遵守先前定义好的表中和表间约束。有主从表外键关联的时候，必须要先删除从表中的数据，才能再删除主表中相关数据。

示例 3.30

删除罪犯信息表 criminal_info 中罪犯编号为 42342221101 的记录。
SQL 语句如下：

```
delete from criminal_info
where criminal_code= '42342221101';
```

执行结果如图 3.42 所示。

图 3.42 删除记录

图 3.42 表明 1 行数据受影响，说明只有一条记录被删除了，对其他记录没有影响。

示例 3.31

删除罪犯信息表 criminal_info 中所有记录内容。
SQL 语句如下：

```
delete fromcriminal_info;
```

执行结果如图 3.43 所示。

图 3.43　删除所有记录

图 3.43 表明 9 行数据受影响，罪犯信息表 criminal_info 中所有记录都被删除了，只剩下一个表结构，即：罪犯信息表 criminal_info 此时已经成为一个空表。

3.5.2　使用 truncate 删除数据

1. 语法格式

```
truncate 表名;
```

2. 说明

（1）truncate 语句通常被认为是 DDL 语句。

(2) truncate 语句只能用于删除表中的所有记录。

(3) 使用 truncate 语句删除表中的数据后，再次向表中添加记录时，自动增加字段的默认初始值重新由 1 开始，而使用 delete 语句删除表中所有记录后，再次向表中添加记录时，自动增加字段的值为删除时该字段的最大值加 1。

(4) truncate 语句的执行效率比 delete 语句高。

因此，上面【示例 3.32】删除罪犯信息表 criminal_info 中所有记录，也可以使用 truncate 实现。SQL 语句如下：

```
truncate table criminal_info;
```

3.6 本章实践任务

3.6.1 实践练习一

需求说明

新建监所管理数据库 prison_database，在监所管理数据库 prison_database 中新建警察信息表 police_info、罪犯信息表 criminal_info 和罪犯出入监信息表 in_out_prison 的表结构，同时设置好字段和表间约束，如表 3.9 至表 3.11 所示。

表 3.9 警察信息表 police_info 最终表结构

字段名	数据类型	约束	备注说明
id	int（11）	自增约束，主键约束	
police_no	char（8）	非空约束	警号
police_name	varchar（8）	非空约束	姓名
gender	char（2）	默认值为男约束	性别
department_id	int（11）	非空约束	部门编号
tel	char（11）	唯一约束	电话号码
position	varchar（8）		职务

表 3.10 罪犯信息表 criminal_info 最终表结构

字段名	字段类型	约束	说明
criminal_code	char（11）	主键约束	罪犯编号
police_name	varchar（8）		姓名

续表

字段名	字段类型	约束	说明
gender	char（2）	默认值为男约束	性别
education_degree	varchar（10）		捕前文化程度
maritalstatus	char（2）	默认值为是约束	婚否
id_number	char（18）	非空约束	身份证号码
crime_name	varchar（20）	非空约束	罪名信息
penalty_content	varchar（20）	非空约束	刑罚
prison_official	char（8）	非空约束，外键约束	管教警察警号

表 3.11　罪犯出入监信息表 in_out_prison 最终表结构

字段名	字段类型	约束	说明
id	int	自增约束 主键约束	编号
criminal_code	char（11）	非空约束，外键约束	罪犯编号
intime	date	非空约束	收监日期
outtime	date		离监日期
trend	varchar（20）		离监去向

3.6.2　实践练习二

需求说明

往数据表中添加数据。

（1）按照前文表 3.2 警察信息表 police_info 数据内容在警察信息表 police_info 中添加数据。

（2）按照前文表 3.7 罪犯信息表 criminal_info 数据内容在罪犯信息表 criminal_info 中添加数据。

（3）按照表 3.12 罪犯出入监信息表 in_out_prison 数据内容在罪犯出入监信息表 in_out_prison 中添加数据。

表 3.12　罪犯出入监信息表 in_out_prison

id	罪犯编号	收押日期	离监日期	离监去向
1	42342221102	1995-11-20	1996-03-20	个体经营
2	42342221101	2012-03-05	2027-03-05	

续表

id	罪犯编号	收押日期	离监日期	离监去向
3	52342221103	2022-02-11	2025-02-11	
4	52342221101	2020-09-10		
5	42342221105	2002-05-12	2002-06-12	待业
6	42342221106	2000-12-05	2005-12-05	居委会
7	42342221108	2021-06-10	2035-08-10	
8	42342221103	2021-09-11	2021-10-11	待业

3.6.3 实践练习三

需求说明

修改数据表中的数据。

将罪犯出入监信息表 in_out_prison 中罪犯编号为 42342221102 的罪犯的离监去向改为"个体经商"。

删除警察信息表 police_info 中警号为 9876543 的警察信息。

删除罪犯出入监信息表 in_out_prison 中所有数据

本章总结

● 一、单选题

1. 在 MySQL 中，通常用来指定一个已有数据库作为当前数据库的语句是（ ）。

　　A. using　　　　B. used
　　C. uses　　　　D. use

2. 下列选项中不是 MySQL 中常用数据库类型的是（ ）。

　　A. int　　　　　B. var
　　C. time　　　　D. char

● 二、填空题

1. 修改数据时，where 条件表达式，如果_____，则表示要将所有记录指定字段的值修改成新的值。

2. 在 MySQL 中，可以使用_____语句向数据库中一个已有的表里插入一行或多行。（请写英语单词）

监所网络数据库技术

3. 在MySQL中，可以使用_____语句删除表中的所有记录。（请写英语单词）

4. 在MySQL中，可以使用_____语句来修改或更新数据表中的记录。（请写英语单词）

5. 在一个数据表中，一行又称为_____；一列又称为_____。

● 三、判断题

1. 定义外键后，不允许在主表中删除与子表具有关联的记录。（　　）

2. 非空约束指字段的值不能为空。在同一个数据表中不可以定义多个非空字段。（　　）

3. 唯一约束要求该列值唯一，不能重复。唯一约束只可以确保一列不出现重复值。（　　）

4. 在MySQL中，autoincrement字段的初始值是1，每增加一条记录，字段值自动加1，但一个表只能有一个字段使用autoincrement约束，且该字段不必设置为主键。（　　）

● 四、操作题

在prison_database数据库中新建一个常见罪名表crimeslist，字段有id（主键，自增）、法律名称（varchar）、适用范围（varchar）、建议刑罚内容（varchar）。

本章拓展知识

在MySQL中创建数据库后，在安装MySQL时，确定默认安装路径data文件夹下（例如c：\programdata\MySQL\MySQL Server 5.7\data）就会产生以数据库名作为名字的一个文件夹。

打开这个以数据库名命名的文件夹，里面有一个"db.opt"文件，在该文件中记录了数据库的特征信息，如：记录该库的默认字符集编码和字符集排序规则。需要注意的是：路径中间的programdata是个隐藏文件夹，需要勾选文件夹对话框"查看"选择卡下"显示/隐藏"中的"隐藏的项目"才能看得到；并且，如果是中文命名的数据库，在data文件夹中大概率是以乱码形式出现。

看到这里，终于知道为什么不要在MySQL中创建同名数据库并且最好不要用中文给数据库起名了吧？

第 4 章
select 基础查询

本章简介

数据查询是数据库系统应用的主要内容，当监所管理数据库和里面的数据表创建成功后，对数据库最频繁、最常见的操作请求就是查询。比如：根据警号来查找对应警察的基本信息，或者找到所有男性罪犯的基本信息。select 语句能从数据库中检索数据，并以表格的形式返回查询结果。

本章介绍了 SQL 语言中的 select 语句基本语法和使用 select 语句对指定数据表中的数据进行简单查询的方法。

学习目标

能使用 select 语句按要求进行简单查询。

课前预习

1. 理论知识

将数据库中的表建立好后，就可以进行数据库的各种操作了。在数据库应用中，最常用的操作是查询，它是数据库的其他操作的基础。在 MySQL 中，使用 select 语句实现数据查询。

2. 单词掌握

DQL：数据查询语言

select：查询、查找

4.1　select 语句基本语法

在数据库应用中，最常用的操作是查询，即：从数据库的一个或多个数据表中检索出满足条件的数据信息。一般地，可以使用 SQL 语言中的 DQL（Data Query Language）数据查询语言对数据库表中的记录进行查询操作。DQL 数据查询语言用到的关键字及含义如图 4.1 所示。

图 4.1　DQL 数据查询语言用到的关键字及含义

select 语句的执行过程是从数据库中选取匹配的特定行和列，并将这些数据组织成一个结果集，然后以一张临时表的形式返回。select 语句只是个查询语句，永远都不可能改动数据表的表结构（字段名、字段类型、字段长度、约束）。

select 语句是数据库操作最基本的语句之一，同时也是 SQL 编程技术中最常用的语句。使用 select 语句不但可以从数据库中精确地查询信息，而且可以模糊地查找带有某项特征的多条数据。

1. 语法格式

```
select [all|distinct] 字段名列表
from 表名列表
[where 条件表达式]
[group by 字段名列表 [having 逻辑表达式]]
[order by 字段名 [asc|desc]]
[limit [offset,]n];
```

2. 说明

上述语法结构中，select 查询语句共有 7 个子句，其中 select 和 from 子句为必选子句，而 where、group by、order by、limit 子句均为可选子句，having 子句和 group by 子句需要联合使用，不能单独使用。具体含义如下。

1）字段名列表

可以是一个字段，也可以是用半角逗号分隔的多个字段，还可以是表达式或函数。

2）all｜distinct

用于查询结果集中对相同行的处理方式。默认值为 all。all 表示所有行包括重复行；distinct 表示如果有重复行则只显示一行。

3）from 表名列表

用于指定数据表的名称，给查询提供数据源。

4）where 条件表达式

用于指定数据查询的条件

5）group by 字段名列表

用于指定将查询结果根据什么字段分组。

6）having 逻辑表达式

用于指定对分组的过滤条件。

7）order by 字段名［asc｜desc］

用于指定查询结果集的排序方式。asc 为升序，desc 为降序。默认为 asc。

8）limit［offset，］n

用于限制查询结果的数量。

以上可选子句仅仅是按需使用，并不是每条 SQL 语句都必须用到。

4.2 使用 select 语句进行简单查询

4.2.1 查询表中所有字段

1. 语法格式

```
select  *  ｜所有字段名列表
from  数据表名；
```

2. 说明

（1）格式中的"*"和"所有字段名列表"两者为互斥关系，只能任选其一写在具体命令中，效果相同。

（2）显示的结果集中各列的次序与这些列在表结构定义字段中出现的顺序一致。

示例 4.1

查询监所管理数据库 prison_database 中警察信息表 police_info 的所有信息。
SQL 语句如下:

```
select police-no,police-name,gender,department-id,tel,position
from police_info;
```

执行结果如图 4.2 所示。

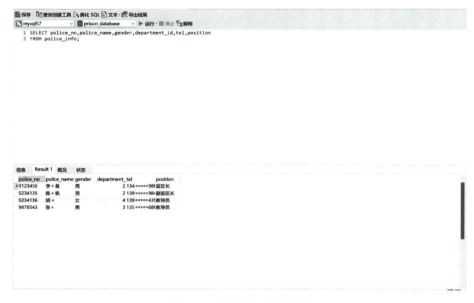

图 4.2　查询表中全部字段

上例的 SQL 语句也可以写成:

```
select  *    from police_info;
```

显然,在字段列很多的情况下,命令中用 * 比逐个依次写出所有字段名要简单快捷。

4.2.2　查询表中部分字段

很多情况下,用户只对数据表的部分字段感兴趣,这时,只需要在 select 语句中明确指出字段名即可,多个字段名用半角逗号分隔。

第4章 select基础查询

1. 语法格式

```
select 字段名列表
from   数据表名；
```

2. 说明

如果有多个字段，字段名的顺序可以改变，显示的结果集中字段的顺序将跟 select 语句后面字段名顺序保持一致。

示例 4.2

查询警察信息表 police_info 的警号字段 police_no 信息。
SQL 语句如下：

```
select police_no  from police_info;
```

执行结果如图 4.3 所示。

图 4.3　查询部分字段

示例 4.3

查询警察信息表 police_info 的警号字段 police_no 和姓名字段 police_name 的信息。
SQL 语句如下：

```
select police_no,police_name  from police_info;
```

执行结果如图 4.4 所示。

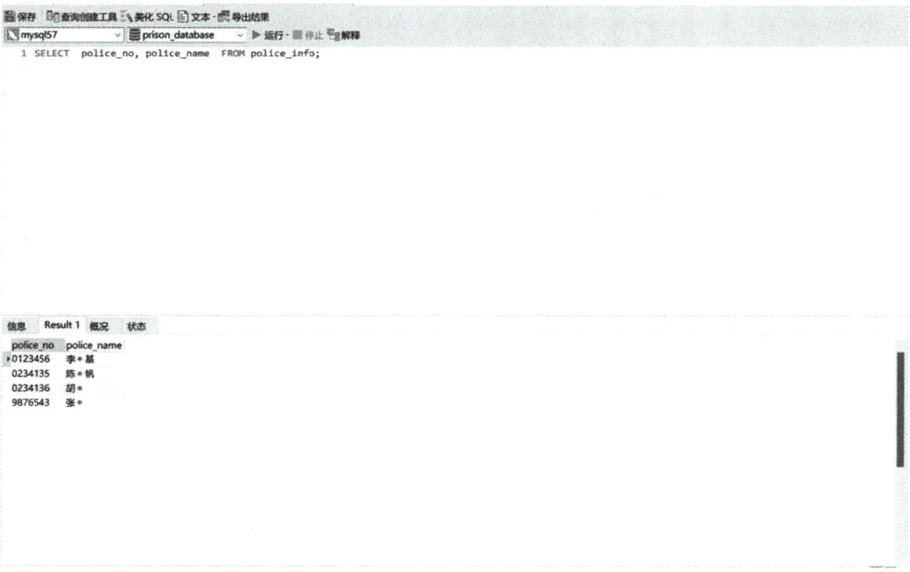

图 4.4　查询部分字段

4.2.3　查询结果中定义字段的别名

使用 select 语句进行查询时,可以让查询结果集中字段显示的名称跟数据表结构中的不同,即:给字段取一个别名。通常,都会给英文的字段名取一个中文的字段别名,方便用户查看信息。

1. 语法格式

```
select 字段名 [as]  别名
from  数据表名;
```

2. 说明

关键字 as 可以省略,效果相同。

示例 4.4

查询警察信息表 police_info 的警号字段 police_no 和姓名字段 police_name 的所有信息,并分别使用"警号"和"姓名"作为两个字段的别名。

SQL 语句如下:

```
select police_no 警号,police_name 姓名 from police_info;
```

执行结果如图 4.5 所示。

图 4.5 给查询结果列取别名

对比图 4.4 和图 4.5,显然图 4.5 的结果更友好直观。

4.2.4 查询结果中去掉重复

可以使用关键字 distinct 消除查询结果集中的重复性。

1. 语法格式

```
select distinct 字段名列表
from 数据表名;
```

2. 说明

关键字 distinct 在命令中必须出现在字段名列表的左侧。

示例 4.5

查询警察信息表 police_info 中有哪些部门编号，并去掉重复值。
SQL 语句如下：

```
select distinct department_id from police_info;
```

执行结果如图 4.6 所示。

图 4.6　在结果中去掉重复

警察信息表 police_info 中原本有四行记录，其中部门编号为 2 的有两条记录，上述命令使用了关键字 distinct 后，结果集中只显示了一个部门编号为 2 的记录，消除了重复。

4.3　使用 where 条件子句

where 条件子句可以指定查询条件，用以从数据表中筛选出满足条件的数据行。

4.3.1 where 条件子句

1. 语法格式

```
select  字段名列表
from  表名
where  条件表达式;
```

2. 说明

整个"where 条件子句"可以不在 select 语句中出现，一旦出现了，必须放在"from 表名"的后面。

4.3.2 条件查询中的运算符

where 中的条件表达式一般由表 4.1 所示运算符构成。

表 4.1 运算符

运算符分类	运算符
比较运算符	>=、<、<=、<>=、<
范围运算符	between...and、not between...and
列表运算符	in、not in
模式匹配符	LIKE、not LIKE
空值判断符	is null、is not null
逻辑运算符	and、or、not

1. 比较运算符的使用

当使用 select 语句进行查询时，MySQL 允许用户对表达式的左边操作数和右边操作数进行比较，如果比较的结果是真，则满足查询条件。select 语句将从数据表中筛选出比较结果为真的数据行。

1）语法格式

```
select    字段名列表
from      表名
where     字段名  运算符  字段值;
```

2）说明

（1）条件子句由"字段名 运算符 字段值"形式构成。如果字段是 char、varchar 或者 date 型，则后面的字段值需要用半角单引号括起来。

（2）MySQL 中字符串比较是从左到右按位按照其 ascII 值来进行比较的。

示例 4.6

查询警察信息表 police_info 中所有男警察的信息。

SQL 语句如下：

```
select * from police_info where gender='男';
```

执行结果如图 4.7 所示。

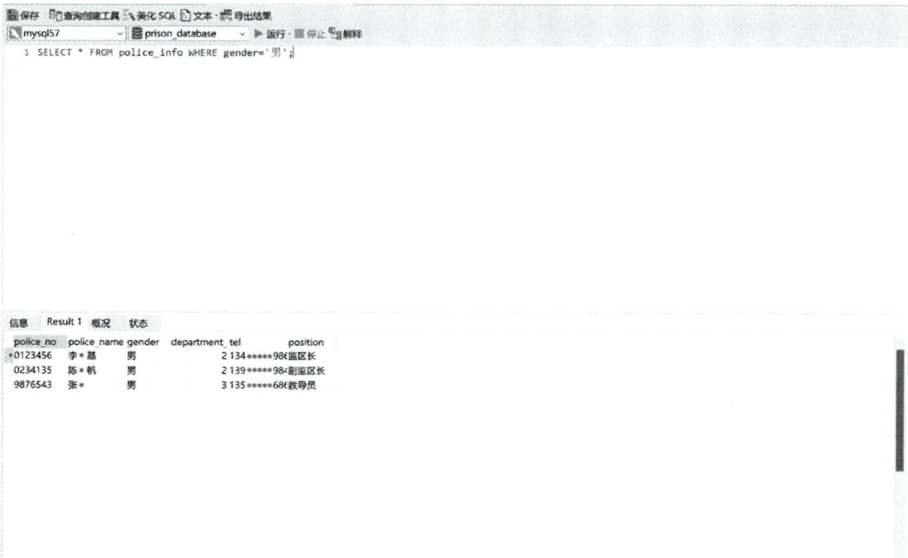

图 4.7　查询男警察的所有信息

示例 4.7

查询警察信息表 police_info 中所有部门编号 department_id 不是 2 的警察信息。

SQL 语句如下：

```
select * from police_info where department_id< > 2;
```

执行结果如图 4.8 所示。

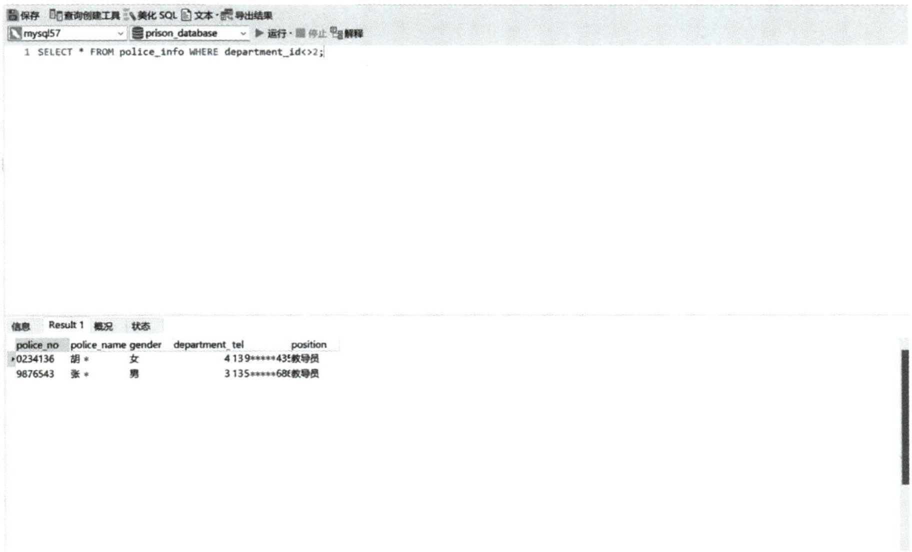

图 4.8　查询部门编号不是 2 的所有警察信息

2. 范围运算符的使用

"between and" 关键字用于范围查询，需要设置两个参数，即范围的起始值和终止值。

1）语法格式

```
select    *
from      表名
where     字段名  between  起始值 and  终止值;
```

2）说明

between...and... 是闭区间，左右两个边界都能取到。无论是应用在数字还是字符上，它都能匹配指定范围内的所有值，包括起始值和终止值。如果字段值在指定的范围内，则这些记录被返回；如果不在指定范围内，则不会被返回。

示例 4.8

查询罪犯信息表 criminal_info 中出生日期在 1980 年到 1990 年之间的罪犯信息。
SQL 语句如下：

```
select *
from criminal_info
where mid(id_number,7,4)  between '1980' and '1990';
```

执行结果如图 4.9 所示。

图 4.9　查询出生日期在 1980 年到 1990 年之间的罪犯信息

罪犯信息表中没有出生年份字段，但是，可以从身份证号码字段 id＿number 提取出生年份，从身份证号码的第 7 位开始往后面依次取 4 位即可。利用函数 mid 可以完成截取字符串操作，即：mid（id＿number，7，4）。再筛选出在 1980 到 1990（包含 1980 和 1990）之间的出生年份。

3. 列表运算符的使用

in 运算符用于 where 表达式中，以列表项的形式支持多个选择；当 in 前面加上 not 运算符时，表示与 in 相反的意思，即：not in 表示不在这些列表项内选择。

1）语法格式

```
select  *
from  表名
where  字段名 in(字段值1,字段值2,字段值3,…);
```

2）说明

格式中的"字段值"不仅可以用数字，也可以用字符串，甚至可以用日期时间。如果是字符串，必须要用半角单引号括起来。

示例 4.9

查询警察信息表 police_info 中部门编码字段 department_id 为 2 或者为 3 的警察信息。

SQL 语句如下：

```
select *  from police_info
where department_id in(2,3);
```

执行结果如图 4.10 所示。

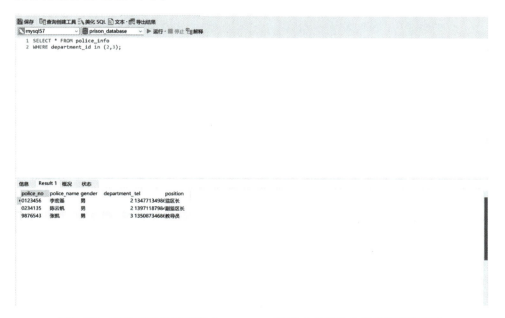

图 4.10　查询部门编码字段 department_id 为 2 或者为 3 的所有警察信息

示例 4.10

查询警察信息表 police_info 中警号字段 police_no 不是 0123456、9876543 的警察信息。

SQL 语句如下：

```
select *
from police_info
where police_no not in('0123456','9876543');
```

执行结果如图 4.11 所示。

图 4.11　警号字段不是 0123456、9876543 的所有警察信息

4. 模式匹配运算符的使用

在指定条件不是很明确的情况下，可以使用 LIKE 运算符与模式字符串进行匹配运算。

1) 语法格式

```
select *
from   表名
where  字段名 [not] LIKE '模式字符串';
```

2) 说明

模式字符串可以是一般的字符串，也可以是包含有通配符的字符串。通配符的种类如表 4.2 所示。

表 4.2　通配符的种类

通配符	含义
％	匹配任意长度（0 个或多个）的字符串
－	匹配任意单个字符

示例 4.11

查询警察信息表 police_info 中所有拥有以 139 开头的电话号码的警察信息。

SQL 语句如下：

```
select *
from police_info
where tel LIKE '139%';
```

执行结果如图 4.12 所示。

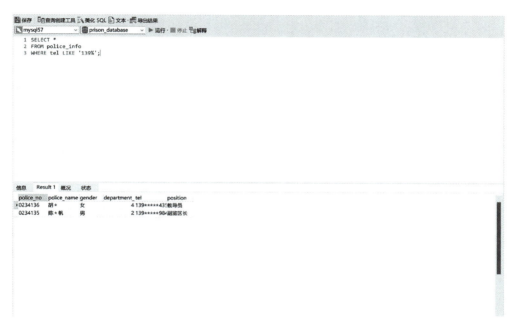

图 4.12　拥有以 139 开头的电话号码的所有警察信息

示例 4.12

查询警察信息表 police_info 中所有警号以 023413 开头，后面跟着任意一个数字的警察信息。

SQL 语句如下：

```
select *
from police_info
where police_no LIKE '023413';
```

执行结果如图 4.13 所示。

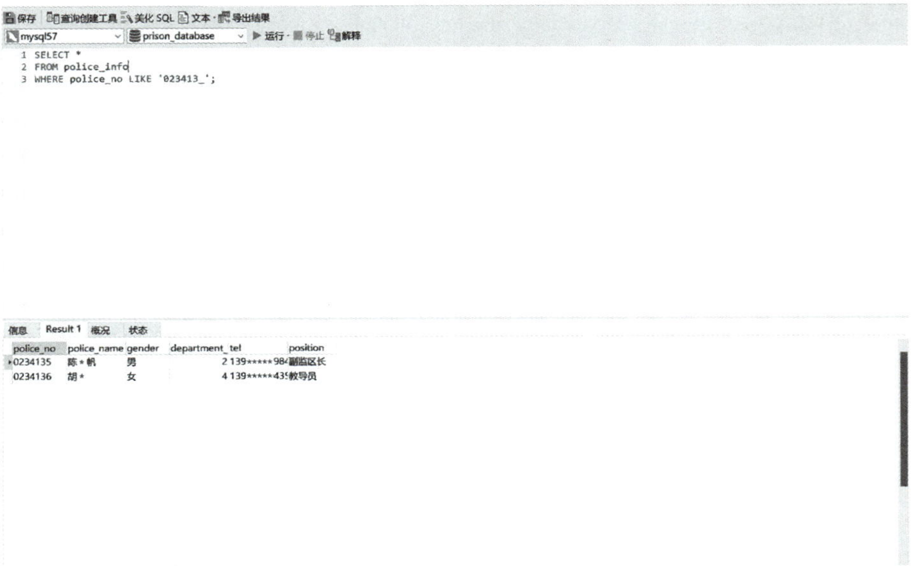

监所网络数据库技术

图 4.13 警号以 023413 开头，后面跟着任意一个数字的所有警察信息

5. 空值判断运算符的使用

MySQL 提供了 is null 关键字，用来判断字段的值是否为空值（null）。空值不同于 0，也不同于空字符串。

如果字段的值是空值，则满足查询条件，该记录将被查询出来。如果字段的值不是空值，则不满足查询条件。

1）语法格式

```
select *
from 表名
where 字段名 is [not] null;
```

2）说明

对于空值判断，不能使用比较运算符或模式匹配运算符。

示例 4.13

查询罪犯出入监信息表 in_out_prison 中离监去向为空的所有罪犯信息。
SQL 语句如下：

```
select *
from in_out_prison
where trend is null;
```

执行结果如图 4.14 所示。

图 4.14　离监去向为空的所有罪犯信息

示例 4.14

查询罪犯出入监信息表 in_out_prison 中离监日期 out_time 不为空的所有罪犯信息。

SQL 语句如下：

```
select *
from in_out_prison
where out_time is not null;
```

执行结果如图 4.15 所示。

图 4.15　离监日期不为空的所有罪犯信息

6. 逻辑运算符的使用

查询条件可以是一个条件表达式，也可以是多个条件表达式的组合。逻辑运算符能够连接多个条件表达式，构成一个复杂的查询条件。

逻辑运算符及其作用如表 4.3 所示。

表 4.3 逻辑运算符及其作用

逻辑运算符	作用
and	连接两个条件。当且仅当两个条件表达式都成立，那么组合起来的条件成立
or	连接两个条件。如果两个条件表达式中任何一个成立，那么组合起来的条件成立
not	连接一个条件表达式，对给定条件的取反

示例 4.15

查询警察信息表 police_info 中警号以 0 开头的男警察的所有信息。
SQL 语句如下：

```
select *
from police_info
where police_no LIKE '0%' and gender='男';
```

执行结果如图 4.16 所示。

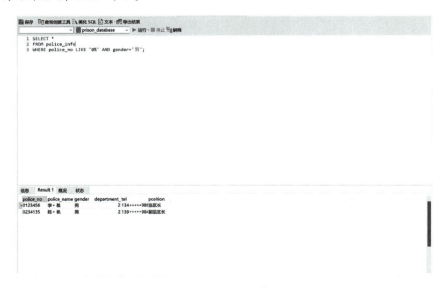

图 4.16 警号以 0 开头的男警察的所有信息

示例 4.16

在前文【示例 4.9】中查询警察信息表 police_info 中部门编码字段 department_id 为 2 或者为 3 的警察信息，SQL 语句还有一种使用逻辑运算符 or 的写法：

```
select * from police_info
where department_id= 2 or department_id= 3;
```

执行结果如图 4.17 所示。

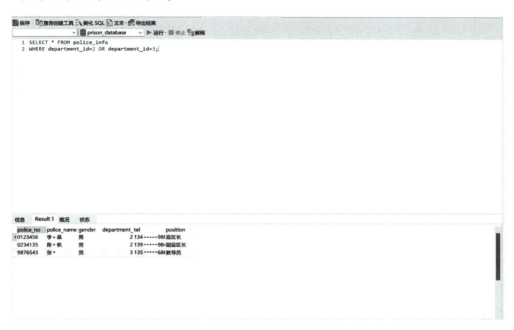

图 4.17　查询部门编码为 2 或者为 3 的警察信息

示例 4.17

在前文【示例 4.7】中查询警察信息表 police_info 中所有部门编号不是 2 的警察信息，SQL 语句还有一种使用逻辑运算符 not 的写法：

```
select * from police_info where not(department_id= 2);
```

执行结果如图 4.18 所示。

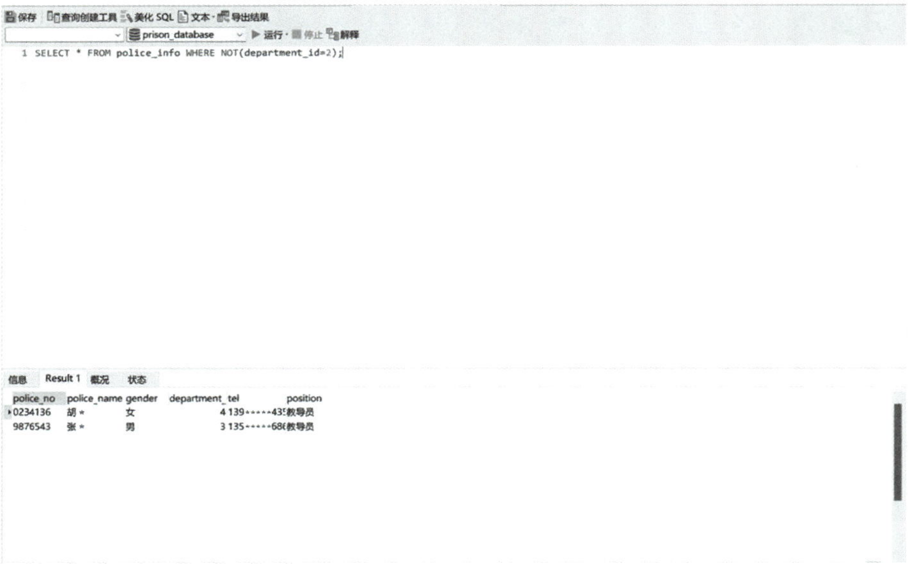

图 4.18　部门编号不是 2 的所有警察信息

4.4　定制显示查询结果

在查询结果集中，数据行的排列顺序是按它们在表中添加进来的原始顺序进行排列的。但是可以通过 order by 子句对数据行进行排序，通过 limit 子句限制查询显示的行数。

4.4.1　order by 子句

可以使用 order by 子句对结果集中的数据行按指定列的值重新排列顺序。

1. 语法格式

```
select  字段名列表
from  表名
[where  条件表达式]
order  by 字段名 [asc|desc];
```

2. 说明

(1) SQL 命令中的 order by 子句必须出现在 where 条件子句（如果有）的后面。

(2) 可以规定按升序排列（使用参数 asc），也可以指定按降序排列（使用参数 desc），默认参数为 asc。

(3) 字符型的字段值按照 ascII 码大小来排先后顺序。

(4) 可以在 order by 子句中指定多个列，查询结果首先按第 1 列进行排序，第 1 列值相同的那些数据行，再按照第 2 列排序，以此类推。

示例 4.18

在警察信息表 police_info 中按照性别升序排列显示所有信息。

SQL 语句如下：

```
select *
from police_info
order by gender asc;
```

执行结果如图 4.19 所示。

图 4.19 按照性别升序排列显示所有信息

上述命令中的 asc 可以省略不写，默认即为升序。

示例 4.19

在警察信息表 police_info 中对性别为男的警察按照部门编号降序排列显示所有信息。

SQL 语句如下：

```
select * from police_info
where gender='男'
order by department_id desc;
```

执行结果如图 4.20 所示。

图 4.20 对性别为男的警察按照部门编号降序排列

4.4.2 limit 子句

使用 limit 子句可以指定查询结果从哪条记录开始，一共查询多少条记录。

1. 语法格式

```
limit [offset,] n
```

2. 说明

（1）limit 后面可以带一个或两个整数参数。

（2）offset 是可选项，表示从第几行开始检索。如果省略，则表示从第一行记录开始检索。

（3）n 表示检索多少行。

示例 4.20

查询警察基本信息表 police_info，输出前三条记录的信息。

SQL 语句如下：

```
select *
from police_info
limit 3;
```

执行结果如图 4.21 所示。

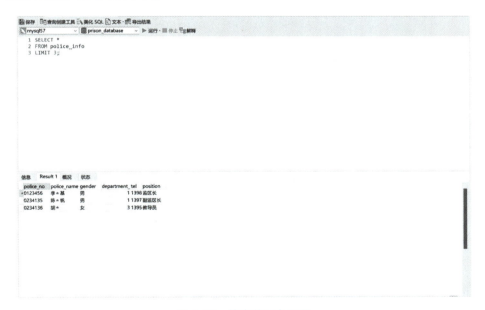

图 4.21　输出前三条记录

示例 4.21

查询警察基本信息表 police_info，输出从第 2 条记录开始一共三条记录。

SQL 语句如下：

```
select *
from police_info
limit 1,3;
```

在数据表中第 1 条记录编号为 0，第 2 条记录编号为 1，以此类推。limit 1，3 中的 1 是第 2 条记录的编号，3 是一共输出三条记录。执行结果如图 4.22 所示。

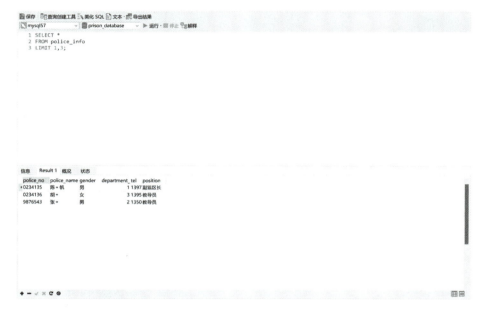

图 4.22　输出从第 2 条记录开始一共三条记录

4.5　本章实践任务

按要求完成下列操作：

（1）查询警察信息表 police_info 中的所有数据内容。

（2）查询罪犯出入监信息表 in_out_prison 中的所有数据内容。

（3）查询罪犯信息表 criminal_info 中的罪犯编号、姓名、文化程度的数据内容，需要分别指定中文别名。

（4）查询罪犯信息表 criminal_info 中所有男罪犯的数据内容。

（5）查询罪犯信息表 criminal_info 中所有判处有期徒刑的罪犯信息。

（6）查询罪犯出入监信息表 in_out_prison 中 2000 年以后收押入监的罪犯信息并按照收押日期升序排列。

（7）查询警察信息表 police_info 中所有部门编号不是 2 的警察信息。

（8）查询警察信息表 police_info 中所有警号以 0 开头的男警察的信息。

（9）查询罪犯出入监信息表 in_out_prison 中离监去向为空的所有罪犯信息。

本章总结

1. select 语句中（　　）子句能够将查询结果按指定字段的值进行排序。
A. order by　　　　　　　　　　B. limit
C. group by　　　　　　　　　　D. distinct

2. select 语句中判断是否不为空应该用（　　）。
A. None　　　　　　　　　　　　B. is null
C. not is null　　　　　　　　　　D. is not null

3. select 语句中的 between 20 and 100 是表示（　　）。
A. 小于 20 或者大于 100　　　　　B. 大于 20 并且小于 100
C. 大于等于 20 并且小于等于 100　D. 大于 20 并且小于 100

本章拓展知识

● **1. select 语句基本组成**

　　select 语句由 select 子句（查询内容）、from 子句（查询对象）、where 子句（查询条件）、order by 子句（排序方式）、group by 子句（分组方式）等组成。

　　（1）from 中的每个元素都是一个真正的或者虚拟的表。如果在 from 列表里声明了多过一个表，那么它们就交叉连接在一起。

　　（2）如果声明了 where 子句，那么在输出结果集中消除所有不满足条件的行。如果声明了 group by 子句，输出结果集就分成匹配一个或多个数值的不同组。如果出现了 having 子句，那么它消除结果集那些不满足给出条件的组。

● **2. select 语句的作用**

　　（1）进行列选择（投影操作）：能够选择表中的列，这些列是需要用查询返回的。查询时，可在选择查询的表中指定列。

　　（2）进行行选择（选择操作）：能够选择表中的行，这些行是需要用查询返回的。能够使用不同的标准限制所看见的行。

　　（3）进行连接（多表操作）：能够使用连接功能来集合数据，这些数据虽然被存储在不同的表中，但是可以通过连接查询到该数据。

第 5 章
MySQL 基本函数应用

本章简介

有过监所数据库运维工作经验的工作者一定能够体会到函数在数据库运维管理中带来的方便，MySQL 也提供了很多功能强大、使用方便的函数。数据库函数可以帮助数据库管理者做很多的事情，比如字符串的处理、数值和日期的运算等，可以极大地提高数据库的管理效率。MySQL 提供了多种内置函数帮助监狱信息管理者简单快速地编写 SQl 语句，常用的函数包括：数学函数、字符串函数、日期和时间函数、控制流函数、系统信息函数和加密函数等。

本章将结合警察信息和罪犯信息实例详细介绍上述数据库函数的功能和用法。

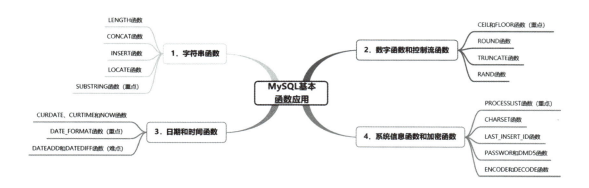

学习目标

1. 掌握常见数学函数和控制流函数的应用
2. 掌握常见字符串函数的应用
3. 掌握常见日期和时间函数的应用
4. 掌握常见系统信息函数和加密函数的应用

课前预习

1. 单词掌握

floor：楼层、底部

round：圆形的、把……四舍五入

locate：定位

substr：下部结构

interval：间隔

encode：加密

2. CEIL 函数的功能是＿＿＿＿＿＿，FLOOR 函数的功能是＿＿＿＿＿＿。

3. SUBSTR（str，pos，len）函数的功能是＿＿＿＿＿＿。

4. CHARLENGTH（str）函数的功能是＿＿＿＿＿＿。

5. 显示当前系统日期的函数有＿＿＿＿＿＿。

6. DATEADD（date，INTERVAL expr type）函数的功能是＿＿＿＿＿＿。

7. 返回字符串默认字符集的函数是＿＿＿＿＿＿。

5.1 数学函数和控制流函数

5.1.1 数学函数

数学函数用来处理数值数据方面的运算，MySQL 中主要的数学函数有绝对值函数、三角函数、对数函数和随机函数等。使用数学函数过程中，如果有错误发生，该函数将返回 NULL。MySQL 常用数学函数见表 5.1。

表 5.1 MySQL 常用数学函数

数学函数	功能介绍
ABS（x）	返回 x 的绝对值
PI（）	返回圆周率，默认显示 6 位小数 3.141593
SQRT（x）	返回非负数 x 的二次方根
POW（x，y）和 POWER（x，y）	返回 x 的 y 次乘方的结果值 POW（3，4）的结果值为 81
CEIL（x）和 CEILING（x）	返回不小于 x 的最小整数值

续表

数学函数	功能介绍
FLOOR（x）	返回不大于 x 的最大整数值
ROUND（x）	返回最接近 x 的整数，对 x 进行四舍五入
ROUND（x，y）	返回最接近 x 的整数，对 x 进行四舍五入，保留小数点后面 y 位
TRUNCATE（x，y）	返回截取小数点后 y 位的数值 x
RAND（）	返回一个随机浮点值 v，0＜＝v＜＝1
RAND（x）	返回一个随机浮点值 v，0＜＝v＜＝1；x 为整数，被用作种子值，用来产生重复序列
LOG（x）	返回 x 的自然对象，x 相对于基数 e 的对数
LOG10（x）	返回 x 的基数为 10 的对数
RADIANS（x）	返回 x 由角度转化为弧度的值，如 x 取值 90，则返回的弧度为 PI（）/2
DEGREES（x）	返回 x 由弧度转化为角度的值，如 x 取 PI（），则返回的角度值为 180

示例 5.1

使用 ceil（x）和 ceiling（x）返回不小于 x 的最小整数，SQL 语句如下：

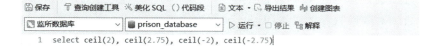

执行结果如图 5.1 所示。

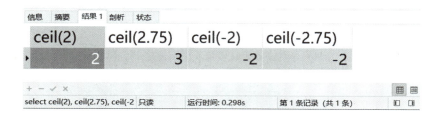

图 5.1　ceil（x）函数演示结果

示例 5.2

使用 floor（x）返回不大于 x 的最大整数，SQL 语句如下：

select floor(2),floor(2.75),floor(-2),floor(-2.75)

执行结果如图 5.2 所示。

图 5.2　floor（x）函数演示结果

示例 5.3

使用 rand（）产生 0 至 1 之间的浮点数，SQL 语句如下：

select rand(),rand()

执行结果如图 5.3 所示。

图 5.3　rand（）函数演示结果

从执行结果可以看出，不带参数的 rand（）函数，每次产生的随机数不同。

示例 5.4

使用 rand（x）产生 0 至 1 之间的浮点数，SQL 语句如下：

```
select rand(5),rand(11)
```

执行结果如图 5.4 所示。

图 5.4　rand（x）函数演示结果

从执行结果看出，带有参数的 rand（x）函数，当 x 取值相同时，产生的随机数相同；当 x 取值不同时，产生的随机数不同。

示例 5.5

使用 round（x）返回最接近于参数 x 的整数，SQL 语句如下：

```
select round(-2.5),round(-2.25),round(-2.75),round(2.25),round(2.75)
```

执行结果如图 5.5 所示。

图 5.5　round（x）函数演示结果

示例 5.6

使用 round（x，y）对参数 x 进行四舍五入操作，返回值保留小数点后面指定的 y 位。
SQL 语句如下：

select round(-2.55,1),round(-2.25,3),round(375.49,-1),round(375.49,-1)

执行结果如图 5.6 所示。

图 5.6　round（x，y）函数演示结果

从执行结果可以看出，根据参数 y 值将参数 x 四舍五入后得到保留小数点后 y 位的值，x 值小数位不够 y 位的补零；如 y 为负值，则保留小数点左边 |y| 位，先进行四舍五入操作，再将相应的位数值取零。

示例 5.7

使用 truncate（x，y）对参数 x 进行截取操作。
SQL 语句如下：

select truncate(2.25,1),truncate(2.99,1),truncate(2.99,0),truncate(99.99,-1)

执行结果如图 5.7 所示。

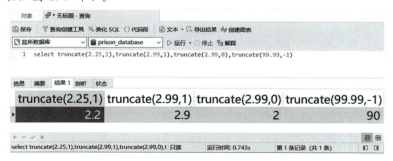

图 5.7　truncate（x，y）函数演示结果

5.1.2 控制流函数

控制流函数也称条件判断函数,其根据满足的条件不同,执行相应的流程。MySQL 中常见的控制流函数有 IF、IFNULL。MySQL 中常见控制流函数的用法见表 5.2。

表 5.2 MySQL 中常见控制流函数的用法

控制流函数	功能介绍
IF（expr，v1，v2）	返回表达式 expr 得到不同运算结果时对应的值。若 expr 为 TRUE（expr ＜＞0 and expr＜＞NULL），则 IF（）的返回值为 v1，否则为 v2
IFNULL（v1，v2）	返回参数 v1 或 v2 的值。如果 v1 不为 NULL，则返回值为 v1，否则返回值为 v2

示例 5.8

在某些情况下监狱需要对罪犯进行分别关押,按照年龄区分未成年犯和成年犯,当年龄不满 18 周岁并且已满 14 周岁的罪犯称为未成年犯,其他则为成年犯（不满 14 周岁不负刑事责任,因此无不满 14 周岁的未成年犯）。当罪犯被收押入监后,监狱会为每一名罪犯分配一个管教人员。以下 SQL 语句将使用 IF（）和 IFNULL（）控制流函数显示所有罪犯的姓名、罪犯类型（"未成年犯"和"成年犯"）和罪犯国籍,当罪犯国籍为空的时候显示"其他国籍人士",否则为中国。

```
select criminal_name 罪犯姓名,ifnull(nationality,'其他国籍人士')罪犯国籍,
    if(age> = 14 and age< 18,'未成年犯','成年犯')罪犯类型  from criminal_info
```

执行结果如图 5.8 所示。

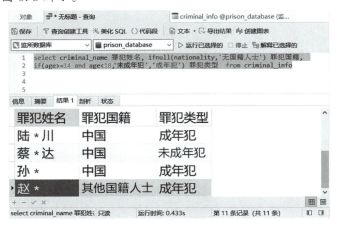

图 5.8 控制流函数演示结果

5.2 字符串函数

5.2.1 字符串函数介绍

字符串函数主要用来处理字符串数据，MySQL 字符串函数主要有计算字符长度函数、字符串合并函数、字符串转换函数、字符串比较函数以及查找指定字符串位置函数等。本节将结合实例介绍常用字符串函数的用法。

MySQL 中常用字符串函数的用法见表 5.3。

表 5.3 MySQL 中常用字符串函数的用法

字符串函数	功能介绍
CHARLENGTH（str）	返回字符串 str 包含字符的个数。像中文这种多字节的，一个字符也只能算单字符
LENGTH（str）	返回字符串 str 包含字节的个数
CONCAT（s1，s2，…）	字符串合并函数，返回结果为连接参数产生的字符串。参数可以是一个或多个。如有任意一个字符串参数为 NULL，则返回值为 NULL
INSERT（str，pos，len，newstr）	替换字符串函数。字符串 str 在位置 pos 起始且长度为 len 的子串由字符串 newstr 替换，最终返回替换之后的 str
LOWER（str）和 LCASE（str）	这两个函数功能相同，都是将字符串 str 中字母转换为小写
UPPER（str）和 UCASE（str）	这两个函数功能相同，都是将字符串 str 中字母转换为大写
SUBSTR（str，pos，len）和 SUBSTRING（str，pos，len）	截取原始字符串 str 中从 pos 开始的 len 长度字符串。len 是可选项，如果该项缺省则获取从 pos 开始的剩余字符串内容
LFFT（str，len）	截取左侧字符串函数，返回 str 最左的 len 个字符
RIGHT（str，len）	截取右侧字符串函数，返回 str 最右的 len 个字符
LTRIM（str）	删除字符串 str 左侧所有空格

续表

字符串函数	功能介绍
RTRIM（str）	删除字符串 str 右侧所有空格
TRIM（str）	删除字符串 str 左右两端所有空格
TRIM（s1 from str）	删除字符串 str 中两端包含的子字符串 s1
REPEAT（str，n）	重复生成字符串函数。返回一个由重复的字符串 str 组成的字符串，该字符串中 str 的重复次数是 n。若 n<=0，则返回一个空字符串；若 str 或 n 为 NULL，则返回 NULL
STRCMP（s1，s2）	比较字符串大小函数。若 s1 和 s2 相等，则返回 0；若 s1 小于 s2，则返回 -1；若 s1 大于 s2，则返回 1
LOCATE（s1，str）	匹配字符串开始位置的函数。返回子字符串 s1 在字符串 str 中第一次出现的位置。若 str 中没有包括 s1，则返回 0
ELT（n，s1，s2，…，sn）	返回指定位置的字符串函数。根据 n 的取值，返回指定的字符串 sn。若 n=1，则返回 s1；若 n=2，则返回 s2，以此类推。若 n<1 或 n>sn，则返回值为 NULL
FIELD（s，s1，s2，…，sn）	返回指定字符串位置的函数。返回字符串 s 在 s1，s2，…，sn 中出现的位置。如果找不到，则返回值为 0；若 s 为 NULL，则返回值为 0
INSERT（str，s1）	匹配字符串开始位置的函数。功能同 LOCATE 函数
REPLACE（str，s1，s2）	替换函数。使用字符串 s2 替换字符串 str 中所有的子字符串 s1
REVERSE（str）	返回和原始字符串 str 顺序相反的字符串

5.2.2 字符串函数应用

示例 5.9

使用 char_length（str）和 length（str）计算字符个数和字节个数。SQL 语句如下：

```
select char_length('test'),char_length('测试'),length('test'),
length('测试')
```

执行结果如图 5.9 所示。

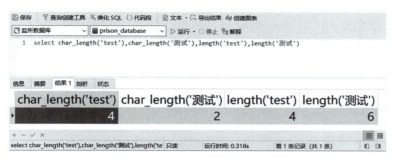

图 5.9　char_length () 和 length () 函数演示结果

由执行结果可以看出，一个汉字有 3 个字节。

示例 5.10

使用 concat（s1，s2，…）函数连接多个字符串，SQL 语句如下：

select concat('My','SQL'),concat('My',null,'SQL'),concat('我','爱','MySQL')

执行结果如图 5.10 所示。

图 5.10　concat () 函数连接字符串演示结果

由执行结果可以看出，如果 concat () 函数字符串参数列表中存在值为 NULL 的参数，则返回值为 NULL。

示例 5.11

使用 insert（str，pos，len，newstr）函数进行字符串替换操作，SQL 语句如下：

select insert('first',2,3,'second')column1,insert('first',-1,2,'second')column2,
insert('first',6,3,'second')column3,insert('first',3,20,'second')column4,
insert('first',3,null,'second')column5

执行结果如图 5.11 所示。

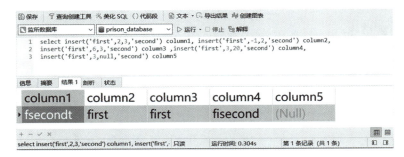

图 5.11　insert（）函数进行字符串替换演示结果

由执行结果可以看出，column1 中，原始字符串为"first"，从第 2 位"i"开始，使用替换字符串"second"替换"first"中的 3 个字符"irs"；column2 中，参数 pos 值等于−1，在取值范围之外，则结果显示为原始字符串；column3 中，pos 取值为 6，显示结果为原始字符串从第 6 位开始替换成替换字符串；column4 中，len 取值大于原始字符串长度时，将替换字符串从原始字符串"first"的第 3 位开始全部替换；column5 中，若 insert 函数的任意一个参数为 NULL，则结果都为 NULL。

示例 5.12

使用 substr（str，pos，len）截取原始字符串 str 中从 pos 开始的 len 长度字符串，SQL 语句如下：

```
select substr('MySQL',3,2)column1,substr('MySQL',3)column2,
substr('MySQL',-4,3)column3,substr('MySQL',-5)  column4
```

执行结果如图 5.12 所示。

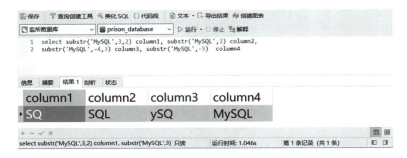

图 5.12　substr（）函数进行字符串截取演示结果

由执行结果可以看出，当缺省一位参数时，缺省的是长度 len 参数，获取从 pos 开始的剩余字符串内容。若参数 pos 为负值时，比如 column3 中 pos 取−4，返回从 str 字符串"MySQL"末尾开始第 4 位，也就是字符"y"开始，取 len 位，即 3 位，最终获得字符串"ySQ"。

示例 5.13

使用 locate（s1，str）匹配子字符串 s1 在字符串 str 中第一次出现的位置，SQL 语句如下：

```
select locate('my','MySQL'),locate('SQL','MySQLMySQL'),locate('sy','MySQL')
```

执行结果如图 5.13 所示。

图 5.13　locate（）函数获取字符串匹配位置

由执行结果可以看出，匹配字符串不区分大小写，'my'和'My'可以匹配；返回的结果是 s1'SQL'在 str'MySQLMySQL'中第一次出现的位置 3；若 s1 在 str 中找不到，则返回结果 0。

示例 5.14

使用 elt（n，s1，s2，…，sn）返回指定位置的字符串，SQL 语句如下：

```
select elt(3,'ie','ef','chrome','360'),elt(3,'ie','ef')
```

执行结果如图 5.14 所示。

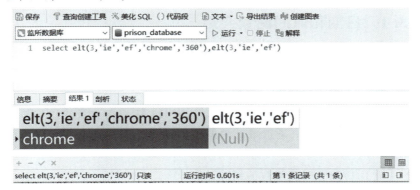

图 5.14　elt（）函数返回指定位置的字符串

示例 5.15

使用 field（s，s1，s2，…，sn）返回指定字符串位置，SQL 语句如下：

```
select field('My','my1','mY2','my','MySQL')column1,field('My',
'mySQL','php')column2,
    field(null,'s1','s2')column3
```

执行结果如图 5.15 所示。

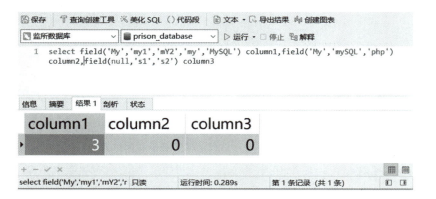

图 5.15 使用 field 返回指定字符串位置

由执行结果可以看出，column1 中 s 字符串"My"出现在列表中第 3 个字符串位置，字符比较的时候不区分大小写；column2 中 s 字符串"My"没有出现在列表中，此时返回值为 0；column3 中，s 字符串取值 NULL，返回值为 0。

5.3 日期和时间函数

5.3.1 日期和时间函数介绍

日期和时间函数主要用来处理日期和时间的值，一般的日期函数除了使用 DATE 类型的参数外，也可以使用 DATETIME 或 TIMESTAMP 类型的参数，只是忽略了这些类型值的时间部分。类似的情况还有以 TIME 类型为参数的函数，可以接受 TIMESTAMP 类型的参数，只是忽略其中的日期部分，许多日期函数可以同时接受数值和字符串类型的参数。

MySQL 中常用日期和时间函数的用法见表 5.4。

表 5.4　MySQL 中常用日期和时间函数的用法

日期和时间函数	功能介绍
CURDATE（）和 CURRENTDATE（）	这两个函数作用相同，都是返回当前系统的日期值
CURTIME（）和 CURRENTTIME（）	这两个函数作用相同，都是返回当前系统的时间值
CURRENTTIMESTAMP（）、LOCALTIME（）、NOW（）、SYSDATE（）	这四个函数作用相同，都是返回当前系统的日期和时间值
DAYNAME（date）	返回日期参数 date 对应的星期几的英文名称。例如 dayname（"2017-07-24"）的值为 Monday
DAYOFWEEK（date）	返回日期参数 date 对应的一周的索引位置。返回值的范围是 1～7。其中，1 表示周日，2 表示周一，…，7 表示周六。例如，dayofweek（"2017-07-24"）的值为 2，表示为周一
WEEKDAY（date）	返回日期参数 date 对应的一周的索引位置。返回值的范围是 0～6。其中，0 表示周一，1 表示周二，…，6 表示周日。例如，weekday（"2017-07-24"）的值为 0，表示为周一
WEEK（date，mode）	返回日期参数 date 对应的星期数。WEEK（）的双参数形式允许指定该星期是否起始于周日或周一，以及返回值的范围是否为从 0 到 53 或从 1 到 53。若 mode 参数被省略，则使用 defaultweekformat 系统自变量的值
DAYOFYEAR（date）	返回日期参数 date 对应的当前年份的第几天，范围为 1～365
year（date）	返回日期参数 date 对应的年份
month（date）	返回日期参数 date 对应的月份
day（date）	返回日期参数 date 对应的当前月份的天值
DATEADD（date，INTERVAL expr type）和 ADDDATE（date，INTERVAL expr type）	加法计算日期函数，这两个函数作用相同，都是返回一个以参数 date 为起始日期加上时间间隔之后的日期值。expr 参数是希望添加的时间间隔，type 表示时间间隔的类型，type 和 expr 取值见表 5.5

续表

日期和时间函数	功能介绍
DATESUB（date，INTERVAL expr type）和 SUBDATE（date，INTERVAL expr type）	减法计算日期函数，这两个函数作用相同，都是返回一个以参数 date 为起始日期减去时间间隔之后的日期值。expr 参数是希望添加的时间间隔，type 表示时间间隔的类型，type 和 expr 取值见表 5.5
ADDTIME（time，expr）	加法计算时间值函数，返回将 expr 值加上原始时间 time 之后的值
SUBTIME（time，expr）	减法计算时间值函数，返回将原始时间 time 减去 expr 值之后的值
DATEDIFF（date1，date2）	计算两个日期之间天数间隔的函数，返回参数 date1 减去 date2 之后的值。如果 date1 在 date2 之前，返回的值为负值
DATEFORMAT（date，format）	日期和时间格式化函数。返回根据参数 format 指定的格式显示的 date 值。format 包含的格式见表 5.6
TIMEFORMAT（time，format）	时间格式化函数。返回根据参数 format 指定的格式显示的 time 值

表 5.5 type 和 expr 取值

type 值	预期的 expr 格式
MICROSECOND	微秒数
SECOND	秒数
MINUTE	分钟数
HOUR	小时数
DAY	天数
WEEK	周数
MONTH	月数
QUARTER	季度数
YEAR	年数
SECONDMICROSECOND	'秒数.微秒数'
MINUTEMICROSECOND	'分钟数.微秒数'
MINUTESECOND	'分钟数.秒数'

续表

type 值	预期的 expr 格式
HOURMICROSECOND	'小时数.微秒数'
HOURSECOND	'小时数：分钟数：秒数'
HOURMINUTE	'小时数：分钟数'
DAYMICROSECOND	'天数.微秒数'
DAYSECOND	'天数 小时数：分钟数：秒数'
DAYMINUTE	'天数 小时数：分钟数'
DAYHOUR	'天数 小时数'
YEARMONTH	'年数-月数'

表 5.6　DATEFORMAT 和 TIMEFORMAT 函数中 format 格式表

格式说明符	描述说明
%a	一星期中每天名称的缩写（Sun,…, Sat）
%b	月份的缩写（Jan,…, Dec）
%c	月份的数字表现形式（0,…, 12）
%D	带有英文后缀的一个月中的每一天的序数词（0th, 1st, 2nd, 3rd,…）
%d	用数字形式表现的每月中的每一天（00,…, 31）
%e	用两位数字形式表现的每月中的每一天（0,…, 31）
%f	毫秒（000000,…, 999999）
%H	24 时制显示的小时（00,…, 23）
%h	12 时制显示的小时（01,…, 12）
%I	12 时制显示的小时（01,…, 12）
%i	以数字形式表现的分钟数（00,…, 59）
%j	一年中的每一天（001,…, 366）
%k	24 时制小时的另一种表现格式（0,…, 23）
%l	12 时制小时的另一种表现格式（1,…, 12）
%M	用完整英文名称表示的月份（January,…, December）
%m	用数字表现的月份（00,…, 12）
%p	上午（AM）或下午（PM）
%r	12 时制的时间值（hh：mm：ss，后跟 AM 或 PM）
%S	秒（00,…, 59）
%s	秒（00,…, 59）

续表

格式说明符	描述说明
%T	24 时制的时间值（hh：mm：ss）
%U	星期（00，…，53），其中星期天是每星期的开始日
%u	星期（00，…，53），其中星期一是每星期的开始日
%V	星期（01，…，53），其中星期天是每星期的开始日，和 %X 一起使用
%v	星期（01，…，53），其中星期一是每星期的开始日，和 %x 一起使用
%W	一星期中各日名称（Sunday，…，Saturday）
%w	一星期中各日名称（0 代表星期日，6 代表星期六，以此类推）
%X	某星期所处年份。其中，星期天是每星期的开始日，采用 4 位数字形式表现，和 %V 一起使用
%x	某星期所处年份。其中，星期一是每星期的开始日，采用 4 位数字形式表现，和 %V 一起使用
%Y	4 位数字表示的年份
%y	2 位数字表示的年份

5.3.2 日期和时间函数应用

示例 5.16

使用 curdate () 和 current_date () 显示当前系统日期，SQL 语句如下：

```
select curdate(),current_date()
```

执行结果如图 5.16 所示。

图 5.16　curdate () 和 current_date () 显示当前系统日期

示例 5.17

使用 curtime () 和 current_time () 显示当前系统时间，SQL 语句如下：

select curtime(),current_time()

执行结果如图 5.17 所示。

图 5.17　curtime () 和 current_time () 显示当前系统时间

示例 5.18

使用 current_timestamp ()、localtime ()、now () 和 sysdate () 函数显示当前系统的日期和时间，SQL 语句如下：

select current_timestamp(),localtime(),now(),sysdate()

执行结果如图 5.18 所示。

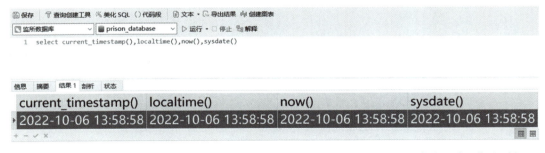

图 5.18　current_timestamp ()、localtime ()、now () 和 sysdate () 显示当前系统日期和时间

示例 5.19

使用 dayname ()、dayofweek () 和 weekday () 函数返回指定日期所对应的星期信息，SQL 语句如下：

```
select dayname(now()),dayofweek(now()),weekday(now())
```

执行结果如图 5.19 所示。

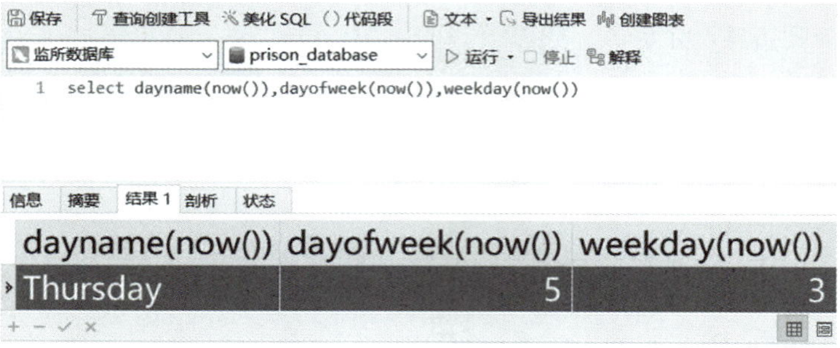

图 5.19　dayname（）、dayofweek（）和 weekday（）函数返回指定日期所对应的星期信息

示例 5.20

使用 date_format（date，format）函数显示当前系统时间，格式为"4 位年-月-日 小时：分钟：秒"，其中小时为 24 小时制，SQL 语句如下：

```
select date_format(now(),'%Y-%c-%d %H:%i:%s')
```

执行结果如图 5.20 所示。

图 5.20　date_format（date，format）函数显示当前系统时间

示例 5.21

使用 dateadd（date，INTERVAL expr type）和 adddate（date，INTERVAL expr type）函数对当前系统时间执行加法操作，SQL 语句如下：

```
    select date_format(now(),'% Y-% c-% d % H:% i:% s')当前时间,DATEADD(now(),
INTERVAL 20 SECOND)增加 20 秒,ADDDATE(now(),INTERVAL 20 MINUTE)增加 20 分钟,
    ADDDATE(now(),INTERVAL '1 1:1:1' DAYSECOND)增加 1 天 1 小时 1 分钟 1 秒
```

执行结果如图 5.21 所示。

图 5.21 dateadd（）和 adddate（）对时间执行加操作

示例 5.22

使用 datediff（date1，date2）返回当前日期与 2017-5-25 日之间的间隔天数。SQL 语句如下：

```
    select datediff(now(),'2017-5-25')
```

执行结果如图 5.22 所示。

图 5.22 datediff（date1，date2）返回两个日期之间的间隔天数

5.4 系统信息函数和加密函数

5.4.1 系统信息函数介绍

MySQL 系统信息函数用于获取 MySQL 数据库的系统信息，这些信息主要包括数据库的版本号、当前用户名和连接数、系统字符集以及最后一个系统生成的值等。

MySQL 系统信息函数的用法见表 5.7。

表 5.7 MySQL 系统信息函数的用法

系统信息函数	功能介绍
VERSION ()	返回当前 MySQL 版本号的字符串。执行"select version ()"，返回作者使用的 MySQL 版本 5.6.24
CONNECTIONID ()	返回当前 MySQL 服务器当前用户的连接次数。每个连接都有各自唯一的 ID，登录次数不同，返回的数值也就不同
PROCESSLIST ()	"show processlist" 输出结果显示了有哪些线程在运行，不仅可以查看当前所有连接数，还可以查看当前的连接状态，帮助识别出有问题的查询语句等。如果是 root 账号，能看到所有用户的当前连接。如果是其他普通账号，则只能看到自己占用的连接。show processlist 只列出前 100 条，如果想全部列出可使用"show full processlist" 命令
DATABASE ()，SCHEMA ()	返回使用 utf8 字符集的默认（当前）数据库名
USER ()，CURRENTUSER ()，SYSTEMUSER ()，SESSIONUSER ()	这几个函数返回当前被 MySQL 服务器验证的用户和主机名组合。这个值符合确定当前登录用户存取权限的 MySQL 账户。一般情况下，这几个函数的返回值是相同的
CHARSET（str）	返回字符串 str 自变量的字符集
LASTINSERTID ()	获取最后一个自动生成的 ID 值的函数。自动返回最后一个 INSERT 或 UPDATE 为 AUTOINCREMENT 列设置的第一个发生的值

5.4.2 系统信息函数应用

示例 5.23

使用 show processlist（）输出当前用户的连接信息，SQL 语句如下：

```
show processlist();
```

执行结果如图 5.23 所示。

图 5.23　show processlist（）输出当前用户的连接信息

由执行结果可以看出，显示出连接信息的 8 列内容，各列的含义与用途详解如下：

1. Id 列

用户登录 MySQL 时，系统分配的"connection id"，标识一个用户。

2. User 列

显示当前用户。如果不是 root，这个命令只显示用户权限范围内的 SQL 语句。

3. Host 列

显示这个语句是从哪个 IP 的哪个端口上发出的，可以用来追踪出现问题语句的用户。

4. db 列

显示这个进程目前连接的数据库名。

5. Command 列

显示当前连接所执行的命令，一般取值为休眠（Sleep）、查询（Query）和连接（Connect）。

6. Time 列

显示这个状态持续的时间，单位是秒。

7. State 列

显示使用当前连接的 SQL 语句状态，是非常重要的列，后续课程会有所有状态的描述。State 只是语句执行中的某一个状态。以一条查询语句为例，可能需要经过 Copying to tmp table（拷贝数据到临时表）、Sorting result（对结果数据排序）和 Sending data（正在处理 select 查询的记录，同时正在把结果发送给客户端）等状态才可以完成。

8. Info 列

显示所执行的 SQL 语句。

示例 5.24

使用 charset（str）返回 str 字符串默认的字符集，SQL 语句如下：

```
select CHARSET("test"),CHARSET(CONVERT("test" USING latin1))
```

执行结果如图 5.24 所示。

图 5.24　charset（str）返回 str 字符串默认的字符集

由执行结果可以看出，charset（"test"）返回字符串"test"默认的字符集 utf8mb4；CHARSET（CONVERT（"test" USING latin1））返回改变字符集函数 CONVERT 转换之后的字符集 latin1。

示例 5.25

使用 LASTINSERTID（）返回最后一个自动生成的 ID 值，分一次插入一条记录和一次插入多条记录分别考察。

1. 一次插入一条记录

在数据库中创建表 visitor（访客表），其中 id 为主键，为 int 且自动增长，创建 visitor 的 SQL 语句如下：

```
create tablevisitor(id int autoincrement not null primary key,name
varchar(20));
```

分别向表 visitor 插入如下 3 条记录，SQL 语句如下：

insert intovisitor values(null,'zhangsan');

insert intovisitor values(null,'lisi');

insert intovisitor values(null,'wangwu')

查询所有的 student 记录，执行结果如图 5.25 所示。

图 5.25　查询所有 student 记录

执行 select LAST_INSERT_ID() 查看最后自动生成的 ID 值，可以看出 ID 值也为 3，如图 5.26 所示。

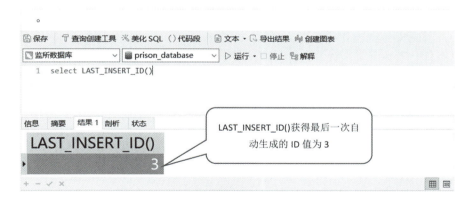

图 5.26　LASTINSERTID() 返回最后自动生成的 ID 值

2. 一次插入多条记录

分别向表 visitor 插入 2 条记录，SQL 语句如下：

insert intovisitor values(null,'zhaoliu'),(null,'sunqi');

查询所有的 visitor 记录，执行结果如图 5.27 所示。

图 5.27　查询所有 student 记录

执行 select LAST_INSERT_ID() 查看最后自动生成的 ID 值，可以看出 ID 值为 4 而不是 5，如图 5.28 所示。

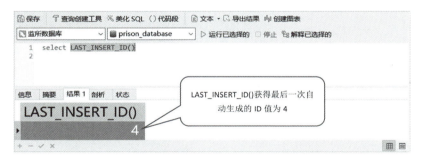

图 5.28　LAST_INSERT_ID() 返回最后自动生成的 ID 值

分析：产生上述现象的原因在于：当使用 insert 语句插入多行记录时，LAST_INSERT_ID() 函数只返回插入的第一行数据产生的值。

提示：LAST_INSERT_ID() 函数返回结果与 table 无关，如果向表 1 插入数据后，再向表 2 中插入数据，则 LAST_INSERT_ID() 函数返回结果是表 2 中的 ID 值。

5.4.3　加密函数介绍

MySQL 中加密函数用来对数据进行加密和解密处理，以保证数据表中某些重要数据不被别人窃取，这些函数能保证数据库的安全。

MySQL 系统信息函数的用法见表 5.9。

表 5.9 MySQL 系统信息函数的用法

加密函数	功能介绍
PASSWORD（str）	加密函数。该函数对原明文 str 进行加密，并返回加密之后的字符串。该加密函数不可逆
MD5（str）	加密函数。该函数对原明文 str 计算出一个 MD5 128 比特校验和，该值以 32 位十六进制数字的二进制字符串形式返回。该加密函数可逆
ENCODE（str，pswdstr）	加密函数。该函数使用 pswdstr 作为密钥对 str 进行加密，该加密函数可以使用 DECODE（）函数进行解密
DECODE（cryptstr，pswdstr）	解密函数。使用 pswdstr 作为密钥，对经过 ENCODE 加密之后的密文 cryptstr 进行解密

5.4.4 加密函数应用

示例 5.26

分别使用 PASSWORD（str）和 MD5（str）对密文"test"进行加密操作，并显示密文，SQL 语句如下：

```
select PASSWORD('test'),MD5('test');
```

执行结果如图 5.29 所示。

图 5.29　PASSWORD（str）和 MD5（str）加密

PASSWORD（str）函数将字符串 test 加密为长字符串，MySQL 将加密之后的密文保存到用户权限表中，PASSWORD（str）加密操作不可逆。MD5（str）对明文进行加密之后生成了 32 位十六进制密文，该密文以字符串形式返回。由于 MD5 的加密算法是公开的，所以 MD5（str）加密操作是可逆的，因而 MD5 加密经常在应用系统进行使用，但是这种加密函数的加密级别不够高。

示例 5.27

使用 ENCODE（str，pswdstr）对密文"test"进行加密操作，其中，"hello"为加密密钥，SQL 语句如下：

```
select ENCODE('test','hello'),LENGTH(ENCODE('test','hello'));
```

执行结果如图 5.30 所示。

图 5.30 ENCODE（str，pswdstr）加密

由执行结果可以看出，被加密的字符串 test，使用密钥 hello 通过 ENCODE 函数进行加密之后得到的结果为乱码，但是这个乱码的长度和被加密的字符长度相同，都是 4。

示例 5.28

使用 DECODE（cryptstr，pswdstr）解密被 ENCODE 加密之后的信息，SQL 语句如下：

```
select DECODE(ENCODE('test','hello'),'hello');
```

执行结果如图 5.31 所示。

图 5.31 DECODE（cryptstr，pswdstr）解密

由执行结果可以看出，使用 DECODE 函数可以将使用 ENCODE 加密的字符串解密还原，这两个函数互为反函数。

5.5 本章实践任务

5.5.1 实践练习一

1. 需求说明

（1）监狱服刑人员也有购物权。在狱区内搭建网购平台，能够让服刑人员选择的商品更多一些。比如在吃的方面，因为有的服刑人员吃不惯监狱的集体伙食，就会买点食品来解馋，像各种酱、方便面、火腿肠、面包等是可以买到的。接下来为商品记录表添加一条商品记录，具体信息见表5.8。

表5.8　添加一条商品记录

商品编码 goodscode	商品名 goodsname	种类 category	单价 unitprice
21115	北京方便面（50g）	休闲食品	1.45

（2）对"北京方便面（50g）"的单价分别采用下述形式显示：不小于单价最小整数值，不大于单价最大整数值，最接近单价整数值，单价只保留一位小数点。

（3）显示休闲食品类商品的相关信息，要求按照单价升序显示商品编码、商品名、种类和单价，单价为null的显示"暂未定价"。为提醒服刑人员理性消费，还需要显示商品是否金额较大的商品，现系统规定凡是单价大于等于50元的商品就标识为"贵重商品"，其他的则为"平价商品"。

2. 实现思路

（1）添加商品"北京方便面（50g）"的SQL语句如下：

insert into goods(goodscode,goodsname,category,unitprice)values
('21115','北京方便面(50g)','休闲食品',1.45)

（2）分别采用ceil()、floor()、round()和truncate()函数对单价进行显示，SQL语句如下：

select ceil(unitprice)不小于单价最小整数值,floor(unitprice)不大于单价最大整数值,

round(unitprice)最接近单价整数值,truncate(unitprice,1)小数点保留一位单价

from goods wheregoodscode= '21115'

执行结果如图 5.32 所示。

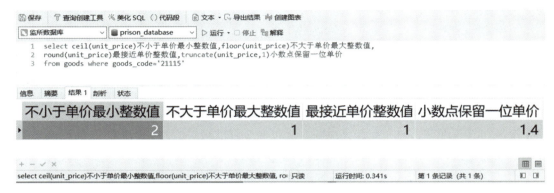

图 5.32　使用数学函数定制显示单价

（3）按照单价升序显示商品编码、商品名、种类和单价，单价为 null 的显示"暂未定价"，并且单价大于等于 50 元的商品定义为"贵重商品"，其他的则为"平价商品"。实现上述需求的 SQL 语句如下：

select goodscode 商品编码,goodsname 商品名,category 种类,

ifnull(unitprice,'暂未定价')单价,if(unitprice>＝50,'贵重商品','平价商品')是否贵重

from goods where category= '休闲食品'order by unitprice

执行结果如图 5.33 所示。

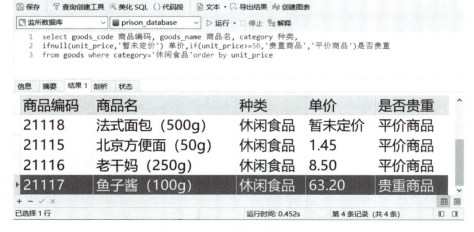

图 5.33　控制流函数演示结果

5.5.2 实践练习二

1. 需求说明

（1）将所有服刑人员的姓名与年龄以"-"作为分隔符进行连接显示。

（2）显示所有服刑人员的姓名和刑罚时长，但是需要将凡是含有"有期徒刑"的刑罚时长信息均显示为"服刑"。

（3）身份证前6位可以表示服刑人员出生的地区，要求只显示服刑人员身份证号前6位信息。

2. 实现思路

（1）使用concat（s1，s2，…）函数将所有客户的姓名与年龄以"-"作为分隔符进行连接显示的SQL语句如下：

```
select concat(criminal_name,'-',age)服刑人员年龄 from criminal_info
```

执行结果如图5.34所示。

图5.34　concat（）连接服刑人员姓名和年龄

（2）先执行"select criminal_name 姓名，penalty_content 刑罚时长 from criminal_info"获得所有服刑人员的刑罚时长信息，如图5.35所示。

由执行结果可以看出"赵闻盖"的刑罚时长中含有"有期徒刑"，现在的任务是将凡是含有"有期徒刑"的刑罚时长信息均显示为"服刑"，即将"有期徒刑15年"显示为"服刑15年"。使用if（expr，v1，v2）函数可以实现上述需求。其中：

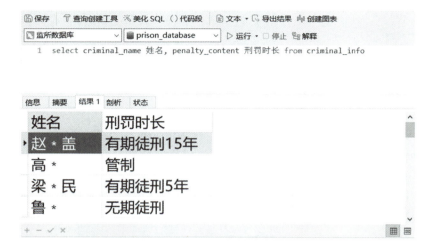

图 5.35　显示所有服刑人员的姓名和刑罚时长

① expr 表达式为"locate('有期徒刑',penalty_content)!=0"。

② 当 expr 为 true，表明地址中含有"有期徒刑"，此时需要将"有期徒刑"替换为"服刑"。可以使用 insert（str，pos，len，newstr）实现以上功能。v1 具体的写法为"insert(penalty_content,locate('有期徒刑',penalty_content),4,'服刑')"。

③ 当 expr 为 false，表明地址中不含有"有期徒刑"，此时地址不需要进行替换，即 v2 为"penalty_content"。最终的 SQL 语句如下：

```
select criminal_name 姓名,if(locate('有期徒刑',penalty_content)!=0,
insert(penalty_content,locate('有期徒刑',penalty_content),4,
'服刑'),penalty_content)刑罚 from criminal_info
```

执行结果如图 5.36 所示。

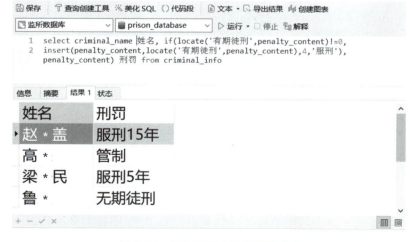

图 5.36　替换服刑人员的刑罚信息

(3) 只显示服刑人员身份证号前 6 位信息的 SQL 语句如下：

select criminal_name 姓名,substr(id_number,1,6)身份证号前 6 位 from criminal_info

5.5.3 实践练习三

1. 需求说明

（1）采用尽可能多的方式显示当前系统日期和时间。

（2）显示当前时间，要求时间格式为"4 位年-月-日 小时：分钟：秒"，要求小时采用 12 小时制。

（3）在监狱中网购商品是有配送日期的，因此需要显示所有订单日期、送达日期和送达所花天数。

（4）系统规定下单日期之后的两天为预定的送达日期，要求显示所有订单的下单日期和预定送达日期。

2. 实现思路

（1）下列 SQL 语句可以显示当前系统的日期和时间。

① curdate（）和 currentdate（）显示当前系统日期。

② curtime（）和 currenttime（）显示当前系统时间。

③ currenttimestamp（）、localtime（）、now（）和 sysdate（）显示当前系统日期和时间。

（2）采用 12 小时制显示系统时间的 SQL 语句如下：

select date_format(now(),'%y-%c-%d %r')

执行结果如图 5.37 所示。

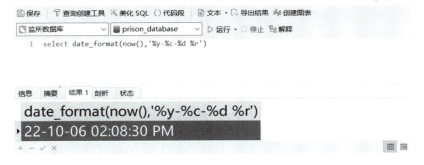

图 5.37　12 小时制显示系统时间

（3）商品配送时间表 order_distribution_datetime 中字段 orderdate 为下单日期，字段 deliverydate 为送达日期，通过 datediff（delivery_date，order_date）可以计算出送达所花天数。SQL 语句如下：

　　selectorder_date 下单日期,delivery_date 送达日期,datediff(delivery_date,order_date),送达所花天数 from order_distribution_datetime

执行结果如图 5.38 所示。

图 5.38　使用 datediff（date1，date2）计算送达日期与下单日期之间的天数间隔

（4）使用 DATA_ADD（order_date，INTERVAL expr type）对指定的下单日期进行加法操作，SQL 语句如下：

　　select_order_date 下单日期,DATE_ADD(order_date,INTERVAL 2 DAY)预送日期

　　from order_distribution_datetime

执行结果如图 5.39 所示。

图 5.39　使用 DATA_ADD（orders_date，INTERVAL expr type）对下单日期进行加法操作

5.5.4 实践练习四

1. 需求说明

（1）显示当前 MySQL 服务器的版本信息和登录信息。

（2）显示当前被 MySQL 服务器验证的用户和主机名组合。

（3）为了系统登录账号的安全，分别使用 PASSWORD（str）和 MD5（str）对系统登录表"system_login"中所有系统用户的登录密码"login_password"进行加密，并显示加密之后的密码信息。

（4）使用"whpa"作为加密密钥对登录 ID 为 5 的密码进行 ENCODE 加密。

2. 实现思路

（1）MySQL 系统信息函数 version（）用于返回当前 MySQL 的版本号，"show processlist"用于显示 MySQL 运行时相关线程的运行状态，这些信息包括连接数、连接状态等，通过这些信息可以帮助使用者识别出有问题的查询语句等。有关"show processlist"执行结果的详细分析参见【示例 5.21】。

（2）显示当前被 MySQL 服务器验证的用户和主机名组合的 MySQL 信息函数可以是：USER（），CURRENT_USER（），SYSTEM_USER（）和 SESSION_USER（）。

SQL 语句如下：

```
select USER(), CURRENT_USER(), SYSTEM_USER(), SESSION_USER();
```

执行结果如图 5.40 所示。

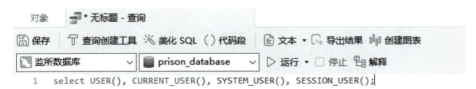

图 5.40 显示当前被 MySQL 服务器验证的用户和主机名组合信息

（3）分别使用 PASSWORD（str）和 MD5（str）对所有登录信息的登录密码"login_password"进行加密，并显示加密之后的密码信息的 SQL 语句如下：

```
select login_password 密码, PASSWORD(login_password) PASSWORD 密码,
MD5(login_password) MD5 密码 from system_login
```

执行结果，如图 5.41 所示。

图 5.41　使用 PASSWORD（str）和 MD5（str）对所有密码"login_password"进行加密

（4）使用"whpa"作为加密密钥对登录密码为"admin"进行 ENCODE 加密的 SQL 语句如下：

```
select login_password 密码, ENCODE(login_password,'whpa') ENCODE 密
码 from system_login where id= 1
```

执行结果如图 5.42 所示。

图 5.42　使用 ENCODE（）对登录密码进行加密

> 本章总结

● **1. CEIL（x）和 FLOOR（x）函数的功能是什么**

　　CEIL（x）返回不小于 x 的最小整数值，FLOOR（x）返回不大于 x 的最大整数值。

● **2. 分别说明 LOCATE（s1，str）、SUBSTR（str，pos，len）和 STRCMP（s1，s2）函数的功能**

　　LOCATE（s1，str）：匹配字符串开始位置的函数。返回子字符串 s1 在字符串 str 中第一次出现的位置。若 str 中没有包括 s1，则返回 0。

　　SUBSTR（str，pos，len）：截取原始字符串 str 中从 pos 开始的 len 长度字符串。len 是可选项，如果该项缺省则获取从 pos 开始的剩余字符串内容。

　　STRCMP（s1，s2）：比较字符串大小函数。若 s1 和 s2 相等，则返回 0；若 s1 小于 s2，则返回 −1；若 s1 大于 s2，则返回 1。

● **3. 分别说明 DAYOFWEEK（date）、DATEADD（date，INTERVAL expr type）和 DATEDIFF（date1，date2）函数的功能**

　　DAYOFWEEK（date）：返回日期参数 date 对应的一周的索引位置。返回值的范围是 1~7。其中，1 表示周日，2 表示周一，…，7 表示周六。

　　DATEADD（date，INTERVAL expr type）：加法计算日期函数，返回一个以参数 date 为起始日期加上时间间隔之后的日期值。expr 参数是希望添加的时间间隔，type 表示时间间隔的类型。

　　DATEDIFF（date1，date2）：计算两个日期之间天数间隔的函数，返回参数 date1 减去 date2 之后的值。如果 date1 在 date2 之前，返回的值为负值。

> 本章拓展知识

　　函数是用来实现某些功能运算和完成各种特定操作的重要手段，MySQL 数据库中提供了很丰富的函数，比如我们常用的聚合函数、日期及字符串处理函数等。select 语句及其条件表达式都可以使用这些函数，函数可以帮助用户更加方便地处理表中的数据，使 MySQL 数据库的功能更加强大。

第 6 章

聚合函数和分组查询操作

本章简介

本章我们学习 MySQL 聚合函数，通过它可实现对数据进行汇总、分析和求极值等，如获取监所中罪犯的人数、平均刑罚时长、最高刑罚时长和最低刑罚时长等。另外，我们经常需要对某些数据分门别类地进行统计、汇总，如按性别统计男、女罪犯人数分别为多少人、10 年以上罪犯人数是多少人等。本章我们将学习聚合函数和分组查询，可有效解决上述需求。

学习目标

1. 掌握 SUM、MAX 和 MIN 聚合函数
2. 掌握 AVG 和 COUNT 函数
3. 掌握分组查询 GROUP BY 子句
4. 掌握多字段分组和 HAVING 子句

课前预习

1. 聚合函数中的 _____ 函数可查询出结果集的最大值，_____ 函数可查询出结果集的平均值。

2. 聚合函数中的 _____ 函数用于统计行数，_____ 函数用于统计某列值的和。

3. 分组查询使用_____子句。

4. 使用 GROUP BY 进行分组查询时，_____一定要出现在 GROUP BY 子句中。

5. GROUP BY 的_____子句用于对分组之后的结果进行过滤。

6. 所用数据表 criminal_info（罪犯信息表），参考数据如图 6.1 所示。

图 6.1　criminal_info（罪犯信息表）

6.1 聚合函数

6.1.1 聚合函数介绍

在数据库查询过程中，不仅返回数据的基础信息，有时还需对这些数据进行统计和汇总。MySQL 提供了聚合函数，用于实现这些高级功能。

聚合函数用于对一组值进行计算并返回一个汇总值，使用聚合函数可以统计记录行数，计算某个字段值的总和以及这些值的最大值、最小值和平均值等。常用聚合函数见表 6.1。

表 6.1　常用聚合函数

函数名称	功能
SUM	返回选取的某列值的总和
MAX	返回选取的某列的最大值
MIN	返回选取的某列的最小值
AVG	返回选取的某列的平均值
COUNT	返回选取的某列或记录的行数

6.1.2 SUM 函数

SUM 函数用于对数字型字段的值求和,它可以计算单列或多列的总和。

示例 6.1

查询罪犯信息表中所有罪犯的年龄总和,SQL 语句如下:

```
select sum(age)罪犯年龄总和 from criminal_info;
```

执行结果如图 6.2 所示。

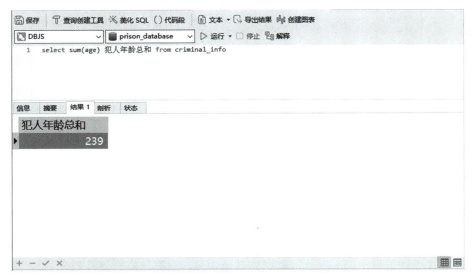

图 6.2 使用"sum()"计算罪犯年龄总和

SUM 函数可以与 where 子句一起使用,对满足条件的数字型字段的值求和。

示例 6.2

查询罪犯信息表中所有男性罪犯的年龄总和,SQL 语句如下:

```
select sum(age)男性罪犯年龄总和 from criminal_info
where gender= '男';
```

执行结果如图 6.3 所示。

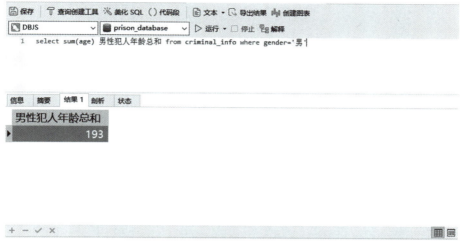

图 6.3 使用"sum()...where 条件"计算男性罪犯的年龄总和

6.1.3 MAX/MIN 函数

max（column）和 min（column）分别获取 column 列的最大值和最小值。

示例 6.3

查询罪犯信息表中年龄最大值和最小值，SQL 语句如下：

```
select max(age)最大年龄,min(age)最小年龄 from criminal_info;
```

执行结果如图 6.4 所示。

图 6.4 使用"max()"和"min()"分别返回年龄最大值和最小值

max（column）和 min（column）可以和 where 子句配合使用，分别获取指定条件下 column 列的最大值和最小值。

示例 6.4

查询罪犯信息表中女性罪犯年龄最小值，SQL 语句如下：

```
select min(age)女性最小年龄 from criminal_info
where gender='女';
```

执行结果如图 6.5 所示。

图 6.5 使用"min（）...where 条件"返回女性年龄最小值

6.1.4 AVG 函数

avg（column）用于返回数字型字段 column 的平均值，注意：列值为 NULL 的字段不参与运算。

示例 6.5

查询罪犯信息表中罪犯的平均年龄，SQL 语句如下：

```
select avg(age)平均年龄 from criminal_info;
```

执行结果如图 6.6 所示。

avg（column）可以和 where 子句配合使用，获取指定条件下 column 列的平均值。

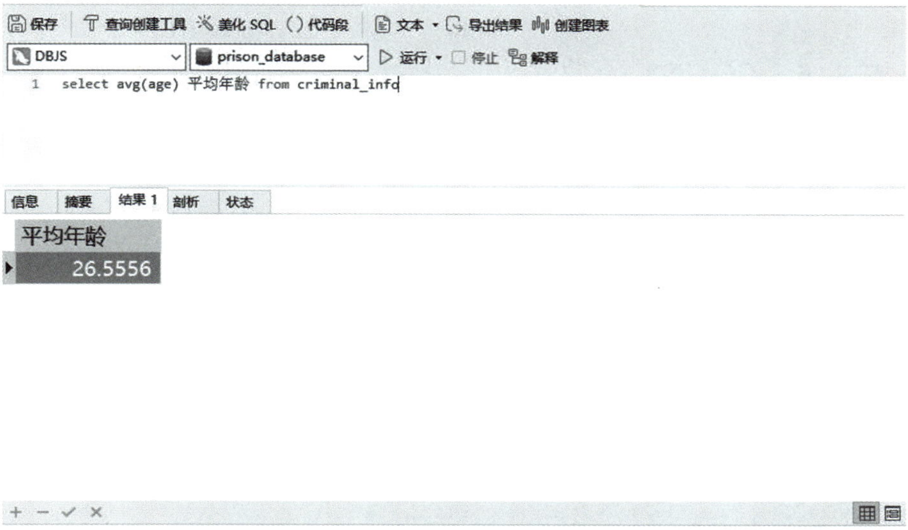

第6章 聚合函数和分组查询操作

图 6.6 使用"avg（）"获取所有罪犯的平均年龄

示例 6.6

查询罪犯信息表中所有男性罪犯的平均年龄，SQL 语句如下：

select avg(age)平均年龄 from criminal_info where gender= '男';

执行结果如图 6.7 所示。

图 6.7 使用"avg（）…where 条件"获取男性罪犯的平均年龄

6.1.5 COUNT 函数

COUNT 函数用于统计记录行数。使用 COUNT 函数时，必须指定一个列的名称或使用"*"。当使用 COUNT（column1）统计 column1 列的值的行数时，只统计 column1 的值不为空的行；如果 column1 列的值为 NULL 时，对应的行不计入计算；当列使用"*"时可获取整张表的记录行数。

> 示例 6.7

查询罪犯信息表中所有罪犯的人数，SQL 语句如下：

```
select count(*)罪犯人数 from criminal_info;
```

执行结果如图 6.8 所示。

图 6.8 使用 count（*）统计所有罪犯人数

因主键列无空值，也可用如下 SQL 语句：

```
select count(id)罪犯人数 from criminal_info;
```

执行结果如图 6.9 所示。

COUNT（column）可以和 where 子句配合使用，统计指定条件下 column 列的记录行数。

图 6.9 使用 count（主键）统计所有罪犯人数

示例 6.8

查询罪犯信息表中所有男性罪犯的人数，SQL 语句如下：

```
select count(id)男性罪犯人数 from criminal_info
    where gender= '男';
```

执行结果如图 6.10 所示。

图 6.10 使用"count（）…where 条件"获取男性罪犯的人数

6.2 分组查询 GROUP BY 子句

6.2.1 GROUP BY 子句

使用 GROUP BY 子句可以将数据划分到不同的组中，实现对记录的分组查询。GROUP BY 从英文字面的意义上可以理解为"根据（BY）一定的规则进行分组（GROUP）"，该子句的作用是通过一定的规则将一个数据集划分成若干个小的区域，然后针对这若干个小区域进行统计汇总。

GROUP BY 子句的语法如下：

```
GROUP BY 字段列表 [HAVING 条件表达式]
```

其中，"字段列表"表示进行分组所依据的一个或多个字段的名称。"HAVING 条件表达式"是一个逻辑表达式，用于指定分组后的筛选条件。

6.2.2 创建分组

GROUP BY 子句通常与聚合函数同时使用，如 MAX（）、MIN（）、COUNT（）、SUM（）和 AVG（）。

示例 6.9

查询罪犯信息表中不同性别的罪犯人数、平均年龄、最小年龄、最大年龄，SQL 语句如下：

```
select gender 性别,count(*)罪犯人数,truncate(avg(age),0)平均年龄,
max(age)最大年龄,min(age)最小年龄
    from criminal_info group by gender;
```

函数 truncate（x，d）用于返回 x 保留到小数点后 d 位的值，执行结果如图 6.11 所示。

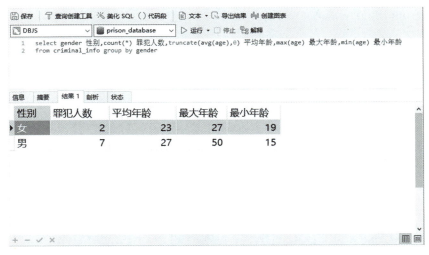

图 6.11　按照性别分组计算罪犯人数、平均年龄、最小年龄、最大年龄

6.2.3　order by 子句和 group by 子句比较

示例 6.10

查询罪犯信息表，将相同刑罚的记录放在一起显示。

通过 order by 子句查询，SQL 语句如下：

```
select * from criminal_info order by penalty_content;
```

执行结果如图 6.12 所示。

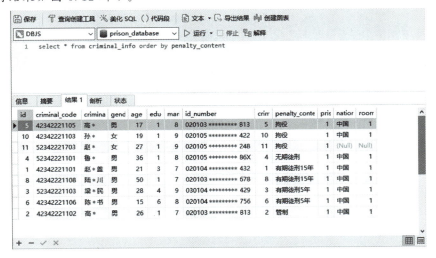

图 6.12　使用 order by 按刑罚排序显示罪犯信息

通过 group by 子句查询，SQL 语句如下：

```
select * from criminal_info group by penalty_content;
```

执行结果如图 6.13 所示。

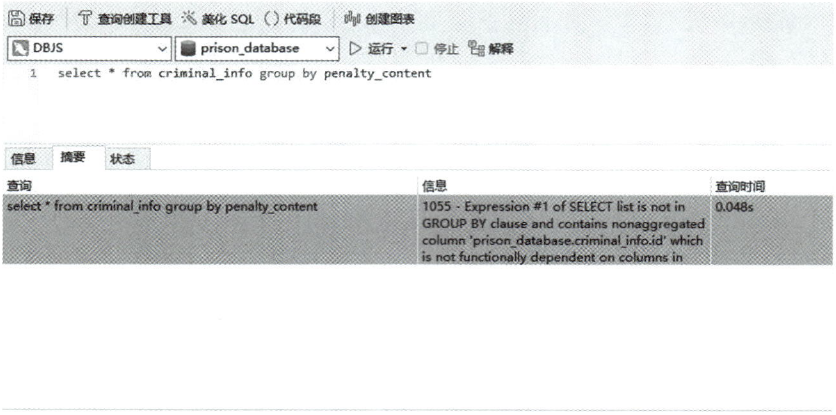

图 6.13 使用 group by 按刑罚分组显示罪犯信息

由图 6.13 可知，当使用 group by 子句查询时，如果 select list 查询字段列表中出现的字段不依赖 group by 子句中的列，执行语句会出现异常。因此，当我们在使用 group by 子句进行分组查询时，将出现在 select 子句中的非聚合函数列尽量出现在 group by 子句的分组字段列表当中。

调整 group by 子句查询，SQL 语句如下：

```
select penalty_content 刑罚,count(*)人数 from criminal_info groupby penalty_content;
```

执行结果如图 6.14 所示。

图 6.14 使用 group by 按刑罚分组显示不同刑罚的罪犯人数

6.2.4 使用 WHERE 子句实现分组之前过滤数据

示例 6.11

查询罪犯信息表，返回非"无期徒刑"的所有刑罚分别有多少名罪犯、平均年龄、最小年龄和最大年龄，SQL 语句如下：

```
select penalty_content 刑罚,count(*)罪犯人数,avg(age)平均年龄,max(age)最大年龄,min(age)最小年龄 from criminal_info
where penalty_content< > '无期徒刑'
group by penalty_content;
```

执行结果如图 6.15 所示。

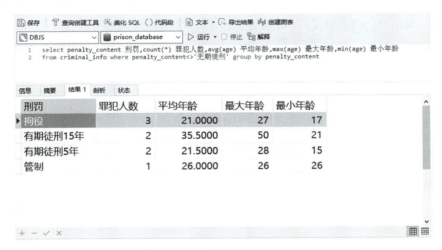

图 6.15 使用 WHERE 子句实现分组之前过滤数据

由图 6.15 可知，上述 select 语句的执行过程为：首先执行 WHERE 子句进行过滤筛选；然后执行 GROUP BY 子句对 WHERE 子句筛选后的结果集进行分组。

6.3 多字段分组和 HAVING 子句

6.3.1 多字段分组

GROUP BY 子句的分组字段是一个字段列表，即 MySQL 支持按多个字段进行分组。具体的分组策略是：分组优先级从左至右，即先按第一个字段进行分组，然后在第一个字段值相同的记录中，根据第二个字段的值进行分组，以此类推。

示例 6.11

查询罪犯信息表，返回不同性别、不同刑罚的人数分别有多少人，SQL 语句如下：

```
select gender 性别,penalty_content 刑罚,count(*)罪犯人数 from 
criminal_info group by gender,penalty_content;
```

执行结果如图 6.16 所示。

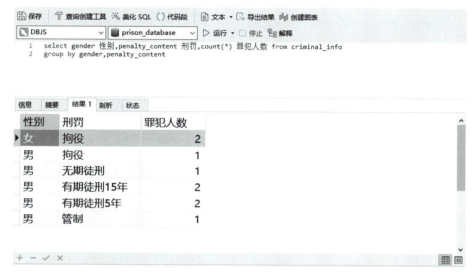

图 6.16　根据性别和刑罚分组查询罪犯人数

由图 6.16 可知，分组列依次为性别（gender）和刑罚（penalty_content），即先依据性别分组，然后在相同的性别中依据刑罚进行分组，最后依据上述划分结果分组统计罪犯人数。

6.3.2　使用 HAVING 子句指定分组后的筛选条件

在数据查询的实际应用中，经常需要对分组后的结果进行筛选，例如，显示罪犯人数大于等于 2 人的刑罚。MySQL 提供的 HAVING 子句用于解决上述需求，HAVING 子句的作用是筛选满足条件的组，即在分组之后过滤数据。HAVING 子句的位置放在 GROUP BY 子句之后，常包含聚合函数。

示例 6.13

查询罪犯信息表，显示罪犯人数大于等于 2 人的刑罚，SQL 语句如下：

```
select penalty_content 刑罚,count(*)人数 from criminal_info
group by penalty_content having count(*)>=2;
```

执行结果如图 6.17 所示。

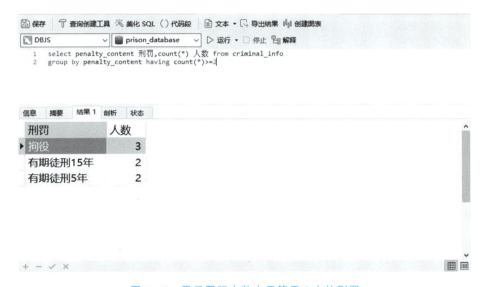

图 6.17　显示罪犯人数大于等于 2 人的刑罚

6.3.3　比较 where 子句和 having 子句

示例 6.14

查询罪犯信息表，返回非"无期徒刑"的所有刑罚中罪犯人数大于等于 2 人的刑罚信息，SQL 语句如下：

```
select penalty_content 刑罚,count(*)罪犯人数 from criminal_info
where penalty_content<>'无期徒刑'
group by penalty_content having count(*)>=2;
```

执行结果如图 6.18 所示。

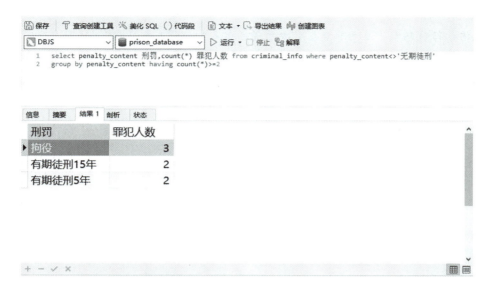

图 6.18 非"无期徒刑"的所有刑罚中罪犯人数大于等于 2 人的刑罚信息

HAVING 子句和 WHERE 子句均用于过滤数据,两者的区别在于:WHERE 子句对结果集进行过滤筛选,而 HAVING 子句则对分组的结果进行筛选。

6.3.4　GROUP BY 子句的 WITH ROLLUP 选项

GROUP BY 子句将结果集分为若干个组,使用聚合函数可以对每个组内的数据进行信息统计,对各个组进行汇总计算时,需要在分组之后再加上一条汇总记录,这个任务可以通过 WITH ROLLUP 选项来实现。

示例 6.15

查询罪犯信息表,返回不同刑罚的罪犯人数,并显示罪犯总人数,SQL 语句如下:

```
select penalty_content 刑罚,count(*)人数 from criminal_info
group by penalty_content with rollup;
```

执行结果如图 6.19 所示。

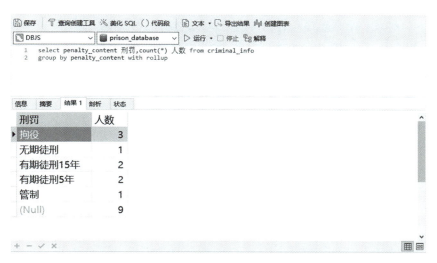

图 6.19 使用 WITH ROLLUP 选项对各组统计值进行合计

6.4 本章实践任务

6.4.1 实践练习一

1. 需求说明

（1）查询罪犯信息表，统计罪犯最高文化程度和最低文化程度。

（2）查询罪犯信息表，显示罪犯平均文化程度、最高文化程度与平均文化程度之差、平均文化程度与最低文化程度之差。

2. 实现思路

（1）分别使用 MAX（education_degree）和 MIN（education_degree）获取罪犯文化程度的最大值和最小值，SQL 语句如下：

select max(education_degree)最高文化程度,min(education_degree)最低文化程度 from criminal_info;

执行结果如图 6.20 所示。

（2）使用 avg（education_degree）计算所有罪犯平均文化程度，SQL 语句如下：

select avg(education_degree)平均文化程度,max(education_degree)-avg(education_degree)最高与平均文化程度之差,avg(education_degree)-min(education_degree)平均与最小文化程度之差 from criminal_info;

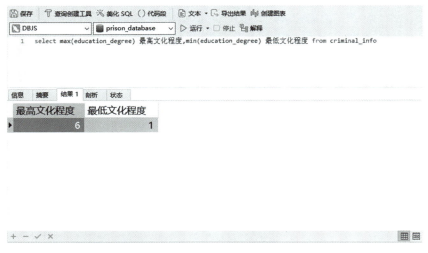

图 6.20　查询罪犯最高文化程度和最低文化程度

执行结果如图 6.21 所示。

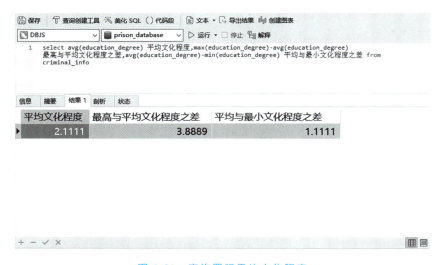

图 6.21　查询罪犯平均文化程度

6.4.2　实践练习二

1. 需求说明

（1）查询罪犯信息表，返回不同性别罪犯平均文化程度、最高文化程度和最低文化程度。

（2）查询罪犯信息表，返回不同刑罚罪犯的平均受文化程度。

2. 实现思路

（1）按照性别分组统计罪犯平均文化程度、最高文化程度和最低文化程度，SQL 语句如下：

```
select gender 性别,avg(education_degree)平均文化程度,max(education_
degree)最高文化程度,min(education_degree)最低文化程度 from criminal_info
group by gender;
```

执行结果如图 6.22 所示。

图 6.22　查询不同性别罪犯平均文化程度、最高文化程度和最低文化程度

（2）按照刑罚分组统计罪犯平均受文化程度，SQL 语句如下：

```
select penalty_content 刑罚,avg(education_degree)平均文化程度 from
criminal_info group by penalty_content;
```

执行结果如图 6.23 所示。

图 6.23　查询不同刑罚罪犯的平均文化程度

6.4.3 实践练习三

1. 需求说明

（1）查询罪犯信息表，返回非"拘役"和"管制"的所有刑罚的罪犯平均文化程度、最高文化程度和最低文化程度。

（2）查询罪犯信息表，返回男性不同刑罚罪犯的平均文化程度大于 2 的刑罚信息。

2. 实现思路

（1）先通过 where 筛选出非"拘役"和"管制"的结果集，再按照刑罚分组统计罪犯平均文化程度、最高文化程度和最低文化程度，SQL 语句如下：

```
select penalty_content 刑罚,avg(education_degree)平均文化程度,max
(education_degree)最高文化程度,
    min(education_degree)最低文化程度 from criminal_info
    where penalty_content not in('拘役','管制')  group by penalty_
content;
```

执行结果如图 6.24 所示。

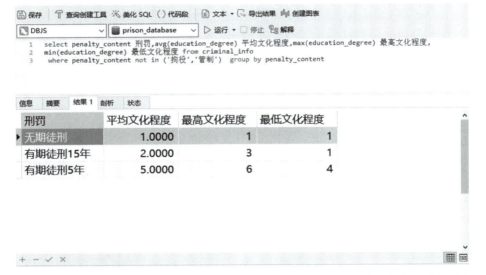

图 6.24 查询非"拘役"和"管制"的所有刑罚的罪犯平均文化程度、最高文化程度和最低文化程度

（2）先通过 where 筛选出男罪犯的结果集，再按照刑罚分组统计罪犯平均文化程度，再将平均文化程度通过 having 进行筛选，SQL 语句如下：

```
select penalty_content 刑罚,avg(education_degree)平均文化程度 from
criminal_info where gender='男'
    group by penalty_content having avg(education_degree)> 2;
```

执行结果如图 6.25 所示。

图 6.25　查询男性不同刑罚罪犯的平均文化程度大于 2 的刑罚信息

| 本章总结 |

- **1. COUNT 和 SUM 函数的区别是什么**

　　SUM 函数是对符合条件的记录的数值列求和，COUNT 函数的值是满足查询条件的结果（或记录）个数。

　　COUNT（column）用于统计 column 列不为 NULL 的记录个数。

- **2. 如何对查询结果进行过滤之后再分组统计**

　　先使用 WHERE 子句表达式对查询结果进行过滤筛选；然后，再使用 GROUP BY 子句对 WHERE 子句的输出进行分组统计。

- **3. 说明 HAVING 子句的用法**

　　HAVING 子句的作用是筛选满足条件的组，即在分组之后过滤数据。HAVING 子句的位置放在 GROUP BY 子句之后，常包含聚合函数。

> **本章拓展知识**

思考问题：为什么下列语句中，非聚合函数列 gender 未出现在 GROUP BY 子句中，也能够执行？SQL 语句如下：

```
select penalty_content 刑罚,gender 性别,avg(education_degree)
平均文化程度 from criminal_info where gender= '男'
group by penalty_content having avg(education_degree)> 2;
```

执行结果如图 6.26 所示。

图 6.26　查询男性不同刑罚罪犯的平均文化程度大于 2 的刑罚信息

第 7 章
MySQL 数据表连接查询

本章简介

前面章节的查询均基于单表进行，但有时需要获取的信息存储于多张表中，此时就要使用本章所介绍的多表连接查询技术来获取。例如，警察表只有职级号，而职级表包括职级号和职级名，如果想要获取某警察具体的职级名，则只能通过连接警察表和职级表，使用多表连接查询技术来实现上述任务。

表之间的联系依赖于主键和外键，同样连接查询的连接列一般也是由外键担当。连接查询默认为内连接查询，如果希望不满足连接条件的记录也在查询结果中出现，就需要使用外连接。综合使用连接查询、聚合函数和分组查询可以实现很多复杂的查询需求。

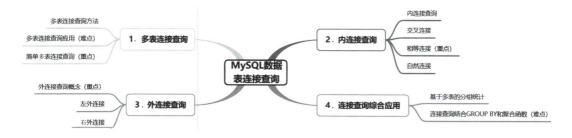

学习目标

1. 掌握内连接查询
2. 掌握多表连接查询
3. 掌握外连接查询
4. 掌握连接查询综合应用

> 课前预习

1. 单词预习

cross：交叉、交错

inner：内部的

join：连接、结合

left：左边

right：右边

outer：外部的

2. 进行连接查询时返回的结果集，是两个表中所有相匹配的数据，而舍弃不匹配的数据，这种连接称为_____。

3. 在自然连接中两张表的所有名称相同的列都将被比较，并且在结果集中把重复的列_____，结果集中两张表中名称相同的列仅出现一次；而等值连接_____。

4. 如果查询的信息来源于多张表，则可通过_____方式建立多表连接查询。

5. 左外连接的结果集_____，结果集中那些不符合连接条件的来源于右表的列值为 NULL。

6. 综合使用连接查询、_____和_____可以实现很多复杂的查询需求。

7.1 内连接查询

7.1.1 连接查询

查询信息的来源如果来自多张表，则必须对这些表进行连接查询。连接是把不同表的记录连到一起的较普遍的方法，通过连接查询可将多个表作为一个表进行处理。连接查询分为内连接查询和外连接查询。

7.1.2 内连接查询概要

内连接是应用程序中比较常见的连接操作，它一般是默认的连接类型。内连接基于连接谓词，它将两张表（如 A 表和 B 表）的列组合在一起，产生新的结果表。内连接查询会将 A 表的每一行和 B 表的每一行进行比较，并找出满足连接谓词的组合。当连接谓词被满足，A 表和 B 表中匹配的行会按列组合（并排组合）成结果集中的一行。

内连接查询操作列出与连接条件匹配的数据行,它使用比较运算符比较被连接列的值。内连接分三种:交叉连接、相等连接和自然连接。

7.1.3 交叉连接

交叉连接,又称笛卡尔积,它是所有类型的内连接的基础。

如果把表视为行记录的集合,那么交叉连接即返回这两个集合的笛卡尔积,返回到结果集合中的数据行数等于第一张表中符合查询条件的数据行数乘以第二个表中符合查询条件的数据行数。这其实等价于内连接的连接条件为"永真",或连接条件不存在。

如果 A 和 B 是两个集合,它们的交叉连接就记为:A×B。

示例 7.1

定义罪犯基本信息表与罪犯表的交叉连接(笛卡尔积)。

笛卡尔积,通俗地说,就是两个集合中的每一个成员,都与对方集合中的任意一个成员有关联。实现罪犯基本信息表与常见罪名表笛卡尔积的 SQL 语句为:

```
select * from criminal_info cross join crimeslist
```

等价于:

```
select * from criminal_info,crimeslist
```

执行结果如图 7.1 所示。

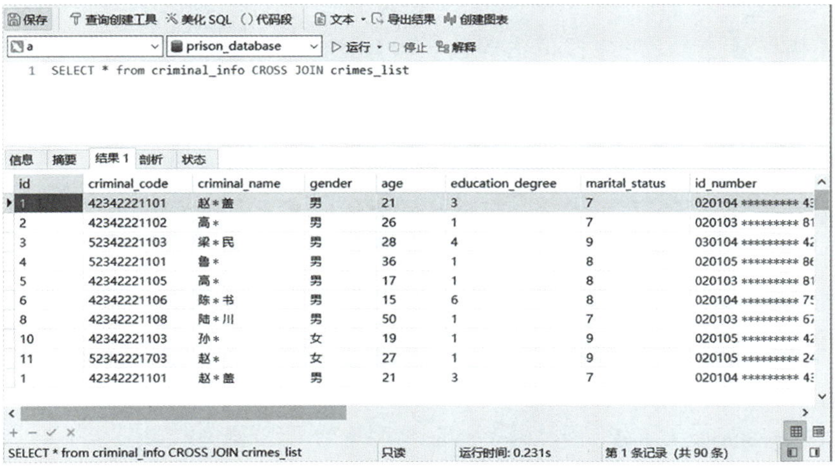

图 7.1 罪犯基本信息表与常见罪名表笛卡尔积(交叉连接)

执行"select count（*）from criminal_info"获得罪犯基本信息表行数为9，如图7.2所示。

图 7.2　罪犯基本信息表行数

执行"select count（*）from crimeslist"获得常见罪名表行数为10，如图7.3所示。

图 7.3　常见罪名表行数

由图7.1可以看出，罪犯基本信息表与常见罪名表的笛卡尔积的行数为90，该值为罪犯基本信息表行数9与常见罪名表行数10之积，即$90 = 9 \times 10$。

由于交叉连接（笛卡尔积）没有将两张表进行关联连接，因而连接结果集合中会有大量的数据冗余，所以交叉连接的查询效率非常低。实际上SQL产品会尽可能避免使用交叉连接。

7.1.4　相等连接

相等连接是通过表之间字段值的等值比较而建立的连接查询。根据等值比较结果，可将相等连接分为等值连接和非等值连接。

1. 等值连接

等值连接使用"="运算符比较被连接列的值，其查询结果将列出被连接表中所有的列，其中可能包括重复列。

等值连接的语法如下：

select　fieldlist from　table1【INNER】 join　table2 ON　table1.column1= table2.column2
【wherecondition】

语法说明：

（1）fieldlist：table1 表和 table2 表中的字段列。如果 fieldlist 取两张表所有列，则可用"＊"代替，此时会出现连接依据列重复，即 table1 表的 column1 与 table2 表的 column2 为重复列。

（2）table1 [INNER] join table2：将 table1 表与 table2 表进行内连接，INNER 可省略。

（3）table1.column1 = table2.column2：连接条件，其中 column1 和 column2 为 table1 表与 table2 表的关联列，通常它们为外键列和主键列。

（4）"inner"可省略。

（5）"wherecondition"可省略，它为查询条件表达式。

特别注意：

连接依据的列可能包含 NULL 值，NULL 值不与任何值匹配（甚至和它本身）。

1）使用等值连接获取两张表全部数据

示例 7.2

使用等值连接获取所有的罪犯信息和罪名信息。

分析：常见罪名表 crimeslist 与罪犯基本信息表 criminal_info 存在一个连接依据列——crimenumber。连接以上两张表，使用等值连接并采用"＊"作为字段列表，SQL 语句如下：

```
select * from criminal_info c1 join crimeslist c2 where c1.crimenumber= c2.id
```

执行结果如图 7.4 所示。

图 7.4　使用等值连接获取两张表全部数据

说明：

图 7.4 中，"c1.crime_number" 和 "c2.id" 为重复列，它们是连接依据列。

2）使用等值连接获取两张表部分数据

在等值连接查询中使用条件表达式可以获取两张表中满足指定条件的数据。

示例 7.3

使用等值连接获取年龄大于等于 30 岁的罪犯信息和罪名信息。

在【示例 7.2】的 SQL 语句中添加条件表达式 "and c1.age>=30" 即可，SQL 语句如下：

```
select * from criminal_info c1 join crimeslist c2
where c1.crimenumber= c2.id
and c1.age> = 30
```

执行结果如图 7.5 所示。

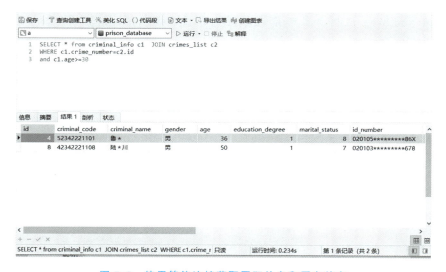

图 7.5　使用等值连接获取罪犯信息和罪名信息

说明：

连接查询的 where 条件表达式可以用 on 子句中的条件表达式进行替换，所以示例 7.3 的 SQL 语句也可以如下：

```
select * from criminal_info c1 join crimeslist c2
on c1.crimenumber= c2.id
and c1.age> = 30
```

示例 7.4

使用等值连接获取罪名含有"诈骗"字样的罪名信息和罪犯信息。
SQL 语句如下：

```
select * from criminal_info c1 join crimeslist c2
on c1.crimenumber= c2.id
and c2.crime_name LIKE '%诈骗%'
```

执行结果如图 7.6 所示。

图 7.6　使用等值连接获取罪名含有"诈骗"字样的罪名信息和罪犯信息

3）使用等值连接获取两张表指定列数据

示例 7.5

使用等值连接获取罪名含有"诈骗"字样的罪名信息和罪犯信息，要求罪名信息为全部列，罪犯信息中只需包含姓名和身份证。
SQL 语句如下：

```
select c2.*,c1.criminal_name,c1.id_number from criminal_info c1
join crimeslist c2
on c1.crimenumber= c2.id
and c2.crime_name LIKE '%诈骗%'
```

执行结果如图7.7所示。

图 7.7 使用等值连接获取罪名含有 "诈骗" 字样的全部罪名信息和部分罪犯信息

说明：

（1）在连接查询中，为了简化字段列表的显示，一般需要为两张表分别取别名，如本例中分别为表 "criminal_info" 和 "crimeslist" 取别名 "c1" 和 "c2"。

（2）如果字段列表中的字段在两张表中是唯一的，则该字段前面不需要加表名前缀，否则需要加表名前缀，例如本例中 "c1.criminal_name" "c1.id_number" 等。

2. 非等值连接

如果在进行相等连接时使用非 "=" 运算符比较被连接列的列值，则该连接为非等值连接。

示例 7.6

使用非等值连接获取不属于盗窃罪的罪犯信息和罪名信息。
SQL 语句如下：

```
select *
from crimeslist c1,criminal_info c2
where c1.id = c2.crimenumber and crime_name ! = '盗窃罪'
```

执行结果如图7.8所示。
说明："crime_name！='盗窃罪'" 体现非等值连接。

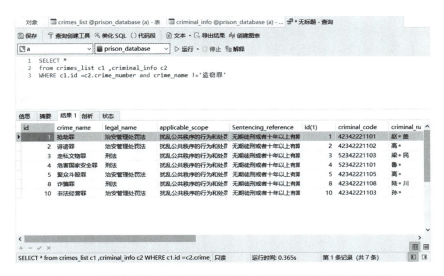

图 7.8 使用非等值连接获取不属于盗窃罪的罪犯信息和罪名信息

示例 7.7

使用非等值连接获取年龄小于 35 岁的罪犯信息和该罪犯的罪名信息，要求显示姓名、年龄、罪名、刑期。

```
select c2.criminal_name,age,crime_name,penalty_content
from crimeslist c1,criminal_info c2
where c1.id = c2.crimenumber and c2.age< 35
```

图 7.9 使用非等值连接获取年龄小于 35 岁的罪犯信息和该罪犯的罪名信息

7.1.5 自然连接

自然连接是一种特殊的等值连接，它要求相连接的两张表的连接依据列必须是相同的字段（字段名相同，字段属性相同）。在自然连接中两张表的所有名称相同的列都将被比较，并且在结果集中把重复的列去掉，结果集中两张表中名称相同的列仅出现一次。而等值连接并不去掉重复的列。部分数据库不支持自然连接，例如 SQL Server 等。

自然连接的语法如下：

```
select fieldlist from table1 natural join table2【where condition】
```

示例 7.8

使用自然连接获取所有的罪犯信息和罪名信息。
SQL 语句如下：

```
select * from crimes_list natural join criminal_info
```

执行结果如图 7.10 所示。

图 7.10　使用自然连接获取所有的罪犯信息和罪名信息

由图 7.10 可以看出，使用自然连接的结果集中已经将重复列 id 去掉。

示例 7.9

使用自然连接获取男性罪犯信息和罪名信息。

SQL 语句如下：

```
select * from crimeslist natural join criminal_info
where gender = '男'
```

执行结果如图 7.11 所示。

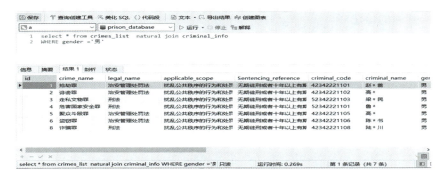

图 7.11　使用等值连接获取男性罪犯信息和罪名信息

示例 7.10

使用自然连接获取罪名含有"走私"字样的罪名信息和罪犯信息，要求显示罪名、罪犯姓名和身份证。

SQL 语句如下：

```
select crime_name,criminal_name,id_number from crimeslist natural
join criminal_info
where crime_name like '%走私%'
```

执行结果如图 7.12 所示。

图 7.12　使用自然连接获取罪名含有"走私"字样的罪名信息和罪犯信息

7.2 多表连接查询

7.2.1 多表连接查询方法

如果查询的信息来源于多张表,则可通过两两相连的方式建立多表连接查询。以下为三表连接查询的语法:

❖ 语法

```
select fieldlist from table1 join table2 ON table1.column1 = table2.column21 join table3 on
    table2.column22= table3.column3【where condition】
```

说明

(1) table2 与 table1 和 table3 两两相连。
(2) 三表以上连接查询的方法与三表连接查询的方法一样,均是通过两两相连的方式实现。

7.2.2 多表连接查询应用

在日常数据查询应用实践中,需要获取的数据来源于三张表及以上,此时需要通过多表连接进行查询。

示例 7.11

获取警察管教的罪犯和罪名。

分析:警察信息来源于警察表,罪犯信息来源于罪犯表,罪名信息来源于罪名表,因而需要连接三张表:警察基本信息表、常见罪名表和罪犯表。

SQL 语句如下:

```
select c1.criminal_name 姓名,c2.crime_name 罪名,p.police_name 警察姓名
from criminal_info c1
join crimes_list c2 on c1.crimenumber= c2.id
join police_info p on  c1.prison_official= p.id
```

执行结果如图 7.13 所示。

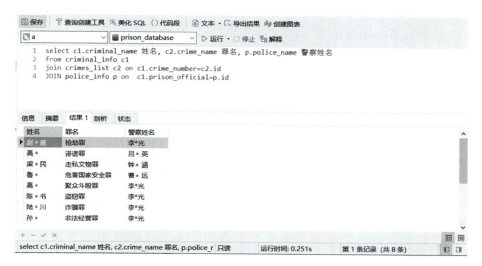

图 7.13　三表连接查询

7.2.3　简单多表连接查询

如果在 from 子句中，直接列出所有要连接的表，然后在 where 子句中指定连接条件，此为简单多表查询，它与内连接功能相同。
两张表语法格式如下：

❖ 语法

　　select fieldlist from table1,table2
　　where table1.column1= table2.column2【and 其他条件】

三张表语法格式如下：

❖ 语法

　　select fieldlist from table1,table2,table3 where table1.column1= table2.column21
　　and table2.column22= table3.column3【and 其他条件】

示例 7.12

使用简单多表连接查询方法实现示例 7.11。

SQL 语句如下:

```
select c1.criminal_name 姓名,c2.crime_name 罪名,p.police_name 警察姓名 from criminal_info c1,crimeslist c2,police_info p
  where c1.id= c2.id and p.id= c1.prison_official;
```

执行结果如图 7.14 所示。

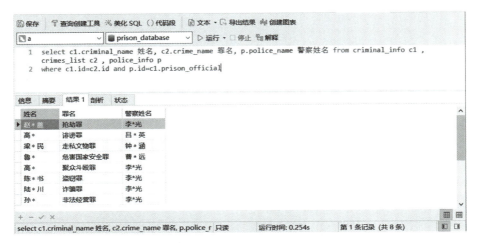

图 7.14 多表连接查询

7.3 外连接查询

7.3.1 外连接查询概念

在内连接查询中,只有满足连接条件的记录才能出现在查询结果中。在实际应用中,如果希望不满足连接条件的记录也在查询结果中出现,则需要使用外连接查询。

根据不同的外连接形式,外连接所生成的结果集中不仅包含符合条件的数据记录,还包含左表或右表或左右表中所有的数据记录。

外连接的语法如下:

❖ 语法

```
select 字段名称 from 表名 1 left|RIGHT|FULL [OUTER] join 表名 2
ON 表名 1.字段名 1= 表名 2.字段名 2
```

> 说明
>
> "outer"可省略。

7.3.2 左外连接

左外连接的结果集包括左表的所有记录和右表中满足连接条件的记录,结果集中那些不符合连接条件的来源于右表的列值为 NULL。

示例 7.13

查询罪犯信息,房间号。

分析:需要查询罪犯信息,房间号。如果将常见罪犯表 criminal_info 作为连接左表,罪犯基本信息表 prison_room 作为右表,则该连接为左外连接。

具体的 SQL 语句如下:

```
select criminal_name,roomname
from criminal_info
left join prison_room
on criminal_info.roomid= prisonroom.id
```

执行结果如图 7.15 所示。

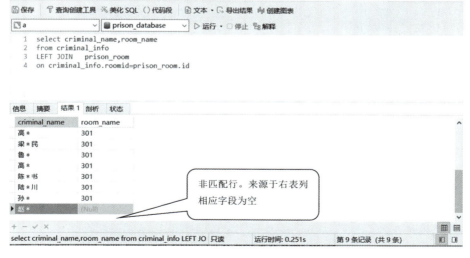

图 7.15 左外连接查询应用一

示例 7.14

查询警察信息与部门信息,要求显示所有警察。

```
select police_name 姓名,department_name 部门
from police_info p
left join department d
on p.department_id= d.id
```

执行结果如图 7.16 所示。

图 7.16　左外连接查询应用二

7.3.3　右外连接

右外连接是左外连接的反向连接。右外连接的结果集包括右表的所有记录和左表中满足连接条件的记录,结果集中那些不符合连接条件的来源于左表的列值为 NULL。

示例 7.15

查询没有罪犯入住的空房间信息

```
select criminal_name,roomname
from criminal_info
rightjoin prisonroom
on criminal_info.roomid= prisonroom.id
```

执行结果如图 7.17 所示。

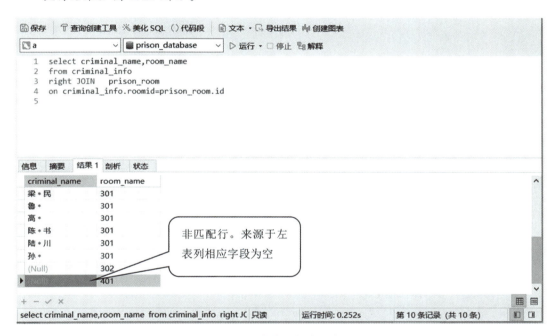

图 7.17　右外连接查询应用

7.4　连接查询综合应用

综合使用连接查询、聚合函数和分组查询可以实现很多复杂的查询需求。下面的案例可以很好地体现出连接查询的强大功能。

警察基本信息表见图 7.18。

公交罪犯站点表用于存储每条公交罪犯与其所属站点之间的关系，其表结构见图 7.19。

图 7.18 警察基本信息表（police_info）

图 7.19 公交罪犯站点表

示例 7.16

统计各个部门的警察总数，要求显示部门名称。

分析：解决的关键是依据部门信息找到对应警察信息并且统计人员数量，但警察基本信息表 police_info 中仅有部门编号 department_id，却没有部门信息，而部门表 department 有部门名称，并且这两张表都有部门编号 department_id。所以，可以连接警察基本信息表 police_info 和部门表 department。具体的 SQL 语句如下：

```
select count(*)人数,d.department_name
from police_info p,department d
where p.department_id= d.id
group by d.department_name
```

执行结果如图 7.20 所示。

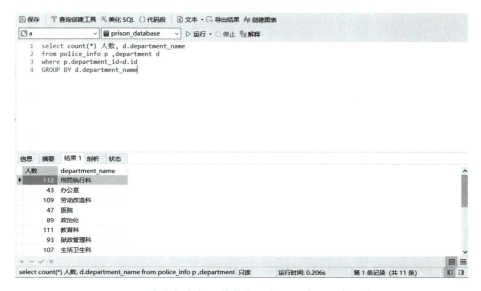

图 7.20　统计各个部门的警察总数，要求显示部门名称

示例 7.17

统计劳动改造科部门的警察男女人数。

分析：解决的关键是依据部门信息找到对应警察信息并且统计人员数量，但警察基本信息表 police_info 中仅有部门编号 department_id，却没有部门信息，而部门表 department 有部门名称，并且这两张表都有部门编号 department_id。所以，可以连接警察基本信息表 police_info 和部门表 department。具体的 SQL 语句如下：

```
select count(*)人数,p.gender
from police_info p,department d
where p.department_id= d.id
and d.department_name= '劳动改造科'
group by p.gender
```

执行结果如图 7.21 所示。

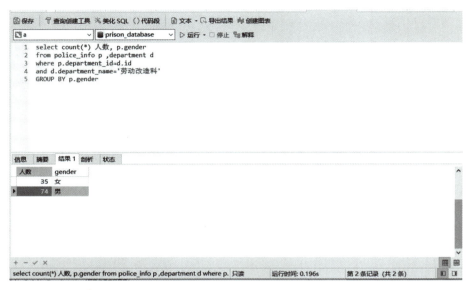

图 7.21　统计劳动改造科部门的警察男女人数

7.5　本章实践任务

7.5.1　实践练习一

1. 需求说明

（1）使用等值连接获取罪犯"陆＊川"个人信息和罪名信息。
（2）使用等值连接获取所有女性罪犯的个人信息与罪名信息。
（3）使用非等值连接获取不是"刑罚执行科"警察信息。
（4）使用自然连接获取警察"陆＊宏"信息，要求显示部门信息。

2. 实现思路

（1）使用等值连接获取罪犯"陆＊川"个人信息和罪名信息的 SQL 语句如下：

　　select * from crimes_list c1,criminal_info c2 where c2.criminal_name='陆＊川' and c1.id= c2.crime_number

执行结果如图 7.22 所示。

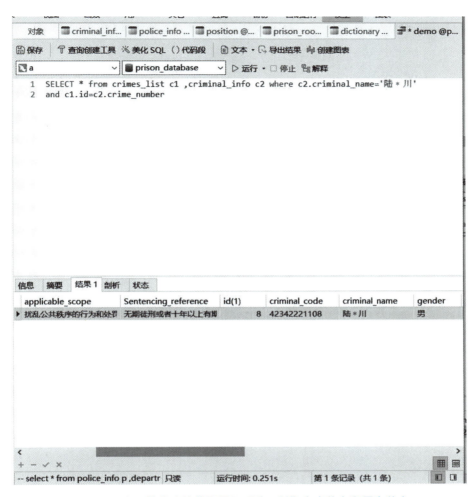

图 7.22　使用等值连接获取罪犯"陆﹡川"个人信息和罪名信息

（2）使用等值连接获取所有女性罪犯的个人信息与罪名信息的 SQL 语句如下：

```
select * from crimes_list c1,criminal_info c2 where c2.gender='女'
and c1.id= c2.crime_number
```

执行结果如图 7.23 所示。

（3）使用非等值连接获取不是"刑罚执行科"警察信息的 SQL 语句如下：

```
select * from police_info p,department d where p.department_id= d.id
and d.department_name ! = '刑罚执行科'
```

执行结果如图 7.24 所示。

（4）使用自然连接获取警察"李﹡宏"信息，要求显示部门信息。执行结果如图 7.25 所示。

图 7.23　使用等值连接获取所有女性罪犯的个人信息与罪名信息

图 7.24　使用非等值连接获取不是"刑罚执行科"警察信息

第7章 MySQL数据表连接查询

图 7.25 使用自然连接获取警察"李*宏"信息，要求显示部门信息

7.5.2 实践练习二

1. 需求说明

（1）查询罪犯与罪名及学历信息。
（2）查询学历为大专和大专以上罪犯与罪名。

2. 实现思路

（1）连接罪犯表、罪名表、字典表。
SQL 语句如下：

```
select c1.crime_name,c2.criminal_name,d.'value' from
crimes_list c1,criminal_info c2,dictionary d
where c1.id= c2.crime_number and c2.education_degree = d.id
```

213

执行结果如图 7.26 所示。

图 7.26　查询罪犯与罪名与学历信息

（2）连接罪犯表、罪名表、字典表。

SQL 语句如下：

```
select c1.crime_name,c2.criminal_name,d.'value' from
crimes_list c1,criminal_info c2,dictionary d
where c1.id= c2.crime_number and c2.education_degree = d.id
and d.id BETWEEN 4 and 6
```

执行结果如图 7.27 所示。

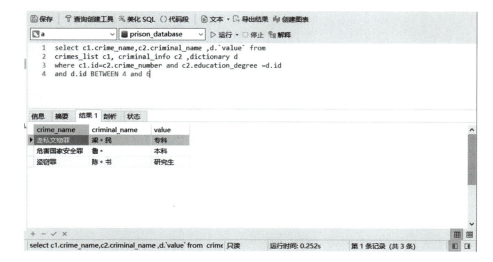

图 7.27　查询学历为大专和大专以上罪犯与罪名

7.5.3 实践练习三

1. 需求说明

（1）查询没有被分配房间的罪犯信息。
（2）使用右连接查询部门信息为空的警察信息。

2. 实现思路

（1）由于查询没有被分配房间的罪犯信息，如果采用左连接加以实现，必须从左至右依次连接罪犯表和房间表。

SQL 语句如下：

```
select criminal_name,room_name
from criminal_info
leftjoin prison_room
on criminal_info.roomid= prison_room.id
where room_name is null
```

执行结果如图 7.28 所示。

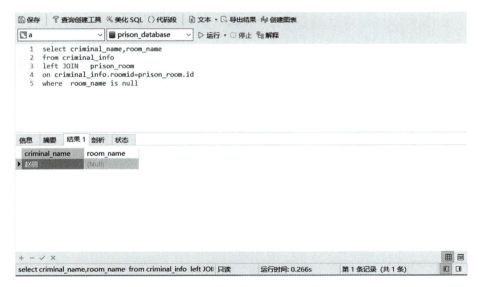

图 7.28　查询没有被分配房间的罪犯信息

（2）由于需要查询部门信息为空的警察信息，如果采用右连接加以实现，必须从左至右依次连接部门表和警察信息表，此时警察信息表将作为右表。

SQL 语句如下：

```
select police_name 姓名,department_name 部门
from department
rightjoin police_info
on police_info.department_id= department.id
where department.department_name is null
```

执行结果如图 7.29 所示。

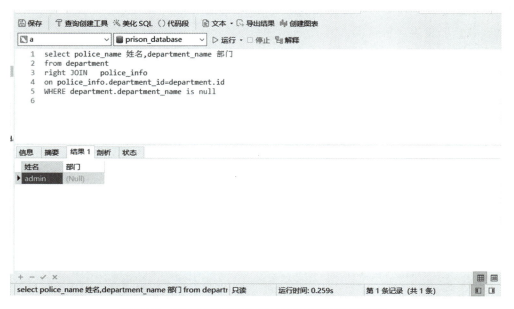

图 7.29 使用右连接查询部门信息为空的警察信息

7.5.4 实践练习四

1. 需求说明

（1）查询人数最多的部门警察信息与部门名称。
（2）统计人数最少部门的男女警察人数。

2. 实现思路

（1）根据题目要求分析得出，先找到人数最多的部门是哪个部门，再建立警察信息表与部门表之间的关联。

SQL 语句如下：

```
select count(*)人数,d.department_name
from police_info p,department d
where p.department_id= d.id
group by d.department_name
order by 人数 desc
```

执行结果如图 7.30 所示。

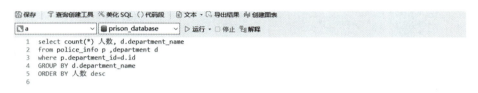

图 7.30　找到人数最多的部门是哪个部门

（2）查询人数最多的部门的警察信息。

SQL 语句如下：

```
select* from police_info p,department d
where p.department_id= d.id and d.department_name= '刑罚执行科';
```

查询结果如图 7.31 所示。

（3）统计人数最少的部门的男女警察人数。具体的 SQL 语句如下：

```
select count(*)人数,d.department_name
from police_info p,department d
where p.department_id= d.id
group by d.department_name
order by 人数
```

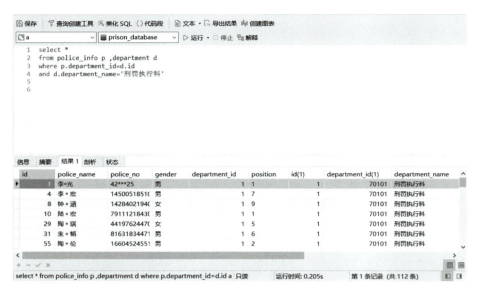

图 7.31　找到人数最多的部门的警察信息

执行结果如图 7.32 所示。

图 7.32　查询人数最少的部门

（4）统计男女警察人数具体的 SQL 语句如下：

```
select count(*)人数,gender 性别
from police_info p,department d
where p.department_id= d.id
and department_name= '办公室'
group By gender;
```

执行结果如图7.33所示。

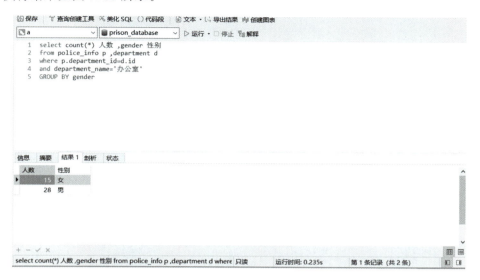

图7.33 统计男女警察人数

本章总结

● **1. 内连接的定义是什么？它有哪几种类型的内连接**

内连接基于连接谓词，它将两张表（如A表和B表）的列组合在一起，产生新的结果表。具体过程是将A表的每一行和B表的每一行进行比较，并找出满足连接谓词的组合，当连接谓词被满足，A表和B表中匹配的行会按列组合（并排组合）成结果集中的一行。

内连接分三种：交叉连接、相等连接和自然连接。

● **2. 多表连接查询和简单多表连接查询的语法是什么**

多表连接查询的语法如下：

　　select fieldlist from table1 join table2 ON table1.column1
= table2.column21 join table3 on
　　table2.column22= table3.column3【where condition】

简单多表连接查询的语法如下：

select fieldlist from table1,table2,table3 where table1.column1=table2.column21
　　and table2.column22= table3.column3【and 其他条件】

● 3. 外连接查询的定义是什么？什么是左外连接

在内连接查询中，只有满足连接条件的记录才能出现在查询结果中。但在实际应用中，如果希望不满足连接条件的记录也在查询结果中出现，这时需要使用外连接查询。根据不同的外连接形式，外连接所生成的结果集中不仅包含符合条件的数据记录，还包含左表或右表或左右表中所有的数据记录。

左外连接的结果集包括左表的所有记录和右表中满足连接条件的记录，结果集中那些不符合连接条件的来源于右表的列值为 NULL。

本章拓展知识

在疫情时期，作为"疫情围堵策略"的核心手段，健康码以其简单、易用、高效、互通等特点，为新冠肺炎疫情防控的精准施策、动态清零等举措提供了关键支撑，亦成为我国疫情防控中无可替代的重要技术工具。"健康码"运转的背后是海量个人信息的汇集、共享并利用算法进行自动化决策。

但同学们思考过"健康码"中的信息如何互联互通吗？请根据数据表连接查询的相关知识，想一想我们该如何设计表，方便使用连接查询统计出各个狱所中罪犯的"健康码"情况。

第 8 章

MySQL 数据表子查询

本章简介

当我们学习四则混合运算时,会遇到用多种运算符组成的四则运算表达式。基于运算符,我们将表达式分解成单独的模块求解,同时可以理解为将一个大范围的任务逐层分解成若干个小的任务进行逐层求解。这种将任务进行分解的方式,在数据库应用中使用非常频繁,同时这也是解决一些复杂问题的有效方式。

掌握数据库操作,学会数据检索成为一门必不可少的技术。但是往往在检索相对复杂的查询业务时,单一的查询语句往往会显得力所不及和无能为力。与此同时,我们可以使用上述思路,将复杂的任务进行逐层分解,分解成一个个较为简单明了的查询,从而实现逻辑较为复杂的查询任务。例如警察在办案时需要掌握罪犯信息监舍情况,方便后期处理,就可以拆分为两个简单的查询。

在本章,我们将具体学习在数据库中如何使用子查询将复杂的查询任务进行分解,实现数据检索。本章中子查询知识点分为单行子查询、多行子查询等。

学习目标

1. 掌握单行子查询
2. 掌握多行子查询
3. 掌握子查询的非典型应用
4. 掌握在 DML 语句中使用子查询

课前预习

1. 子查询是一个嵌套在 _____、_____、_____ 或 _____ 语句或其他子查询中的查询。

2. 子查询自身可以包括 _____ 或 _____ 子查询。一个语句中可以嵌套 _____ 的子查询。

3. 子查询分类分为 _____、_____。

8.1 单行子查询

8.1.1 子查询基本知识

子查询是 MySQL 中比较常用的查询方法,通过子查询可以实现多表查询。子查询指将一个查询语句嵌套在另一个查询语句中。子查询可以在 select、update 和 delete 语句中使用,而且可以进行多层嵌套。在实际开发时,子查询经常出现在 where 子句中。

8.1.2 单行子查询应用

单行子查询是指子查询的返回结果只有一行数据。当在主查询的条件语句中引用子查询的结果时,可使用单行比较符=、>、<、>=、<=和<>进行比较。

示例 8.1

(1) 查询"陆*川"在罪犯出入监信息表中的信息,要求输出收押日期和离监日期。

经过分析得知罪犯出入监信息表包含 id 编号、罪犯编号、收押日期、离监日期、离监去向等字段,但不包含罪犯姓名字段。在罪犯信息表中包含罪犯姓名字段以及罪犯编号字段,因而两张表共同的信息是罪犯编号字段。当我们在查询的时候,需要连接罪犯信息表和罪犯出入监信息表,并且以罪犯编号作为连接条件。

从罪犯信息表查询出罪犯"陆*川"的罪犯编号。代码如下:

```
select criminal_code from criminal_info where criminal_name='陆*川'
```

执行结果如图8.1所示。

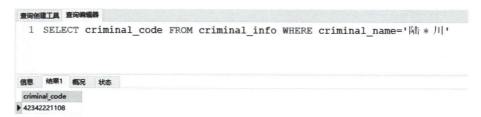

图8.1 获取"陆＊川"罪犯编号信息

然后根据在上述SQL查询出来的罪犯编号，在罪犯出入监信息表查询出姓名为"陆＊川"的罪犯的收押日期和罪犯的离监日期。以上述SQL作为条件代入如下SQL语句中。代码如下：

```
select intime 收押日期,outtime 离监日期 from in_out_prison where criminal_code=(select criminal_code from criminal_info where criminal_name='陆＊川')
```

说明

由于 criminal_code 为 criminal_info 表主键，所以子查询SQL的查询结果为一条记录。单行子查询仅能够返回一条记录。

执行结果如图8.2所示。

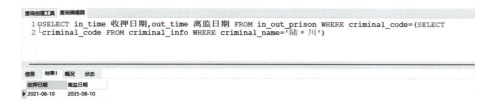

图8.2 获取"陆＊川"收押日期信息和离监日期信息

（2）查询"陆一川"在犯罪类型表中所犯类型，要求输出犯罪类型名称。

同上述一样，首先分析，在犯罪类型表（crimes_list）中并无罪犯姓名字段，所以使用简单的查询无法得知"陆＊川"的犯罪类型。再次分析，可以得知罪犯信息表（criminal_info）中有犯罪类型字段（crime_number），即可使用罪犯信息表中的姓名获取"陆＊川"的犯罪类型编号，再使用编号查询范围类型名称。代码如下：

```
select crime_name from crimes_list where id=(select crime_number from criminal_info where criminal_name='陆*川')
```

执行结果如图8.3所示：

```
查询创建工具  查询编辑器
 1 SELECT crime_name FROM crimes_list WHERE id=(SELECT crime_number
 2  FROM criminal_info WHERE criminal_name='陆*川')
 3
```

信息 结果1 概况 状态

crime_name
▶ 诈骗罪

图 8.3　获取"陆 * 川"的犯罪类型名称

8.1.3　子查询使用经验

（1）子查询通常用于 select 语句的 where 子句中，且可以嵌套。
（2）编写复杂的子查询的解决思路是逐层分解查询，即从最内层的子查询开始分解，将嵌套的 SQL 语句拆分为一个个独立的 SQL 语句。
（3）子查询的执行过程遵循"由里及外"原则，即先执行最内层的子查询语句，然后将执行结果与外层的语句进行合并，依次逐层向外扩展并最终形成完整的 SQL 语句。
（4）当外部查询的结果基于单个未知值时，将使用单行子查询。

8.2　多行子查询

多行子查询是指子查询的返回结果是多行数据。常见的多行比较符包括 in、all、any 和 some。

8.2.1　in 比较符

当使用多行比较符 in 关键字时，主查询会与子查询中的每一个值进行比对，如果与其中任意一个值相同，则返回当前数据行。not in 与 in 关键字含义相反。

示例 8.2

查询罪犯信息表中触犯刑法的人员信息，要求显示罪犯姓名、性别、处罚详情。
代码如下：

```
select id from crimes_list where legalname='刑法'
```

执行结果如图 8.4 所示：

图 8.4　获取名称为刑法大类的主键 id

经过分析，查询罪犯信息表 crime_number 字段为以上编号即为触犯刑法，根据多行子查询 in 关键字进行查询。代码如下：

　　select criminal_name,gender,penalty_content from criminal_info where crime_number IN(select id from crimes_list where legalname='刑法')

执行结果如图 8.5 所示：

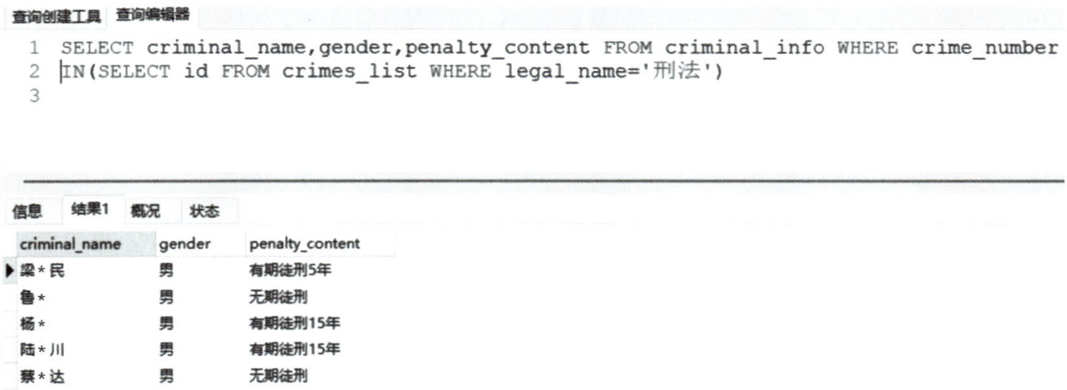

图 8.5　查询罪犯信息表触犯刑法的人员信息

8.2.2　all 关键字子查询

比较运算符 all 关键字用于子查询之前，通过该关键字将一个表达式或列的值，与子查询所返回的一列值中的每一行进行比较，只要有一次比较的结果为 false（假），则 all 测试返回 false，主查询不执行；否则返回 true，执行主查询。

all 运算符的含义如下。
(1) ＜all，表示小于最小值。
(2) ＞all，表示大于最大值。

示例 8.3

查询罪犯年龄比所有学历为小学的都高的罪犯信息，要求输出罪犯年龄和姓名。
代码如下：

```
select criminal_name 姓名,age 年龄 from criminal_info where age> all
(select age from criminal_info where education_degree=(select id from
dictionary where 'value'='小学'))
```

执行结果如图 8.6 所示：

图 8.6　查询罪犯年龄比所有学历为小学的都高的罪犯信息

8.2.3　any｜some 关键字子查询

any 与 some 的查询功能相同。早期的 SQL 仅允许使用 any，后期的版本为了与英语中的 any 相区别，引入了 some，同时保留了 any 关键字。

any 或 some 用于子查询之前，通过 any｜some 比较运算符，将一个表达式或列的值与子查询所返回的一列值中的每一行进行比较，只要有一次比较的结果为 true，则 any 或 some 测试返回 true，主查询执行；否则结果为 false，主查询不执行。

any｜some 运算符的含义如下：
(1) ＜any｜some，小于最大值。
(2) ＝any｜some，与 in 运算符等价。
(3) ＞any｜some，大于最小值。

示例 8.4

查询罪犯年龄比任意一个学历为小学的高的罪犯信息，要求输出罪犯年龄和姓名。

这时需要将示例 8.3 中的 all 修改为 any 即可。
代码如下：

```
select criminal_name 姓名,age 年龄 from criminal_info where age> any
(select age from criminal_info where education_degree= (select id from
dictionary where `value`= '小学'))
```

执行结果如图 8.7 所示：

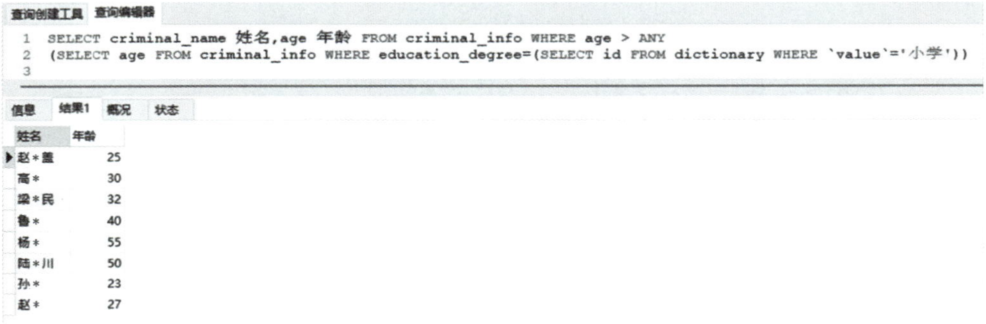

图 8.7　查询罪犯年龄比任意一个学历为小学的高的罪犯信息

8.3　子查询的非典型应用

子查询通常用于 where 子句中，也可在 from 子句和 select 子句中使用。在这些场合下使用子查询，有时会实现一些特殊的查询应用。

8.3.1　在 from 子句中使用子查询

示例 8.5

在监所数据库中查询监舍在 301 的所有罪犯信息

```
select * from criminal_info c1,(select * from prison_room where
room_name= '301')C2 where c1.roomid= C2.id
```

执行结果如图 8.8 所示：

图 8.8 查询监舍在 301 的所有罪犯信息

8.3.2 在 select 子句中使用子查询

在 select 子句中使用子查询,其实质是将子查询的执行结果作为 select 子句的列,可以起到与连接查询异曲同工的作用。在一些复杂的多表连接查询场合,如果采用此种方式替代,其句法结构与使用多表连接查询相比,会显得更加清晰。

示例 8.6

在监所数据库中查询监舍编号为 1 的实际居住人数和最多居住人数。
代码如下:

```
select count(*)实际关押人数,(select accommodate from prison_room where id= 1)最多关押人数 from criminal_info where roomid= 1
```

执行结果如图 8.9 所示:

图 8.9 查询罪犯宿舍编号为 1 的实际居住人数和最多居住人数

8.3.3 exists 关键字

exists 用于检查子查询是否至少会返回一行数据,该子查询实际上并不返回任何数据,而是返回值 true 或 false。exists 指定一个子查询,用于检测行的存在。当子查询的行存在时,则执行主查询表达式,否则不执行。

示例 8.7

在监所数据库中查询已经分配到监舍的罪犯信息。

代码如下：

```
select *  from criminal_info c where exists(select *  from prison_room where id= c.roomid)
```

执行结果如图 8.10 所示。

```
1 SELECT * FROM criminal_info c WHERE EXISTS(SELECT * FROM prison_room WHERE id=c.roomid)
```

id	criminal_code	criminal_name	gender	age	education_degree	marital_status	id_number	crime_number
1	42342221101	赵*盖	男	21	3	7	020104 ********* 432	1
2	42342221102	高*	男	26	1	7	020103 ********* 813	2
3	52342221103	梁*民	男	28	4	9	030104 ********* 429	3
4	52342221101	鲁*	男	36	1	8	020105 ********* 86X	4
5	42342221105	高*	男	17	1	8	020103 ********* 813	5
6	42342221106	陈*书	男	15	6	8	020104 ********* 756	6
8	42342221108	陆*川	男	50	1	7	020103 ********* 678	8
10	42342221103	孙*	女	19	1	9	020105 ********* 422	10
11	52342221703	赵*	女	27	1	9	020105 ********* 248	11

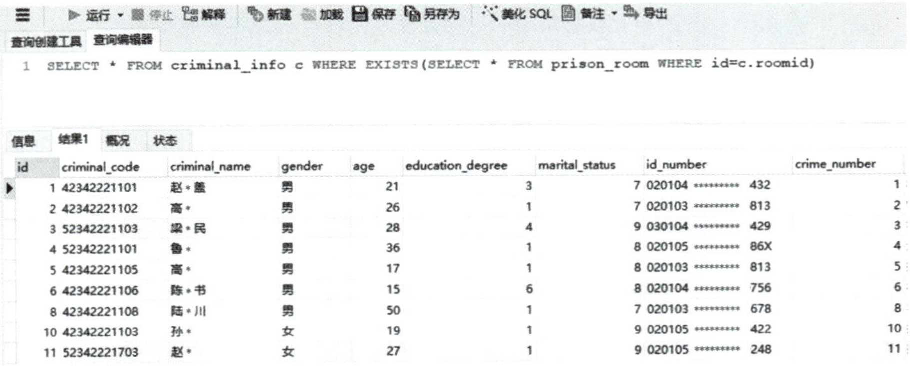

图 8.10　查询已经分配到监舍的罪犯信息

8.4　在 DML 语句中使用子查询

子查询不仅可在 select 语句中使用，用于实现需要嵌套的查询功能，还可以维护数据，完成复杂的更新、删除和插入功能。为了完成上述数据维护功能，需要在 DML 的 update 语句、delete 语句和 insert 语句中使用子查询。

在 DML 语句中使用子查询与在 select 语句中使用子查询的原理是一致的，均为将内层子查询的结果作为外层主查询中 where 条件的参考值来使用。

8.4.1　在 update 子句中使用子查询

示例 8.8

修改罪犯信息表中在 301 监舍中的所有罪犯年龄减低 1 岁。

```
update criminal_info set age= age-1 where roomid= (select id from
prison_room where room_name= '301')
```

执行结果如图 8.11 所示：

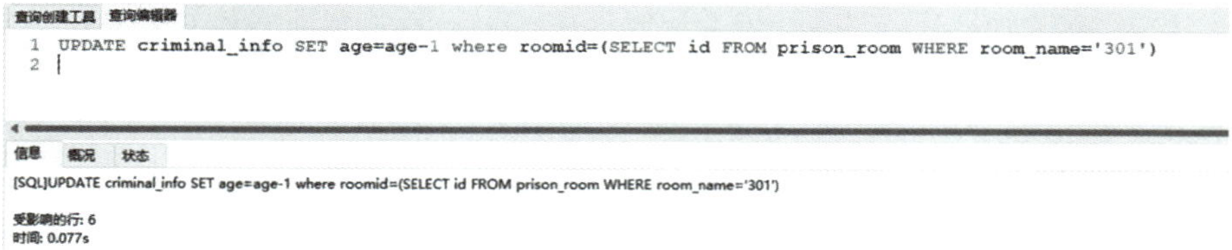

图 8.11　修改罪犯信息表中在 301 监舍中的所有罪犯年龄减低 1 岁

8.4.2　在 delete 子句中使用子查询

示例 8.9

删除罪犯信息表中所在监舍为 401 的所有罪犯信息。

```
delete from criminal_info where roomid= (select id from prison_room
where room_name= '401')
```

执行结果如图 8.12 所示：

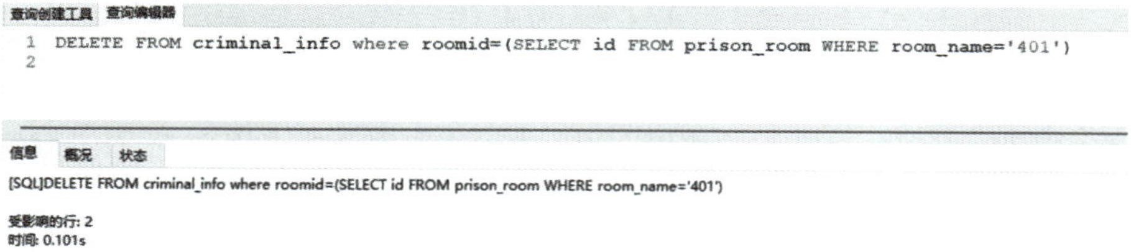

图 8.12　删除罪犯信息表中所在监舍为 401 的所有罪犯信息

8.5　本章实践任务

8.5.1　实践练习一

（1）查询警官姓名为"李＊光"的所在科室名称。

（2）查询罪犯"陆＊川"在crimes_list表中触犯哪种类型处罚法。

8.5.2 实践练习二

（1）查询罪犯学历为"小学"和"初中"的所有基本信息。
（2）查询罪犯年龄比任意一个学历为小学和初中的高的罪犯信息，要求输出罪犯年龄和姓名。

8.5.3 实践练习三

在监所数据库中查询未分配到监舍的罪犯信息。

8.5.4 实践练习四

（1）修改罪犯信息表中学历为小学的年龄增加1岁。
（2）删除罪犯信息表中婚姻状态为未婚的罪犯信息。

本章总结

- **1. 子查询的定义是什么？它应用在哪些场合**

    子查询是一个嵌套在select、insert、update和delete语句或其他子查询中的查询。子查询的实质是一个select语句的查询结果，能够作为另一个语句的输入值。任何允许使用表达式的地方均可使用子查询，但子查询通常位于where子句中。

- **2. all关键字的用法是什么**

    比较运算符all关键字用于子查询之前，通过该关键字将一个表达式或列的值，与子查询所返回的一列值中的每一行进行比较，只要有一次比较的结果为false，则all测试返回false，主查询不执行；否则返回true，执行主查询。

● 3. exists 关键字的用法是什么

exists 用于检查子查询是否至少会返回一行数据，该子查询实际上并不返回任何数据，而是返回值 true 或 false。exists 指定一个子查询，用于检测行的存在。当子查询的行存在时，则执行主查询表达式，否则不执行。

● 4. 子查询只可以嵌套查询，而不能用于数据维护，这种说法正确吗？如果说法错误，请说明如何利用子查询维护数据

上述说法错误。子查询不仅可在 select 语句中使用，用于实现需要嵌套的查询功能，还可以维护数据，完成复杂的更新、删除和插入功能。为了完成上述数据维护功能，需要在 DML 的 update 语句、delete 语句和 insert 语句中使用子查询。在 DML 语句中使用子查询与在 select 语句中使用子查询的原理是一致的，均为将内层子查询的结果作为外层主查询中 where 条件的参考值来使用。

本章拓展知识

（1）中国数据库的发展从 20 世纪 70 年代萨师煊引入数据库理论，到 20 世纪 80 年代王珊等人走出去引进来，从层次数据库到网状数据库，然后到流行的关系型数据库，前辈们筚路蓝缕的艰辛探索，他们的工匠精神、家国情怀和求真务实的优良品质值得学习。

（2）在疫情期间，通过核酸检测获取每个人的健康信息并存入数据库；再通过扫健康码操作将存入的数据取出，为疫情防控提供有效支持。因此，录入数据的精准度和查询数据的时间长短，对疫情防控起着关键作用。提高查询效率是学习数据库必备的技能和职业素养。

第 9 章

数据库设计

本章简介

数据库设计是一个针对特定数据库管理系统的过程,旨在构建最佳数据库模型,以有效存储数据。

本文以"监所网络"系统为例,详细介绍了数据库设计的三个步骤:需求分析、概念结构设计和逻辑结构设计。

需求分析阶段需要确定常用数据表,如罪名表、罪犯信息表、出入监信息表、警察信息表、狱室信息表等;概念结构设计和逻辑结构设计阶段需要明确表间关系,如罪名表中的罪名编号与罪犯信息表中的罪名编号进行关联等。

数据库设计的主要工作包括:需求分析,明确系统功能,实体抽象,使用 E-R 图进行概念结构设计,将 E-R 图转换为所选用的 DBMS 产品支持的数据模型,以及使用 PowerDesigner 工具生成数据库概念模型和物理模型。

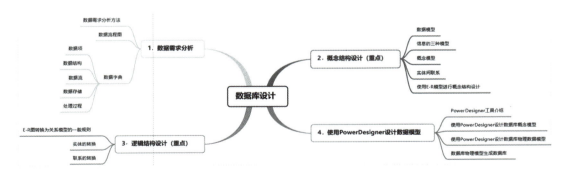

学习目标

1. 掌握数据需求分析
2. 掌握概念结构设计

3. 掌握逻辑结构设计

4. 掌握使用 PowerDesigner 设计数据模型

课前预习

1. 单词掌握

entity：实体

relationship：关系

conceptual：概念的

association：联系

reference：参照、引用

physical：物理的

2. E-R 模型的全称是_____和_____。

3. 在 E-R 图中，矩形表示_____，椭圆表示_____，菱形表示_____。

4. 两向联系的连通词有三种，分别为_____、_____和_____。

5. 在一对多联系和一对一联系转换成关系模式时，需要在_____端实体所对应的关系中添加_____端实体的码和联系的属性。

6. PowerDesigner 工具可生成概念数据模型和_____。

9.1 数据需求分析

9.1.1 数据需求分析的任务和重要性

需求分析的任务是通过详细调查现实世界要处理的对象（组织、部门和企业等），充分了解原系统（手工系统或计算机系统）的工作概况，明确用户的各种需求，然后在此基础上确定新系统的功能。新系统必须充分考虑今后可能的扩充和改变，不能仅按当前应用需求来设计数据库。

数据需求分析是从对数据进行组织与存储的角度，从用户视图出发，分析与辨别应用领域所管理的各类数据项和数据结构。

数据需求分析是整个数据库设计的基础，此阶段需收集数据库所有用户的信息内容和处理要求，并加以规范化和分析。需求分析类似于待构建的数据库大厦的地基，其质量决定了应用系统数据库乃至整个应用系统的优劣水平。

数据库设计是系统设计中不可或缺的重要环节，数据需求分析是数据库设计的第一步。数据需求分析需要依赖系统需求，此阶段的任务是明确系统需要做什么，需要实现哪些功能，有哪些用户参与，系统实现某项具体功能时，需要对哪些数据进行加工、处理和存储，以及如何对这些数据进行加工、处理和存储。如果数据需求分析的工作做得好、做得深、做得透，可以免去系统开发过程中设计和实现的很多无用功。数据需求分析的目的就是搞清楚用户要做什么，如果需求分析做得仔细，可以在后面的设计和实现中少走弯路，其重要性不言而喻。

9.1.2 数据需求分析方法

数据需求分析的重点是调查、收集与分析用户在数据管理中的信息要求、处理要求、安全性与完整性要求。信息要求是指用户需要从数据库中获得信息的内容与性质。由用户的信息要求可以导出数据要求，即在数据库中需要存储哪些数据。处理要求是指用户要求完成什么样的处理功能，对处理的响应时间有什么要求，处理方式是批处理还是联机处理。

确定用户的最终需求其实是一件非常困难的事，这是因为，一方面，用户缺少计算机知识，开始时无法确定计算机究竟能为自己做什么、不能为自己做什么，因此无法立刻准确地表达自己的需求，他们所提出的需求往往不断地变化；另一方面，系统设计人员又缺少用户的专业知识，不易理解用户的真正需求，甚至误解用户的需求。此外，新的硬件、软件技术的出现也会使用户需求发生变化。因此，系统设计人员必须与用户不断深入地进行交流，才能逐步确定用户的实际需求。

1. 数据需求分析步骤

（1）调查现实世界的组织结构情况。包括了解该组织的部门组成情况、各部门的职能等，为分析信息流程做准备。

（2）调查各部门的业务活动情况。包括了解各个部门输入和使用什么数据，如何加工、处理这些数据，输出什么信息，输出到什么部门，输出结果的格式是什么。

（3）协助用户明确对应用系统的各种要求。包括信息要求、处理要求、完全性与完整性要求等。

（4）确定应用系统的边界。对前面的调查结果进行初步分析，包括确定哪些功能由计算机完成或将来准备由计算机完成，哪些活动由人工完成。由计算机完成的功能就是应用系统必须实现的功能。

2. 数据需求分析中常用的调查方法

（1）跟班作业。通过亲身参加业务工作，了解业务活动的情况，可以比较准确地理解用户的需求，但比较耗费时间。

（2）开调查会。通过与用户座谈，了解业务活动情况及用户需求，座谈时参加者之间可以相互启发。

（3）请专人介绍。此"专人"多半为熟悉行业或企业活动的专家。

（4）询问。对调查中的问题可以找专人询问，此"专人"一般为使用该系统的典型用户。

（5）设计调查表，请用户填写。如果调查表设计得合理，此种方法非常有效，也很易于为用户所接受。

（6）查阅记录。查阅与原有系统有关的数据记录，包括原始单据、账簿和报表等。

需要知道调查过程中的重点在于"数据"与"处理"。通过调查、收集与分析，获得用户对数据库的要求。

（1）信息要求：指用户需要从数据库中获得信息的内容与实质，也就是将来要往系统中输入什么信息以及系统所接受的数据。由用户对信息的要求可以确定导出对数据的要求，也就是说在数据库中需要存储什么数据。

（2）处理要求：指用户要实现哪些处理功能。也就是对数据处理响应时间有哪些要求和数据处理方式。

（3）安全性和完整性要求：数据的安全措施和存取控制措施，数据本身和数据之间的约束限制。

9.1.3 数据流程图

数据流程图是描述系统数据流程的工具，它将数据独立抽象出来，通过图形方式描述信息的来龙去脉和实际流程。

数据流程图具有抽象性和概括性的特点，它是一种全面描述信息系统逻辑模型的主要工具。

数据流程图仅仅可以利用少数几种符号，就能综合地反映出信息在系统中流动、处理和存储的相关情况。

数据流程图有以下四种基本的图形符号。

（1）箭头表示数据流。

（2）圆或椭圆表示加工。

（3）双杠表示数据存储。

（4）方框表示数据的源点或终点。

机票预订系统数据流程图如图 9.1 所示。

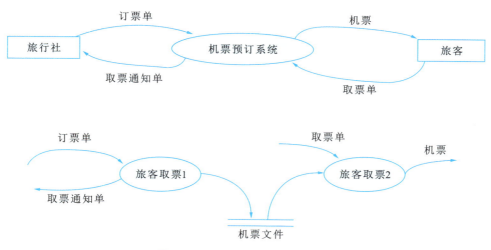

图 9.1　机票预订系统数据流程图

9.1.4　数据字典

数据字典对数据的数据项、数据结构、数据流、数据存储、处理逻辑和外部实体等进行定义和描述，其目的是对数据流程图中的各个元素做出详细的说明。简而言之，数据字典是描述数据的信息集合，是对系统中使用的所有数据元素的定义的集合。

数据字典的作用是对数据流程图中的各种成分进行详细说明，作为数据流程图的细节补充，和数据流程图一起构成完整的系统数据需求模型。

1. 数据项

数据项是数据记录中最基本的、不可分的有名数据单位，是具有独立含义的最小标识单位。数据项用来描述实体的某种属性。

数据项的定义包括但不限于以下内容。

（1）名称：它表明所填写的信息的含义。

（2）数据类型：它表明单元格中可以填写什么类型的信息，比如"criminal_code"数据项，只能填写 10 个阿拉伯数字，不能填写汉字、字母和时间等。

（3）是否必填：它规定按模板格式填写实际的表单时，此数据项可否空白不填。比如在 criminal_info 表中，"criminal_name"是必填项，而"education_degree"不是必填项。

（4）填写规范：指对所填数据的要求，通常有以下两种情况：一是默认值，如"nationality"的默认值是"中国"；二是自动编号，如"id"序号可以自动产生并自动增长。

（5）主键：主键的目的是保证唯一性。比如在 criminal_info 表中，我们把"id"定义为主键，就意味着不管填了多少条罪犯信息，"id"都必须彼此不同。

通常情况下，可根据需求的实际情形，选取其中的关键项进行数据项描述。典型监所网络数据库的数据项描述见表9.1。

表 9.1　典型监所网络数据库的数据项描述

数据项名	名称	数据类型	取值含义
id	编号	int（11）	针对不同表中每一条记录的唯一项
criminal_code	罪犯编号	varchar（11）	由10个阿拉伯数字组成。从左至右，包含3个内容：前两位为省份代码，第三至四位是监狱单位代码，余下6个数字即服刑人员的顺序号
criminal_name	姓名	varchar（32）	—
gender	性别	varchar（2）	男、女
education_degree	文化程度	int（11）	小学、初中、高中、专科、本科、研究生
maritalstatus	婚姻状态	int（11）	已婚、未婚、丧偶
id_number	身份证号	varchar（18）	18位身份证号码
crime_number	罪名编号	int（11）	—
penalty_content	刑罚时长	varchar（255）	—
prison_official	管教编号	int（11）	—
nationality	罪犯国籍	varchar（32）	默认中国
police_name	警察姓名	varchar（32）	—
police_no	警号	varchar（7）	—
department_id	部门编号	int（11）	—
position	职位	varchar（32）	—
department_name	部门名称	varchar（32）	—
departmenthead_id	部门负责人编号	int（11）	—
department_function	部门职能	varchar（255）	—
superiordepartment_id	上级部门编号	int（11）	—
intime	收押时间	date	—
outtime	离监时间	date	—
trend	离监去向	varchar（255）	—
crime_name	罪名	varchar（255）	—

续表

数据项名	名称	数据类型	取值含义
legal_name	法律名称	varchar（255）	—
applicable_scope	适用范围	text	—
sentencing_reference	量刑建议	text	—

2. 数据结构

数据结构反映了数据之间的组合关系。一个数据结构可以由若干个数据项组成，也可以由若干个数据结构组成，或由若干个数据项和数据结构混合组成。对数据结构的描述通常包括以下内容：数据结构描述、数据结构名、含义说明和组成（数据项或数据结构）等。典型的监所网络数据库系统的数据结构见表 9.2。

表 9.2 典型的监所网络数据库系统的数据结构

数据结构名	含义说明	组成
criminal_info	是罪犯信息的主体数据结构，定义了罪犯的相关信息	罪犯编号、姓名、性别、文化程度、婚姻状态、罪名编号等
police_info	是警察信息的主体数据结构，定义了警察的相关信息	警察姓名、警号、性别、部门编号、职位等
department	是警察部门系统的主体数据，定义警察部门的有关信息	部门编号、部门名称、部门负责人、部门职能、上级部门编号等
in_out_prison	是罪犯出入监的主体数据结构，定义了罪犯出入监的有关信息	罪犯编号、收押时间、离监时间、离监去向等
duty	是警察值班的调度信息表的主体数据结构，定义了警察值班调度的有关信息	值班时间、值班负责人、值班记录内容、交班负责人、交接内容等

3. 数据流

数据流是数据结构在系统内传输的路径。对数据流的描述通常包括以下内容：数据流描述、数据流名、说明、数据流来源、数据流去向、组成。典型的监所网络数据库系统的数据流见表 9.3。

表 9.3 典型的监所网络数据库系统的数据流

数据流名	说明	数据流去向	组成
罪犯入监	罪犯进入监狱	进入监狱	罪犯编号、罪犯姓名、身份证号、罪名编号、刑罚时长、管教编号、收押时间等

续表

数据流名	说明	数据流去向	组成
罪犯离监	罪犯离开监狱	离开监狱	离监时间、离监去向等
值班调度	警察调度信息	值班调度信息	值班时间、值班负责人、交班负责人、交班时间、交接内容、值班地点等

4. 数据存储

数据存储是数据结构停留或保存的地方，也是数据流的来源和去向之一。对数据存储的描述通常包括以下内容：数据存储名、说明、编号、流入的数据流、流出的数据流、组成和存取方式等。其中存取方式包括是批处理还是联机处理，是检索还是更新；是顺序检索还是随机检索等。另外，流入的数据流要指出其来源，流出的数据流要指出其去向。典型的监所网络数据库系统的数据存储见表 9.4。

表 9.4 典型的监所网络数据库系统的数据存储

数据存储名	说明	流入的数据流	流出的数据流	组成	存取方式
入监	罪犯入监	罪犯入监	罪犯信息	罪犯信息	顺序存取
离监	罪犯离监	离监日期	离监去向	离监信息	顺序存取
值班调度	警察值班调度	值班时间	交接内容	交班记录	顺序存取

5. 处理过程

数据字典中的处理过程只需要描述针对处理过程的说明性信息，这些说明信息通常包括以下内容：处理过程名、说明、输入数据流、输出数据流和处理描述等。典型的监所网络数据库系统的数据处理过程见表 9.5。

表 9.5 典型的监所网络数据库系统的数据处理过程

处理过程名	说明	输入数据流	输出数据流	处理描述
入监	罪犯入监	罪犯信息	罪犯入监	罪犯 id，收押时间
离监	罪犯离监	罪犯信息	罪犯离监	离监日期、离监去向
值班调度	警察值班调度	值班时间	交接内容	值班负责人、交班负责人、值班地点

9.2 概念结构设计

9.2.1 数据模型

模型是对现实世界中的事物、对象和过程等客观系统中感兴趣的内容的模拟和抽象表达。例如,一座大楼模型、一架飞机模型就是对实际大楼、飞机的模拟和抽象表达,人们从模型可以联想到现实生活中的事物。数据模型也是一种模型,它是对现实世界数据特征的抽象。数据模型一般应满足以下三个要求。

(1) 能比较真实地模拟现实世界。
(2) 容易被人们理解。
(3) 便于在计算机上实现。

一种数据模型能同时满足以上三个方面的要求,在目前是比较困难的,所以在数据库系统中可以针对不同的使用对象和应用目的来采用不同的数据模型。

9.2.2 信息的三种模型

各种机器上实现的 DBMS 数据库,特别是关系型数据库,如 MySQL、SQL Server以及 Oracle 等均是基于某种数据模型来开发建设的。因此我们需要把现实世界中的具体事物抽象、组织为与各种 DBMS 相对应的数据模型,这是两个世界间的转换,即从现实世界到机器世界。但是这种转换在实际操作时不能直接执行,还需要一个中间过程,这个中间过程就是信息世界。信息的三种模型之间的转换关系如图 9.2 所示。

图 9.2 信息的三种模型之间的转换关系

通常人们首先将现实世界中的客观对象抽象为某种信息结构,这种信息结构可以不依赖于具体的计算机系统,也不与具体的 DBMS 相关,因为它不是具体的数据模型,而是概念级模型,即数据库概念层数据模型,一般简称为概念模型;然后再把概念模型转换到计算机上具体的 DBMS 支持的数据模型,这就是组织层数据模型,一般简称为数据模型。

这三个世界间的两种转换过程分别对应于数据库设计中的两个设计阶段,从现实世界抽象到信息世界的过程是概念结构设计阶段;从信息世界抽象到机器世界的过程是数据库逻辑结构设计阶段,该阶段的任务是把概念结构设计阶段设计好的概念模型,转换为与选用的 DBMS 所支持的数据模型相符合的逻辑结构。

9.2.3 概念模型

概念模型反映了信息系统所对应的现实世界中各部门、各业务的信息结构、信息流动情况、信息间的互相制约关系,以及各部门或各业务对信息存储、查询和加工的要求等。在概念模型中,所涉及的主要概念包括以下五种。

1. 实体(Entity)

客观存在并可相互区别的事物称为实体。实体可以是具体的人、事、物,如一名学生、一门课程等;也可以是抽象的概念或联系,如一场竞赛、一次选课等。

2. 属性(Attribute)

每个实体都有自己的一组特征或性质,这种用来描述实体的特征或性质的称为实体的属性。例如,学生实体具有学号、姓名和性别等属性。不同实体的属性是不同的。实体的属性的某一组特定的取值(称为属性值)确定了一个特定的实体。例如,学号是0611001、姓名是王冬、性别是女等,这些属性值综合起来就确定了"王冬"这名同学。属性的可能取值范围称为属性域,也称为属性的值域。例如,学号的域为 8 位整数,姓名的域为字符串集合,性别的域为(男,女)。实体的属性值是数据库中存储的主要数据。

根据属性的类别可将属性分为基本属性和复合属性。基本属性(也称原子属性)是不可再分割的属性。例如,性别就是基本属性,因为它不可以再进一步划分为其他子属性。而某些属性可以划分为多个具有独立意义的子属性,这些可再分解为其他属性的属性就是复合属性,也称为非原子属性。例如,地址属性可以划分为邮政编码、省名、市名、区名和街道 5 个子属性,街道可以进一步划分为街道名和门牌号码两个子属性。因此,地址属性与街道都是复合属性。

根据属性的取值可将属性分为单值属性和多值属性。同一个实体只能取一个值的属性称为单值属性。多数属性都是单值属性。例如,同一个人只能具有一个出生日期,所以人的生日属性是一个单值属性。同一实体可以取多个值的属性称为多值属性。例如,一个人的学位是一个多值属性,因为有的人具有一个学位,有的人具有多个学位。再如,零件的价格也是多值属性,因为一种零件可能有代销价格、批发价格和零售价格等多种销售价格。

3. 码(Key)

唯一标识实体的属性集称为码。例如,学号是学生实体的码。码也称为关键字,或简称为键。

4. 实体型（Entity Type）

具有相同属性的实体必然具有共同的特征和性质。用实体名及其属性名集合来抽象和刻画同类实体，称为实体型。例如，学生（学号，姓名，性别）就是一个实体型。

5. 实体集（Entity Set）

性质相同的同类实体的集合，称为实体集。例如，全体学生就是一个实体集。

9.2.4 实体间联系

现实世界中，事物内部以及事物之间不是孤立的，而是有联系的，这些联系反映在信息世界中，表现为实体内部的联系和实体之间的联系。这里主要讨论实体之间的联系。例如，"职工在某部门工作"是实体"职工"和"部门"之间的联系，"学生在某教室听某老师讲授课程"是"学生""教室""老师"和"课程"等四个实体之间的联系。

1. 联系的度

联系的度是指参与联系的实体类型数目。

（1）一度联系（单向联系）。一度联系又称单向联系，也称递归联系，指一个实体集内部实体之间的联系，一度联系（单向联系）如图9.3所示。

（2）二度联系（两向联系）。二度联系又称两向联系，即两个不同实体集实体之间的联系。二度联系（两向联系）如图9.4所示。

图 9.3　一度联系（单向联系）

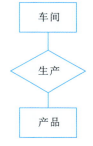

图 9.4　二度联系（两向联系）

（3）三度联系（三向联系）。三度联系又称三向联系，即三个不同实体集实体之间的联系，三度联系（三向联系）如图9.5所示。

虽然也存在三度以上的联系，但较少见，在现实信息需求中，二度联系是最常见的联系，下文讲解的联系如无特殊情况均是指二度联系。

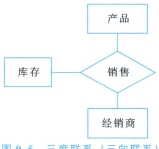

图 9.5　三度联系（三向联系）

2. 实体间的联系

实体间的联系指的是联系涉及的实体集之间实体对应的方式。例如，一个实体集中的某一个实体与另外一个实体集中的一个或多个实体有联系。二度联系的连通词有三种：一对一、一对多和多对多。

（1）一对一联系。如果实体集 A 中的每一个实体在实体集 B 中至多有一个实体与之联系，反之亦然，则称实体集 A 与实体集 B 具有一对一联系，记为 1∶1。例如，一个学院有一个院长，而一个院长也只能管理这个学院，学院和院长之间建立起"领导"联系，因此这种联系是一对一联系，如图 9.6 所示。一对一联系的典型例子还包括身份证号与社保账号、父母与子女等。

（2）一对多联系。如果实体集 A 中的每一个实体在实体集 B 中有 n（$n \geqslant 1$）个实体与之联系，而实体集 B 中的每一个实体在实体集 A 中至多有一个实体与之联系，则称实体集 A 与实体集 B 具有一对多联系，记为 1∶n。例如，一个学院有多名教师，而一个教师只能隶属于某一个特定的学院，则学院与教师之间建立起的这种"拥有"联系就是一对多联系，如图 9.7 所示。一对多联系的典型例子还包括公司与职员、出版社与图书等。

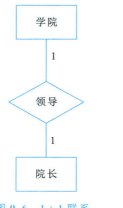

图 9.6 1∶1 联系

图 9.7 1∶n 联系

图 9.8 m∶n 联系

（3）多对多联系。如果实体集 A 中的每一个实体在实体集 B 中有 n（$n \geqslant 1$）个实体与之联系，而实体集 B 中的每一个实体在实体集 A 中有 m（$m \geqslant 1$）个实体与之联系，则称实体集 A 与实体集 B 具有多对多联系，记为 m∶n。例如，一名教师可以讲授多门课程，同时一门课程也可以由多名教师讲授，因此课程和教师之间的这种"讲授"联系就是多对多联系，如图 9.8 所示。多对多联系的典型例子还包括学生与课程、订单与商品等。

9.2.5 使用 E-R 模型进行概念结构设计

数据库概念结构设计的核心内容是概念模型的表示方法。概念模型的表示方法有很多，其中最常用的是"实体-关系"方法，简称 E-R 模型。该方法用 E-R 图来表示概念模型。

1. E-R 模型概述

E-R 模型（E-R 图）即实体-关系图（Entity Relationship Diagram），它提供了表示实体、实体属性和实体间关系的方法，是用于描述现实世界的一种概念模型。E-R 图是一款在业界广受好评且广泛使用的数据库概念模型工具，其具备以下特点。

（1）真实、充分地反映现实世界中事物和事物之间的联系。具有丰富的语言表达能力，能表达用户的各种需求，包括描述现实世界中各种对象及其复杂的联系。

（2）简明易懂。能够为非计算机专业的人员所接受。

（3）易于修改。当应用环境或应用要求改变时，便于对概念模型进行修改和补充。

（4）便于向数据逻辑模型转换。

2. E-R 图表示方法

（1）实体：实体由矩形表示，矩形框内写明实体名称。

（2）属性：属性由椭圆表示，并用无向边将其与相应的实体相连接。

（3）联系：实体之间的相互关联称为联系。在 E-R 模型中，联系由菱形表示，菱形框内写明联系名称。用无向边分别与相关实体相连接，并在直线上标注联系的类型。

对于一对一联系，需要在两个实体连线每个方向各写 1；对于一对多联系，要在"一"的一方写 1，"多"的一方写 n；对于多对多联系，则需要在两个实体连线方向上分别写 m 和 n。

3. 绘制 E-R 图

根据"某大型团购网站"的需求分析，抽象出该系统所有的实体，如下所示：

客户（客户 ID、登录名、登录密码、姓名、性别、出生年月、电话和住址）；

区域（地区 ID、地区名和上级地区 ID）；

商品类型（类型 ID、类型名和上级类型 ID）；

商家（商家 ID、商店名、地址和联系人）；

商品（商品 ID、标题、描述、原价、团购价、图片、累计销售数量和是否被推荐）；

订单（订单 ID、下单时间、送达时间和金额）。

其中"商家"实体 E-R 图，如图 9.9 所示。

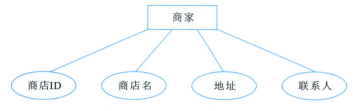

图 9.9 "商家"实体 E-R 图

"某大型团购网站"其他实体的 E-R 图可参照图 9.9 进行绘制。"某大型团购网站"E-R 图全貌，如图 9.10 所示（省略了每个实体的具体属性）。

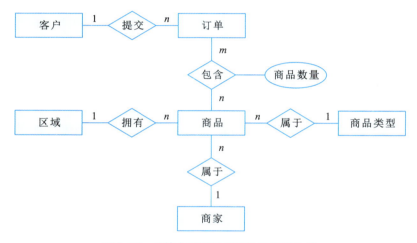

图 9.10 "某大型团购网站"E-R 图全貌

标识实体的原则如下。

（1）实体通常是一个名词，其名称应简明扼要、恰如其分。
（2）每个实体仅描述一件事情或一个事物。
（3）每个实体都是唯一的，即不能出现含义相同的实体。
（4）联系通常是一个动词或动名词，其名称应反映出实体之间的内在关联。

经验

概念结构设计的实质是对系统中的事物进行抽象形成实体，并明晰实体之间的联系。实体抽象的关键是要从实际的人、物、事和概念中抽取所关心的共同特性，而忽略非本质的细节，至于实体间的联系则可由实体间相互的业务操作或内在关联来确定。例如，实体"老师"与"学生"之间的联系是多对多的"讲授"关系，"公司"与"职工"之间的联系是一对多的"雇佣"关系。在数据库设计中，术语"联系""关系"和"关联"三者同义。

9.3 逻辑结构设计

数据库的逻辑结构设计就是将在概念结构设计阶段设计完成的 E-R 图，转换为与所选用的 DBMS 产品所支持的数据模型相符合的逻辑结构。数据库逻辑结构独立于任何一种数据模型。在实际应用中，通常所用的数据库环境已经给定，如 SQL Server、MySQL 和 Oracle 等。由于目前使用的数据库大多是关系数据库，因此数据库逻辑结构设计的任务就是将 E-R 图转换为关系模型。

9.3.1 将 E-R 图转换为关系模型的一般规则

将 E-R 图转换为关系模型，其实质就是将实体、实体的属性和实体之间的联系转化为关系模式。其中实体和联系都可以表示成关系，E-R 图中的属性可以转换成关系的属性。

9.3.2 实体的转换

将实体转换为关系，关系名与实体同名，实体的属性就是关系的属性，实体的主键就是关系的主键。例如，图 9.11 给出了医院诊治系统 E-R 图。

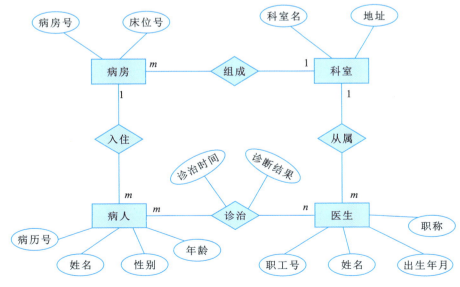

图 9.11 医院诊治系统 E-R 图

图 9.11 所示的 E-R 图中的 4 个实体即病房、科室、医生和病人分别转换成以下 4 个关系模式：

(1) 病房（病房号，床位号）。
(2) 科室（科室名，地址）。
(3) 医生（职工号，姓名，出生年月，职称）。
(4) 病人（病历号，姓名，性别，年龄）。

9.3.3　联系的转换

一个 1∶1 联系可以转换为一个独立的关系模式，也可以与任意一端实体所对应的关系模式合并。如果转换为一个独立的关系模式，则与该联系相连的各实体的主键以及联系本身的属性转换为关系的属性，每个实体的主键均可以作为该关系的主键。如果是与联系的任意一端实体所对应的关系模式合并，则需要在该关系模式的属性中加入另一个实体的主键和联系本身的属性。

1. 1∶1 联系的转换

"经理"与"部门"的 1∶1 联系，如图 9.12 所示。

图 9.12　"经理"与"部门" E-R 图

对于如图 9.12 所示的 E-R 图，如果将联系"管理"与"经理"一端所对应的关系模式合并，则转换成以下两个关系模式。

(1) 经理（工号，姓名，性别，部门号），其中"工号"为主键，部门号为引用"部门"关系的外键。
(2) 部门（部门号，部门名），其中"部门号"为主键。

如果将联系与部门一端所对应的关系模式合并，则转换成以下两个关系模式。

(1) 经理（工号，姓名，性别），其中"工号"为主键。
(2) 部门（部门号，部门名，工号），其中"部门号"为主键，工号为引用"经理"关系的外键。

> **说明**
>
> 带下划线属性为关系模式的主键，带波浪线属性为关系模式的外键。

如果将联系转换为一个独立的关系模式，则转换成以下三个关系模式。

(1) 经理(<u>工号</u>, 姓名, 性别), 其中"工号"为主键。
(2) 部门(<u>部门号</u>, 部门名), 其中"部门号"为主键。
(3) 管理(<u>工号</u>, <u>部门号</u>, 部门名), 其中"工号"与"部门号"均可作为主键(此处将"工号"作为主键), 它们同时也都是外键。

> **经验**
>
> 一般情况下, 1∶1 联系不转换为一个独立的关系模式, 而是与任意一端实体所对应的关系模式合并。

2. 1∶n 联系的转换

一个 1∶n 联系可以转换为一个独立的关系模式, 也可以与 n 端实体所对应的关系模式合并。如果转换为一个独立的关系模式, 则与该联系相连的各实体的主键以及联系本身的属性转换为关系的属性, 其中 n 端实体的主键为该关系的主键。如果与 n 端实体所对应的关系模式合并, 则应该在 n 端实体所对应的关系模式中添加 1 端实体的主键作为外键。

例如, 对于图 9.11 所示的 E-R 图中"科室"与"医生"的 1∶n 联系, 如果与 n 端实体"医生"所对应的关系模式合并, 则只需将"医生"关系模式修改为:

医生(<u>职工号</u>, 姓名, 出生年月, 职称, <u>科室名</u>), 其中"职工号"为主键, "科室名"为引用"科室"的外键。

如果将联系转换为一个独立的关系模式, 则需增加以下关系模式:

医生所属科室(<u>职工号</u>, <u>科室名</u>), 其中"职工号"与"科室名"均可作为主键(此处将"职工号"作为主键), 它们同时也都是外键。

> **经验**
>
> 一般情况下, 1∶n 联系不转换为一个独立的关系模式, 而是与 n 端实体所对应的关系模式合并。

3. m∶n 联系的转换

对于一个 m∶n 联系, 则需要将该联系转换为一个独立的关系模式。转换规则是: 与该联系相连的各实体的主键以及联系本身的属性均转换为关系的属性, 该关系的主键为各实体主键的组合。

例如, 对于图 9.11 所示的 E-R 图中的医生与病人的 m∶n 联系, 需转换为如下的一个独立的关系模式:

诊治(<u>职工号</u>, <u>病历号</u>), 其中"职工号"和"病历号"为联合主键, 同时它们也分别为外键。

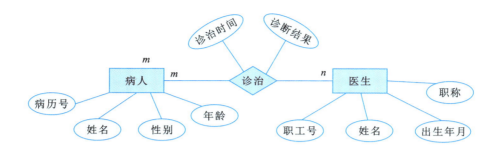

4. 合并关系模式中相同的主键

E-R 图转换为关系模型的原则为一般原则，对于具体问题还要根据其特殊情况进行特殊处理。例如，在图 9.13 所给出的图书管理信息系统 E-R 图中，读者与图书是 $m:n$ 联系，按照上述转换原则，借阅联系需转换为如下的一个独立的关系模式：

借阅（借书证号，书号，还书日期）

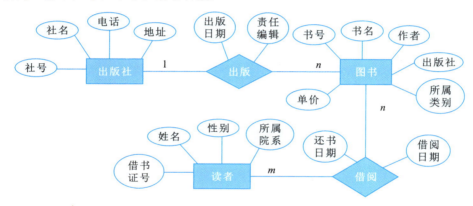

图 9.13 学校图书管理信息系统 E-R 图

其中"借书证号"和"书号"为联合主键，并且它们都是外键。但实际情况是：一个借书证号借阅某一本书，还掉以后还可以再借，这样就会在借阅关系中出现两个或两个以上具有相同借书证号和书号的记录。由此可以看出，借书证号和书号不能作为该关系的主键，还必须增加一个"借阅日期"属性，即将"借书证号"、"书号"和"借阅日期"作为联合主键。修改之后的借阅关系模式如下：

借阅（借书证号，书号，借阅日期，还书日期）

9.4 使用 PowerDesigner 设计数据模型

9.4.1 概念数据模型和物理数据模型

一般情况下，我们会先将现实世界抽象为概念世界，然后再将概念世界转换为机器世界。换言之，先将现实世界中的客观对象抽象为实体（Entity）和联系（Relationship），这种不依赖于具体的计算机系统或某个 DBMS 系统的模型即为概念数据模型（Conceptual Data Model，CDM）。然后再将概念模型转换为计算机上某个 DBMS 所支持的数据模型，这种模型即为物理数据模型（Physical Data Model，PDM）。

9.4.2 PowerDesigner 工具介绍

PowerDesigner 是 Sybase 公司开发的一款优秀的设计工具软件，广泛应用于数据库建模。使用它可以方便地创建概念数据模型（Conceptual Data Mode，CDM）和物理数据模型（Physical Data Mode，PDM）。

执行"程序"→"Sybase"→"PowerDesigner 16"→"PowerDesigner"，开启 PowerDesigner 工作平台，如图 9.14 所示。

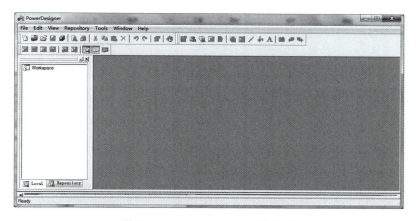

图 9.14　PowerDesigner 工作平台

执行"File"→"New Model"，开启 PowerDesigner 模型视图，如图 9.15 所示。

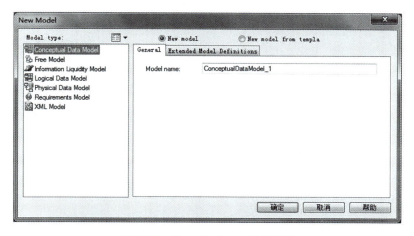

图 9.15　PowerDesigner 模型视图

在图 9.15 中选中"Model type"下的"Conceptual Data Model",开启 PowerDesigner 概念数据模型视图,如图 9.16 所示。

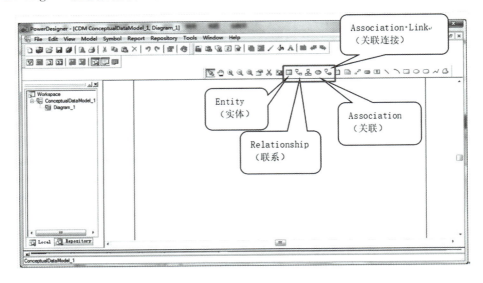

图 9.16 PowerDesigner 概念数据模型视图

在图 9.15 中选中"Model type"下的"Physical Data Model",开启 PowerDesigner 物理数据模型视图,如图 9.17 所示。

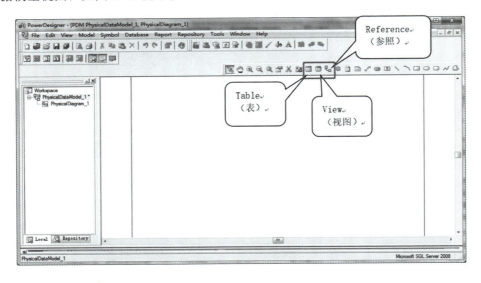

图 9.17 PowerDesigner 物理数据模型视图

9.4.3 使用 PowerDesigner 设计概念模型

1. 1∶n 联系

以"客户"—"订单"为例。

在 PowerDesigner 概念数据模型视图中,绘制实体"客户"和"订单"的概念模型。点击工具栏"▦",分别绘制实体"客户"和"订单",并添加属性,此时该模型并未反映出实体间联系,如图 9.18 所示。

图 9.18 未反映实体间联系的概念数据模型

实体"客户"与"订单"之间的联系是 1∶n,可以采用以下方法建立它们之间的联系。

(1) 点击工具栏"⚙",即关系(Relationship)。

(2) 选中 1 方实体"客户",绘制一条指向 m 方实体"订单"的线段,即生成实体"客户"与"订单"之间的联系,并将该联系命名为"订购",如图 9.19 所示。

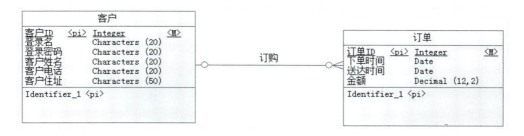

图 9.19 反映出实体间 1∶n 联系的概念数据模型

2. m∶n 关系

以"订单"—"商品"为例。

(1) 分别创建实体"订单"和"商品",并点击工具栏"⬡",即联系(Association)。创建一个联系,并命名为"订单明细",此时该模型还没有反映出实体间的联系,如图 9.20 所示。

(2) 由于一条订单和一件商品均可对应多条订单明细,所以实体"订单"、"商品"与联系"订单详细"之间的联系均为 1∶n。

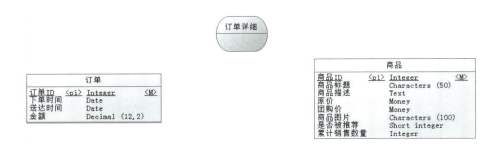

图 9.20　未反映实体间 $m:n$ 联系的概念数据模型

（3）分别选中 1 方实体"订单"和"商品"，并点击"⚲"按钮，即联系连接（Association Link）按钮，绘制一条指向 n 方，即联系"订单详细"的直线，则建立起实体"订单"、"商品"与联系"订单详细"之间的联系，并在联系"订单详细"上添加属性"商品数量"。反映出实体"订单"和"商品"之间 $m:n$ 联系的概念数据模型，如图 9.21 所示。

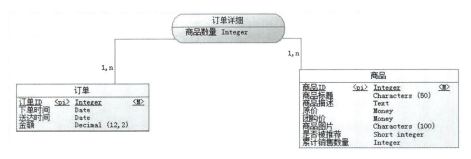

图 9.21　反映出实体间 $m:n$ 联系的概念数据模型

（4）"某大型团购网站"概念数据模型全貌，如图 9.22 所示。

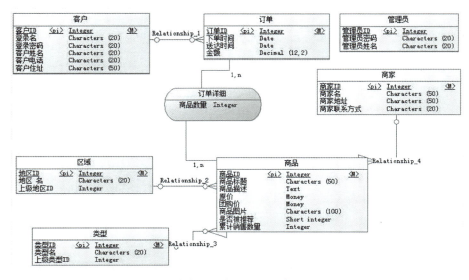

图 9.22　"某大型团购网站"概念数据模型全貌

9.4.4　使用 PowerDesigner 设计物理数据模型

1. 由概念数据模型生成物理数据模型

在概念数据模型视图中，点击菜单"工具"（Tools）→"生成物理数据模型"（Generate Physical Data Model），即可生成物理数据模型。"某大型团购网站"物理数据模型如图 9.23 所示。

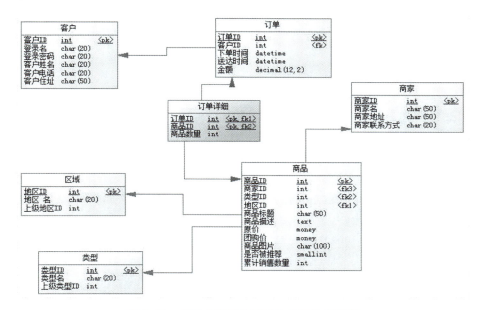

图 9.23　"某大型团购网站"物理数据模型

2. 直接创建物理数据模型

1）1∶m 联系：以"客户"—"订单"为例

在 PowerDesigner 物理数据模型视图中，点击工具栏"▦"，即表（Table），分别绘制"客户"表和"订单"表。未添加关联关系的 1∶m 的物理数据模型，如图 9.24 所示。

添加"客户"和"订单"1∶m 关联关系的步骤为：选择"🔗"按钮，即参照（Reference）按钮，选中 m 方即"订单"表，绘制一条连接到 1 方即"客户"表的直线。此时将在"订单"表生成一个参照"客户"表的外键，即"客户 ID"，如图 9.25 所示。

2）m∶n 联系：以"订单"—"商品"为例

首先绘制表"订单"和"实体"，然后添加以上两个实体之间 m∶n 关联关系的步骤如下。

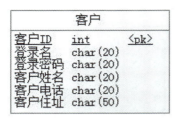
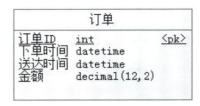

图 9.24　未添加关联关系的物理数据模型

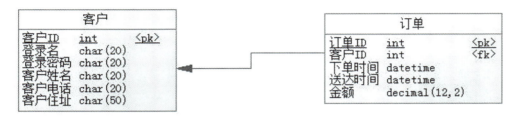

图 9.25　添加 1∶m 关联关系后的物理数据模型

（1）新增"订单"表和"商品"表，并添加这些表的属性。

（2）新增关联表"订单明细"，在该表中添加属性"商品数量"。

（3）"订单"表与"订单明细"表，以及"商品"表与"订单明细"表之间的关系均为 1∶n。

（4）分别选中"订单"表和"商品"表，绘制两条连接到 1 方即"订单明细"表的直线，此时将在"订单明细"表中生成两个外键，它们分别参照"订单"表和"商品"表。最终形成的 m∶n 关系的物理数据模型如图 9.26 所示。

图 9.26　添加 m∶n 关联关系后的物理数据模型

9.4.5　物理模型生成数据库

（1）配置所需 DBMS，此处选择 MySQL。操作步骤为：PowerDesigner→Database（数据库）→Change Current DBMS（改变当前 DBMS），选择 MySQL5.7。

（2）由物理模型生成数据库代码。操作步骤为：PowerDesigner→Database（数据库）→Generate Database（生成数据库），即生成 MySQL 数据库表结构的创建代码。

9.5 本章实践任务

9.5.1 实践练习一

1. 需求说明

"某大型团购网站"是一个向用户提供日常生活商品和消费服务的团购平台。系统满足以下需求。

(1) 系统支持生成商品的入库和出库。入库之后的商品可以在平台显示。

(2) 所有用户都可以浏览系统的商品信息,但只有注册用户才能订购团购商品和服务。

(3) 系统支持订单数据自动生成。

(4) 为方便用户检索所需的团购商品和服务信息,系统支持按商品和服务的类型、商家以及所在地区进行分类。

根据上述"某大型团购网站"系统的需求,绘制该系统的数据流程图。

2. 实现思路

"某大型团购网站"系统数据流程参考图见图9.27。

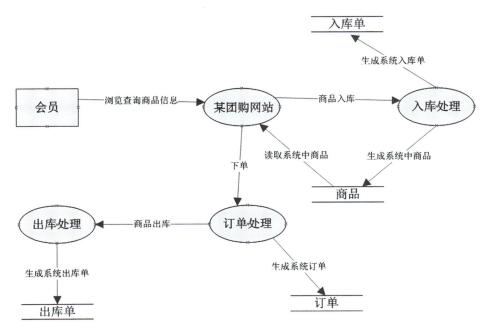

图 9.27 "某大型团购网站"系统数据流程参考图

9.5.2 实践练习二

1. 需求说明

现有学校图书管理信息系统的需求信息如下。

(1) 图书信息,包括书号、书名、作者、出版社、所属类别和单价。
(2) 出版社信息,包括社号、社名、电话和地址。
(3) 读者信息,包括借书证号、姓名、性别和所属院系。
(4) 一个出版社可以出版多种书籍,但每一本书只能由一个出版社出版,出版信息包括出版日期和责任编辑。
(5) 一个读者可以借阅多本图书,一本图书可以由多人借阅。借阅信息包括借阅日期、还书日期。

根据上述信息,要求完成以下任务。

(1) 确定实体及其包含属性,以及各实体的码。
(2) 确定各实体之间的联系,并设计学校图书管理信息系统 E-R 图。

2. 实现思路

(1) 本系统所包含的实体为图书、出版社和读者三个实体,它们分别如下:

图书(书号、书名、作者、出版社、所属类别和单价);
出版社(社号、社名、电话和地址);
读者(借书证号、姓名、性别和所属院系)。

(2) 出版社与图书两个实体之间为 $1:n$ 联系,联系名为出版,该联系含有出版日期和责任编辑两个属性。

(3) 读者与图书两个实体之间为 $m:n$ 联系,联系名为借阅,该联系含有借阅日期、还书日期 2 个属性。本系统的 E-R 图如图 9.28 所示。

9.5.3 实践练习三

1. 需求说明

(1) 每一个客户都拥有唯一的账号,且每一个账号也只能对应唯一的客户。定义满足上述需求的实体和实体间联系。

(2) 一个客户可以下多个订单,而一个订单仅能由一个客户下单,所以实体"客户"与"订单"具有一对多联系(1:n)。定义满足上述需求的实体和实体间联系,其中联系与 n 端合并。

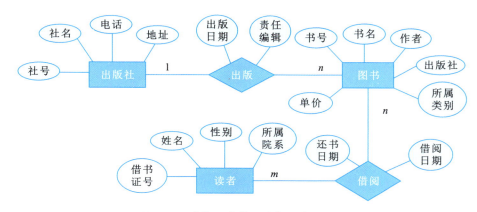

图 9.28　学校图书管理信息系统 E-R 图

（3）一个订单包含多个商品，并且一个商品可以在多个订单中出现，因而实体"订单"和"商品"之间的关系是一个典型的多对多联系（$m:n$）。定义满足上述需求的实体和实体间联系。

2. 实现思路

1）1:1 联系转换关系的做法

1:1 联系既可以转换为一个独立的关系模式，也可以与任意一端所对应的关系模式合并。

（1）联系单独作为一个关系模式。实体"客户""账号"和联系"拥有"的关系模式如下：

客户（身份证号、姓名、性别、手机号、邮箱）；

账号（账号、用户名、注册时间、账户等级）；

拥有（身份证号、账号、VIP 会员）。

其中联系"拥有"的主键既可以是"身份证号"，也可以是"社会保障号"（此处为"身份证号"）。

（2）联系与"职工"端合并。实体"职工""社保账号"的关系模式如下：

职工（身份证号、姓名、性别、部门、职位、入职时间、薪水、社会保障号）；

社保账号（社会保障号、缴费月数、养老保险余额、医保余额）。

（3）联系与"社保账号"端合并。实体"职工""社保账号"的关系模式如下：

职工（身份证号、姓名、性别、部门、职位、入职时间、薪水）；

社保账号（社会保障号、缴费月数、养老保险余额、医保余额、身份证号）。

2）1:n 联系转换关系的做法

联系与 n 端即"订单"合并，实体"客户"和"订单"的关系模式如下：

客户（客户 ID、登录名、登录密码、客户姓名、客户电话、客户住址）；

订单（订单 ID、送达时间、金额、客户 ID）。

其中实体"订单"中的属性"客户 ID"参照实体"客户"。

3）$m:n$ 联系转换关系的做法

由于订单与商品之间的联系反映的是客户所购商品的细节，类似于商场的购物小票，所以可以将该联系命名为"订单明细"。实体"订单"、"商品"和联系"订单明细"的关系模式如下：

订单（订单 ID、送达时间、金额）；

商品（商品 ID、商品标题、商品描述、原价、团购价）；

订单明细（订单 ID、商品 ID、商品数量）。

其中联系"订单明细"的主键由"订单 ID"和"商品 ID"组成，它们分别参照实体"订单"和"商品"。

9.5.4 实践练习四

1. 需求说明

"某旅游网"是一个为旅游服务公司定制的综合性旅游门户网站，其宗旨是要让国内的旅游爱好者享受方便、快捷和丰富的旅游信息服务。以下是该系统的具体需求。

（1）仅注册用户才能够在"某旅游网"订购旅游线路。

（2）"某旅游网"提供的旅游线路包含国内短线游、国内长线游和出境游。具体的旅游信息包括行程日期、行程天数、订购人数、旅游价格、折扣系数、出行交通工具以及食宿标准等。

（3）为提高客户订购集约度，扩大网站的知名度，以提高旅游服务公司的经济效益，系统鼓励客户组团成行，规定订单安排多人出游时，将享受订单总金额折扣。具体规则如下：一人次不享受折扣，两人次享受九八折，三人次享受九六折，四人次以上（含）享受九四折。

根据以上需求，设计出该系统的关系模式，并使用 PowerDesigner 分别创建系统的概念模型和物理模型。

2. 实现思路

（1）依据需求说明进行需求分析，抽象出实体：客户、线路类型、线路和订单。

（2）绘制 E-R 图。

（3）确定实体之间的联系。由于每个客户可以订购多次，所以下单的"客户"与"订单"的联系是 $1:m$。

（4）由于每个订单可以安排多个客户出游，因而出游的"客户"与"订单"的联系是 $m:n$，该联系命名为"订单客户详细"。

（5）每个订单可以包含多条线路，且每条线路可以被多个客户订购，即每条线路可以出现在多个订单中，所以"订单"与"线路"的联系是 $m:n$，该联系命名为"订单线路详细"。该联系有属性"出行日期"。

(6) 每个线路类型有多个不同的线路，所以"线路类型"与"线路"的联系是 $1:m$。

(7) 依据 E-R 图以及实体间的联系，生成关系模型。

(8) 最终生成的关系模式如下：

① 客户（客户编号、姓名、性别、身份证号、电话）；

② 订单（订单编号、下单客户编号、下单日期、订单金额、订购人次、折扣系数、实际订单金额）；

③ 订单客户详细（出游客户编号、订单编号）；

④ 线路类型（线路类型编号、类型名）；

⑤ 线路（线路编号、线路类型编号、线路名、行程天数、价格、交通工具、宾馆标准、是否含餐）；

⑥ 订单线路详细（订单编号、线路编号、出行日期）。

其中，"订单客户详细"的主键为"订单编号"和"客户编号"，它们分别参照"订单"表和"客户"表；"订单线路详细"的主键为"订单编号"和"线路编号"，它们分别参照"订单"表和"线路"表。

"某旅游网"概念数据模型和物理数据模型分别如图 9.29 和图 9.30 所示。

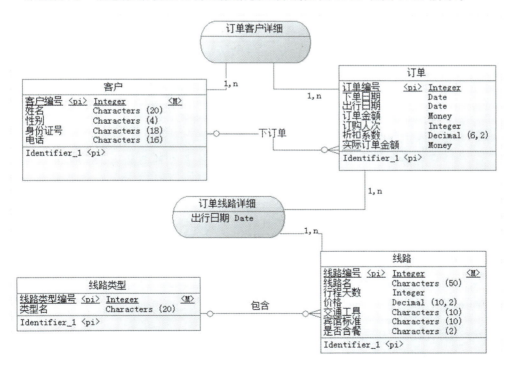

图 9.29 "某旅游网"概念数据模型

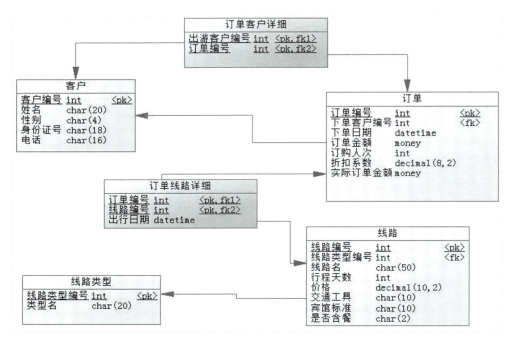

图 9.30 "某旅游网"物理数据模型

本章总结

● **1. 数据需求分析的常见步骤是什么**

（1）调查组织机构情况。包括了解该组织的部门组成情况、各部门的职能等，为分析信息流程做准备。

（2）调查各部门的业务活动情况。包括了解各个部门输入和使用什么数据，如何加工、处理这些数据，输出什么信息，输出到什么部门，输出结果的格式是什么。

（3）协助用户明确对应用系统的各种要求。包括信息要求、处理要求、完全性与完整性要求等。

（4）确定应用系统的边界。包括确定哪些功能由计算机完成或将来准备由计算机完成，哪些活动由人工完成。由计算机完成的功能就是应用系统必须实现的功能。

● **2. 现实世界、信息世界和机器世界这三种世界如何进行转换？它们之间的转换分别对应数据库设计过程中的哪些阶段**

以上三个世界间的两种转换过程分别对应数据库设计中的两个设计阶段。从现实世界抽象到信息世界的过程是概念结构设计阶段；从信息世界抽象到机器世界的过程是数据库逻辑结构设计阶段，该阶段的任务是把概念结构设计阶段设计好的概念模型，转换为与选用的 DBMS 所支持的数据模型相符合的逻辑结构。

- **3. 在逻辑结构设计过程中一对多联系转换成关系的规则是什么**

一对多联系可以转换为一个独立的关系模式，也可以与多端实体所对应的关系模式合并。如果转换为一个独立的关系模式，则与该联系相连的各实体的主键以及联系本身的属性转换为关系的属性，其中多端实体的主键为该关系的主键。如果与多端实体所对应的关系模式合并，则应该在多端实体所对应的关系模式中添加一端实体的主键作为外键。一般情况下，一对多联系不转换为一个独立的关系模式，而是与多端实体所对应的关系模式合并。

- **4. 使用 PowerDesigner 如何绘制多对多关系**

（1）分别创建多对多的两个实体，并点击工具栏的联系按钮创建一个联系。

（2）分别选中一方实体，并点击联系连接按钮，绘制一条指向多方的直线，则分别建立起该实体与联系之间的联系。

（3）给联系取名，并在该联系上添加该联系的自带属性。

本章拓展知识

- **1. 数据库物理设计**

数据库在物理设备上的存储结构与存储方法称为数据库的物理结构，它与给定计算机系统相关。数据库物理设计，就是为一个给定的逻辑数据模型选取一个最适合应用要求的物理结构的过程。此阶段是以逻辑结构设计阶段的结果为依据，结合具体的数据库管理系统特点与存储设备特性进行设计，确定数据库在物理设备上的存储结构和存取方法。该阶段分以下两步来进行。

（1）首先确定数据库的物理结构，在关系数据库中主要指的是存储结构与存取方法。

（2）从时间效率和空间效率两个方面来对数据库的物理结构进行评价。

如果评价结果满足原设计要求，就能进入数据库实施阶段，否则要修改，甚至重新设计物理结构，如果还不能满足要求甚至要回到逻辑结构设计阶段修改数据模型。

（3）数据库设计是一个精益求精、反复打磨、全面设计的过程，需要设计者具有丰富的知识和娴熟的技能，这也是学习者应该具备的专业技能。

● 2. 数据库运行与维护

数据库应用系统经过试运行后，即可投入正式运行，在数据库系统运行过程中必须不断对其进行评价、调整和修改。在该阶段，对数据库的经常性维护工作是由 DBA 完成的，主要包括以下几点。

（1）数据库的转储和恢复，它是系统正式运行后较重要的维护工作之一。DBA 要针对不同的应用要求制订不同的转储计划，以保证突发故障时能尽快将数据库恢复到某种一致的状态，并将对数据库的破坏降到最低。

（2）数据库的安全性、完整性控制。数据库在运行过程中，安全性要求也会发生变化，此时 DBA 要根据实际情况修改原有的安全性控制。同样，数据库的完整性约束条件也会发生变化，也需要 DBA 及时修改，以满足用户要求。

（3）数据库性能的监督、分析和改造。运行过程中，监督系统运行，对监测数据进行分析，找出改进系统性能的方法是 DBA 的又一重要任务。DBA 对这些数据认真分析，判断当前系统运行状况是否需要改进以达到最佳状态。

（4）数据库的重组织和重构造。数据库运行一段时间后，不断的增、删、改操作，会导致数据库的物理存储情况变坏，数据的存取效率降低，数据库的性能下降，这时 DBA 就需要对数据库进行部分重组织（只针对频繁改动的表进行）。重组织，就是按原设计要求重新安排存储位置、回收垃圾、减少指针链等，使系统性能得以提高。数据库的重组织并不修改原设计的逻辑和物理结构，但数据库的重构造需要部分修改数据库的外模式和内模式。

数据库应用系统的设计过程就是以上步骤的不断反复过程。

第 10 章
MySQL 数据库编程

本章简介

在之前的课程中，我们已经学习了使用 SQL 语句管理和操作监所数据库数据，但当面对一些较为复杂的数据应用时，仅使用这些知识可能无法满足需求。例如，某监狱根据罪犯不同的罪名或刑罚时长，确定罪犯的监区或牢房。

几乎所有的数据库管理系统都提供了"程序设计结构"，这些"程序设计结构"在 SQL 标准的基础上进行了扩展，可以实现一些比较复杂的业务需求。

本章将主要讲解 MySQL 编程要素，包括变量、运算符、表达式和流程控制语句，以及使用这些要素创建存储过程、执行存储过程，以及利用游标对存储过程所生成的结果集中的数据进行扫描，并对这些结果集中的每条记录进行简单处理。通过这些编程要素，数据库开发人员可以将功能复杂、使用频繁的 MySQL 代码封装成 MySQL 存储过程，从而提高 MySQL 代码的重用性。

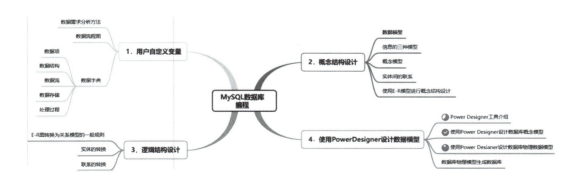

学习目标

1. 掌握用户自定义变量
2. 掌握存储过程的创建和调用

3. 掌握条件控制语句

4. 了解游标的声明和使用

课前预习

1. 单词掌握

declare：声明、定义

local：局部

variable：变量

delimiter：分隔符

procedure：过程

cursor：光标、游标

2. 定义用户会话变量的方式有＿＿＿＿＿与＿＿＿＿＿，定义局部变量的方式为＿＿＿＿＿。

3. 条件控制语句的循环结包括＿＿＿＿＿、＿＿＿＿＿以及＿＿＿＿＿等。

4. 存储过程的参数包括＿＿＿＿、＿＿＿＿、＿＿＿＿，默认为＿＿＿＿。

5. 执行存储过程的命令为＿＿＿＿＿。

6. 使用游标的步骤为＿＿＿＿、＿＿＿＿、＿＿＿＿、＿＿＿＿。

10.1 用户自定义变量

用户自定义变量用于存储 MySQL 存储程序运行期间所产生的临时变量，它分为用户会话变量和局部变量。

10.1.1 用户会话变量

用户会话变量是在每次 MySQL 客户与 MySQL 服务器建立一个新的连接后，由 MySQL 客户进行定义的一种变量，该变量与"当前会话"有密切关系。简而言之，如果 MySQL 客户机 1 定义了一个会话变量，在会话期间，该会话变量一直有效；此时 MySQL 客户机 2 不能访问 MySQL 客户机 1 所定义的那个会话变量。MySQL 客户机 1 关闭或 MySQL 客户机 1 与服务器断开连接后，MySQL 客户机 1 定义的所有会话变量将自动释放，以便节省 MySQL 服务器的内存空间，如图 10.1 所示。

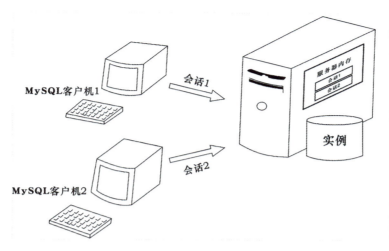

图 10.1　MySQL 用户会话变量的使用

MySQL 用户会话变量以一个"@"开头，并且大小写不敏感。一般情况下，用户会话变量的定义和赋值会同时进行。使用 set 命令和 select 语句，可以对用户会话变量进行定义和赋值。

1. 使用 set 命令定义用户会话变量

使用 set 命令定义用户会话变量的语法格式如下：

```
set @user_variable1= expression1[,@ uservariable2= expression2,…]
```

说明

（1）uservariable1、uservariable2 为用户会话变量名；expression1、expression2 可以是常量、变量和表达式。

（2）set 命令可以同时定义多个变量，中间用逗号隔开即可。

使用 set 命令创建 MySQL 用户会话变量@username 以及@age，并为其赋值，然后使用 select 语句输出上述变量的值，代码见示例 10.1。

示例 10.1

```
set @user name= '张三';
set @age= 18;
select @username,@age;
```

```
set @age= @age+ 1;
select @username,@age;
```

执行结果如图 10.2 所示。

图 10.2 使用 set 命令定义用户会话变量

2. 使用 select 语句定义用户会话变量

使用 select 命令定义用户会话变量的语法格式如下：

第一种：

"select @uservariable1：= expression1 [，@uservariable2：= expression2，…]"。

第二种：

"select expression1 into @uservariable1，expression2 into @uservariable2，…"

使用 select 命令创建 MySQL 用户会话变量@username，并为其赋值，然后使用 select 语句输出该变量的值，代码见示例 10.2。

示例 10.2

```
select @username:= 'zhangsan';
select @username;
select 'zhangsan' into @username;
select @username;
```

执行结果如图10.3所示。

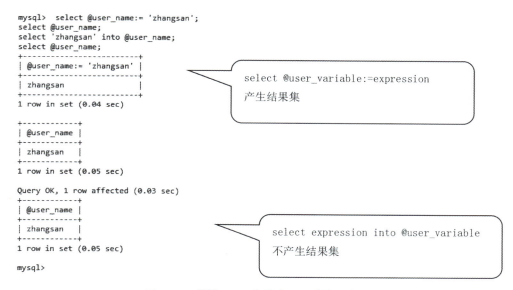

图10.3 使用select命令定义用户会话变量

> **注意**

第一种语法格式与第二种语法格式的区别在于：第一种语法格式中的select语句会产生结果集，第二种语法格式中的select语句仅用于会话变量的定义及赋值，但不会产生结果集。

10.1.2 用户会话变量赋值

检索数据时，如果select语句的结果集是单个值，可以将select语句的返回结果赋予用户会话变量。例如，可以将罪犯数量、罪犯平均年龄等赋予用户会话变量。

统计"criminal_info"罪犯总数，并将该数量赋给用户会话变量@criminalNum，并输出该变量值，详见示例10.3。

示例10.3

（1）方法1：set＋子查询。代码如下：

```
set @criminalNum=（select count(*)from criminal_info）
select @criminalNum
```

(2) 方法 2：select＋子查询。代码如下：

```
select @criminalNum:=(select count(*)from criminal_info)
```

(3) 方法 3：去掉子查询的简化形式。代码如下：

```
select @criminalNum:= count(*)from criminal_info(简化形式 1)
select count(*)into @criminalNum from criminal_info(简化形式 2)
select count(*)from criminal_info into @criminalNum(简化形式 3)
```

经验

在工程实践中，方法 3 最为常见。

10.1.3　重置命令结束标记

begin-end 语句块中通常存在多条 MySQL 表达式，每条 MySQL 表达式都使用";"作为结束标记。在 MySQL 客户机上输入 MySQL 命令或 SQL 语句时，默认情况下MySQL 客户机也是使用";"作为 MySQL 命令的结束标记。由于 begin-end 语句块中的多条 MySQL 表达式密不可分，为了避免这些 MySQL 表达式被拆开，需要重置MySQL 客户机的命令结束标记，亦称命令分隔符（delimiter）。

以下通过重置命令结束标记，显示罪犯信息中的姓名、性别、年龄，同时性别为男，详见示例 10.4。

示例 10.4

解决方案：

打开 MySQL 客户机，并在 MySQL 客户机上依次输入以下命令。第一条命令将当前 MySQL 客户机的命令结束标记"临时地"设置为"＄＄"；第二条命令在 select 语句中使用"＄＄"作为 SQL 语句的结束标记；第三条命令将当前 MySQL 客户机的命令结束标记恢复"原状"；第四条命令为恢复"原状"后的 select 语句重新使用";"作为结束标记。代码如下：

```
delimiter $$
select criminal_name,gender,age from criminal_info where gender =
'男' $$
```

```
delimiter ;
select criminal_name,gender,age from criminal_info where gender = '男';
```

执行结果如图 10.4 所示。

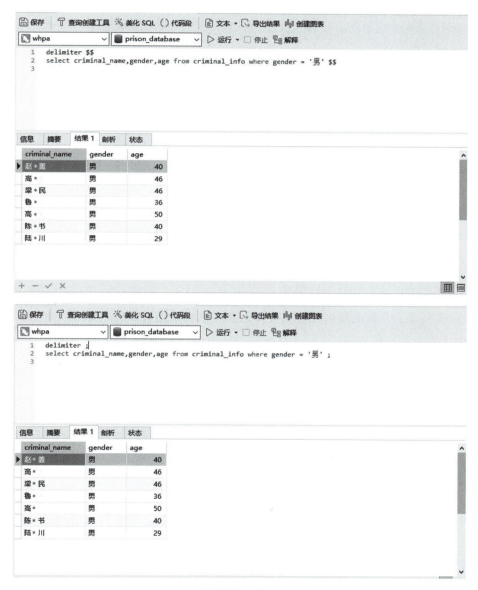

图 10.4　重置命令结束标记示例程序

10.2 存储过程

10.2.1 局部变量

局部变量必须定义在存储程序，如函数、存储过程、触发器以及事件中，且局部变量的作用范围仅局限于存储程序中。如果脱离存储程序，局部变量将没有丝毫意义。定义局部变量的语句如下：

```
declare 局部变量 数据类型;
例如,declare @avgage decimal(4,2);
declare address varchar(20);
```

局部变量主要应用于以下三种场合。

1. 场合 1

局部变量定义在存储程序的 begin-end 语句块中。此时，局部变量必须先进行 declare 命令定义，并且必须指定数据类型。只有定义局部变量后，才可以使用 set 命令或 select 语句为其赋值。

2. 场合 2

局部变量作为存储过程或函数的参数使用，此时虽然不需要使用 declare 命令定义，但需要指定参数的数据类型。

3. 场合 3

局部变量也可以用于存储程序的 SQL 语句中。数据检索时，如果 select 语句的结果集是单个值，则可以将 select 语句的返回结果赋予局部变量。局部变量也可以直接嵌入到 select、insert、update 以及 delete 语句的表达式中。

10.2.2 存储过程介绍

1. 存储过程定义和特点

SQL 语句的执行过程遵循"先编译再执行"，而存储过程完美地体现了这条原则。

存储过程是一组为了完成特定功能的 SQL 语句集，经编译后存储在数据库中，用户通过指定存储过程的名字并给定参数（如果该存储过程带有参数）来调用执行它。

一个存储过程其实就是一个可编程的函数（函数有返回值，存储过程没有返回值），它在数据库中创建并保存，并由 SQL 语句和一些特殊的控制结构所组成。当希望在不同的应用程序或平台上执行相同的功能，或者封装特定的功能时，使用存储过程是非常实用的解决之道。

2. 存储过程优点

存储过程的优点主要包括以下几个方面。

（1）存储过程增强了 SQL 语言的功能和灵活性，它可以用流控制语句编写，有很强的灵活性，可以完成复杂的判断和较复杂的运算。

（2）存储过程被创建后，可以在程序中被多次调用，而不必重新编写该存储过程的 SQL 语句。数据库专业人员可以随时对存储过程进行修改，而对应用程序源代码毫无影响。

（3）存储过程能实现较快的执行速度。如果某一操作包含大量的 SQL 代码或分别被多次执行，那么存储过程要比批处理的执行速度快很多，因为存储过程是预编译的。

（4）存储过程能减少网络流量。针对同一个数据库对象的操作（如查询、修改），如果这一操作所涉及的 SQL 语句被组织成存储过程，那么当在客户计算机上调用该存储过程时，网络中传送的只是该存储过程的调用语句，而不是大量的 SQL 语句，从而大大减少了网络流量，降低了网络负载。

（5）存储过程还可被作为一种安全机制来充分利用。系统管理员通过执行某一存储过程的权限限制逻辑，能够实现对相应数据的访问权限的控制，从而避免了非授权用户对数据的访问，保证了数据的安全。

10.2.3 创建和执行存储过程语法

创建存储过程时，数据库开发人员需提供存储过程名、存储过程的参数以及存储过程语句块（一系列 SQL 语句）等信息。创建存储过程的语法格式如下：

```
create procedure 存储过程名字(
[in|out|inout] 参数1 数据类型1,
[in|out|inout] 参数2 数据类型2,
…
)
[no sql | reads sql data | modifies sql data]
```

```
begin
     存储过程语句块;
end;
```

语法说明如下。
(1) 存储过程的参数是局部变量。
(2) in 代表输入参数（默认为 in 参数），表示该参数的值必须由调用程序指定。
(3) out 代表输出参数，表示经过存储过程的计算后，将 out 参数的计算结果返回给调用程序。
(4) inout 代表既是输入参数又是输出参数，表示该参数的值既可以由调用程序指定，又可以将该参数的计算结果返回给调用程序。

执行存储过程的语法格式如下：

```
call 存储过程名(参数列表);
```

如果存储过程有参数，则需向存储过程传递 in 参数、out 参数或 inout 参数。

10.2.4 不带参数存储过程

创建一个名为 proc_product_info 的存储过程，其将获取所有罪犯的编号、姓名、性别、年龄、教育背景并按照罪犯编号升序显示。创建存储过程的代码见示例 10.5。

示例 10.5

```
delimiter $$
create procedure proc_product_info()
begin
select criminal_code,criminal_name,gender,age,di.value education
from criminal_info ci,dictionary di where ci.education_degree = di.id
order by criminal_code;
end
$$
delimiter ;
```

在 Navicat For MySQL 中单击"工具"→"命令行界面",出现 MySQL 命令行界面,在该界面输入上述存储过程的创建代码,按回车键即可成功创建存储过程 proc_product_info,如图 10.5 所示。

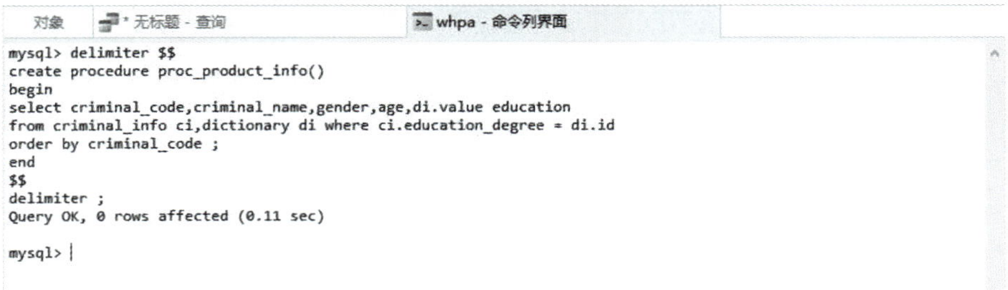

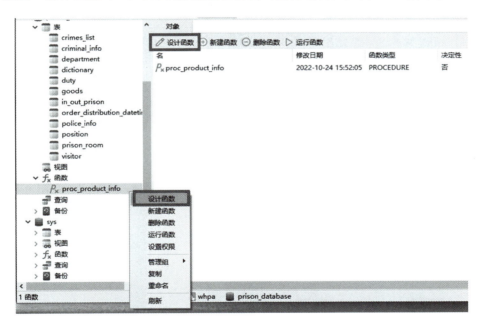

图 10.5　成功创建存储过程 proc_product_info

在 Navicat For MySQL 中的"函数"处可见 proc_product_info,表明 proc_product_info 已创建成功。单击需要操作的存储过程,如 proc_product_info,右键单击,点击"设计函数",即可对该存储过程的代码进行编辑,如图 10.6 所示。

图 10.6　编辑存储过程 proc_product_info

运行存储过程的两种方式如下。

(1) 在存储过程的编辑窗口,点击"运行",运行结果如图 10.7 所示。

(2) 在 MySQL 命令行输入"call 存储过程名",本例即为"call proc_product_info;",运行结果如图 10.8 所示。

创建一个名为 proc_marital_status 的存储过程,其将获取罪犯的编号、姓名、年龄、婚姻状态。创建存储过程的代码见示例 10.6。

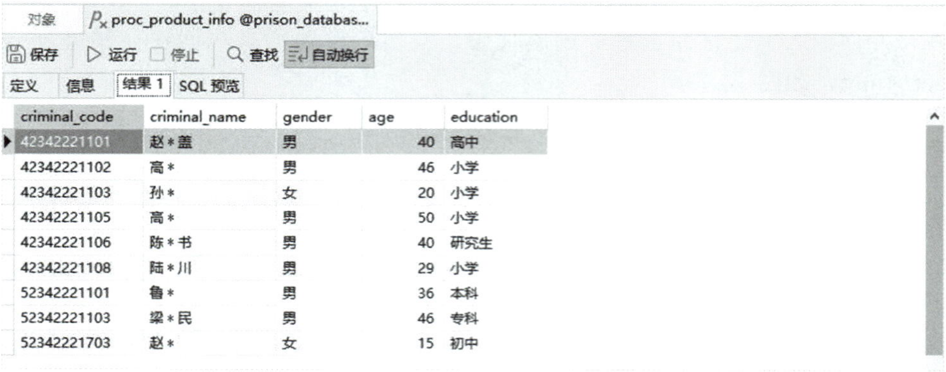

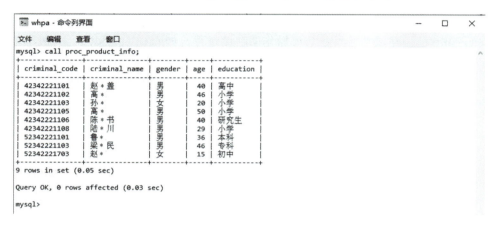

图 10.7　存储过程 proc＿product＿info 运行结果（一）

图 10.8　存储过程 proc＿product＿info 运行结果（二）

示例 10.6

```
delimiter $$
create procedure proc_marital_status()
begin
select criminal_code,criminal_name,gender,age,di.value marital
from criminal_info ci,dictionary di where ci.marital_status = di.id;
end
$$
delimiter ;
```

存储过程 proc＿marital＿status 的运行结果如图 10.9 所示。

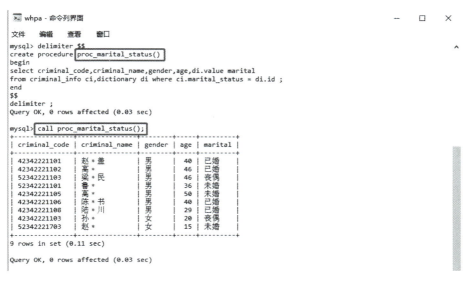

图 10.9 proc_marital_status 运行结果

10.2.5 带输入参数存储过程

创建一个名为 proc_show_info 的存储过程，其将获取罪犯的姓名、教育背景、婚姻状态信息，详见示例 10.7。

示例 10.7

解析：

"获取罪犯的姓名、教育背景、婚姻状态信息"，意为将要创建的存储过程需要一个输入参数，用于接收罪犯信息（本题为罪犯姓名）。

创建存储过程的代码如下：

```
delimiter $$
create procedure proc_show_info(
in criminal_name varchar(32))
begin
select criminal_name,di1.value education,di2.value marital
from criminal_info ci
inner join dictionary di1 on ci.education_degree = di1.id
inner join dictionary di2 on ci.marital_status = di2.id
where criminal_name = criminal_name;
```

```
        end
        $$
        delimiter ;
```

存储过程 proc_show_info 成功创建后，要求执行该存储过程，用于获取姓名为"陈＊书"的信息。执行存储过程 proc_show_info 的 SQL 命令语句如下：

```
        set @criminal_name= '陈＊书';
        call proc_show_info(@criminal_name);
```

执行结果如图 10.10 所示。

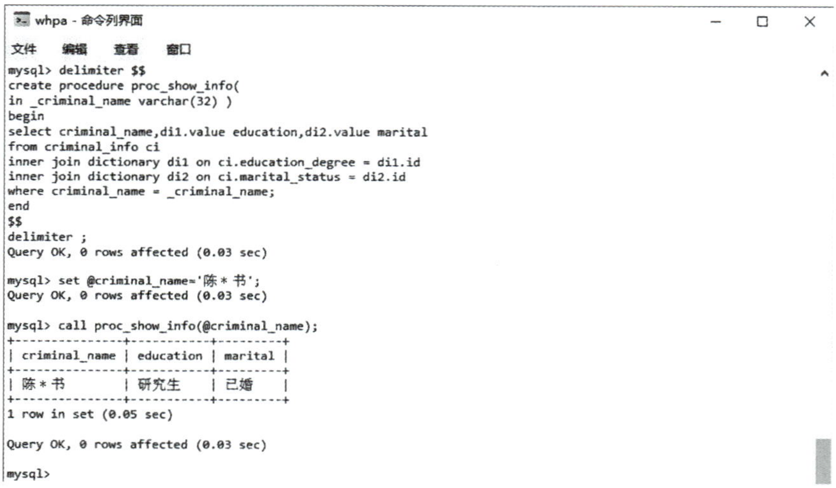

图 10.10　带输入参数存储过程的运行结果

注意

执行带参数的存储过程时，传入值的类型、个数和顺序都需要与存储过程中定义的参数逐一对应。

10.2.6　带输出参数存储过程

如果需要存储过程返回一个或多个值，则可通过使用输出参数来实现。输出参数必须在创建存储过程时，使用 out 关键字进行声明。

创建一个名为 proc_show_max_age 的存储过程，其将获取指定性别年龄最大的罪犯信息，详见示例 10.8。

第10章　MySQL数据库编程

示例 10.8

解析：

"获取指定性别年龄最大的罪犯信息"，表明存储过程中需定义两个参数，一个为输入参数，用于接收指定性别（本题为男）；另一个为输出参数，用于输出指定性别年龄最大的罪犯信息。

创建存储过程的代码如下：

```
delimiter $$
create procedure proc_show_max_age(
in _criminal_gender varchar(32),
out _max_age int)
begin
select max(age)into _max_age from criminal_info ci
where gender= _criminal_gender;
end
$$
delimiter ;
```

存储过程 proc_show_max_age 成功创建后，执行该存储过程，用于获取男性年龄最大的值。执行存储过程 proc_show_max_age 的 SQL 命令语句如下：

```
set @criminal_gender='男';
call proc_show_max_age(@criminal_gender,@maxage);
select concat(@criminal_gender,'性别年龄最大的是',@max_age,'岁');
```

执行结果如图 10.11 所示。

图 10.11　带输出参数存储过程的运行结果

279

备注：
图 10.11 所示是在查询编辑器上运行存储过程。

10.3 条件控制语句

MySQL 提供了简单的流程控制语句，其中包括条件控制语句以及循环语句。这些流程控制语句通常放在 begin-end 语句块中使用。条件控制语句分为两种：一种是 if 语句；另一种是 case 语句。

10.3.1 if 语句

if 语句根据条件表达式的值确定执行不同的语句块，语法格式如下：

```
if 条件表达式 1 then 语句块 1;
[elseif 条件表达式 2 then 语句块 2]…
[else 语句块 n]
end if;
```

创建一个名为 proc_age_category 的存储过程，其将获取刑事责任年龄，并依据年龄的不同范围显示相关信息。具体要求如下。
(1) 年龄已满 16 周岁，则显示"完全负刑事责任年龄"。
(2) 年龄已满 12 周岁，不满 16 周岁，则显示"相对负刑事责任年龄"。
(3) 其他年龄，则显示"完全不负刑事责任年龄"。
创建存储过程的代码见示例 10.9。

示例 10.9

```
delimiter $$
create procedure proc_age_category(
    out _age int(11),
    out _message varchar(20) )
begin
    select max(age) into _age from criminal_info;
    if _age> = 16 then
```

```
            set _message='完全负刑事责任年龄';
        elseif _age> = 12 and _age< 16 then
            set _message='相对负刑事责任年龄';
        else
            set _message='完全不负刑事责任年龄';
        end if;
    end
    $$
    delimiter ;
```

存储过程 proc_proc_age_category 成功创建后，执行该存储过程，查找年龄最大的罪犯，并显示相关消息。执行存储过程 proc_age_category 的 SQL 命令语句如下：

```
call proc_age_category(@max_age,@age_category);
select concat('最大年龄为',@max_age,'岁,属于',@age_category);
```

执行结果如图 10.12 所示。

图 10.12　带输出参数和 if 结构存储过程的运行结果

10.3.2 case 语句

case 语句用于实现比 if 语句分支更为复杂的条件判断,语法格式如下:

```
case
when【表达式 1】then 语句块 1
when【表达式 2】then 语句块 2
…
else 语句块 n
end;
```

重建示例 10.9,创建一个名为 proc_show_age_category 的存储过程,其将获取年龄,并依据年龄的不同范围显示相关信息。具体要求如下。
(1) 年龄已满 16 周岁,则显示"完全负刑事责任年龄"。
(2) 年龄已满 12 周岁,不满 16 周岁,则显示"相对负刑事责任年龄"。
(3) 其他年龄,则显示"完全不负刑事责任年龄"。
解析:这种具有多种分支逻辑的复杂条件判断,可以采用 case…when 结构实现。
实现上述需求的 SQL 语句见示例 10.10。

示例 10.10

```
delimiter $$
create procedure proc_show_age_category()
begin
select age,
case
  when age> = 16 then '完全负刑事责任年龄'
  when age> = 12 and age< 16 then '相对负刑事责任年龄'
  else '完全不负刑事责任年龄'
end '年龄类型'
from criminal_info;
end
$$
delimiter ;
```

执行结果如图 10.13 所示。

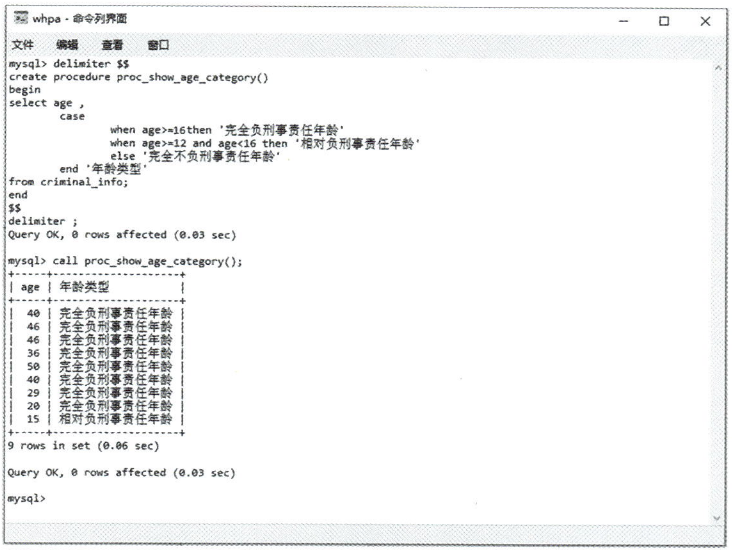

图 10.13　带输出参数和 case…when 结构存储过程的运行结果

10.3.3　while 语句

当条件表达式的值为 true 时，反复执行循环体，直到条件表达式的值为 false。while 语句的语法格式如下：

> [循环标签:]while 条件表达式 do
> 循环体;
> end while[循环标签];

程序片段实现从 1 到 50 的累加，代码如下：

```
delimiter $$
CREATE PROCEDURE sum_1_50()
BEGIN
declare total int default 0;
declare num int default 0;
while num< = 50 do
  set total= total +  num;
set num= num+ 1;
end while;
select total;
END $$
delimiter ;
```

10.3.4 leave 语句

leave 语句用于跳出当前的循环语句，如 while 语句，它的作用等同于高级编程语言中的 break 语句。leave 语句的语法格式如下：

```
leave 循环标签；
```

以下程序片段将采用 while+leave 实现从 1 到 50 的累加，代码如下：

```
delimiter $$
CREATE PROCEDURE sum_1_50_leave()
BEGIN
declare total int default 0;
declare num int default 0;
    add_num: while true do
       if(num> 50) then
          leave add_num;
       end if;
       set total= total+ num;
set num= num+ 1;
       end while add_num;
select total;
END $$
delimiter ;
```

10.3.5 iterate 语句

iterate 语句用于跳出本次循环，进而进行下次循环，它的作用等同于高级编程语言中的 continue 语句。iterate 语句的语法格式如下：

```
iterate 循环标签；
```

以下程序片段将采用 while+leave+iterate，实现从 1 到 50 之间的偶数累加，代码如下：

```
delimiter $$
CREATE PROCEDURE sum_1_50_iterate()
BEGIN
declare sum int default 0;
declare num int default 0;
        add_num: while true do
          if(num% 2= 0) then
            set sum= sum+ num;
            set num= num+ 1;
          else
            set num= num+ 1;
            iterate add_num;
          end if;
          -- 判断结束循环的时刻
          if(num> 50) then
            leave add_num;
          end if;
        end while add_num;
select sum;
END $$
delimiter ;
```

10.4 游标

10.4.1 游标介绍

　　数据库开发人员在编写存储程序时，有时需要使用存储程序中的 SQL 代码扫描 select 结果集中的数据，并要求对该结果集中的每条记录进行一些简单的处理。此类问题完全可以通过数据库的游标机制加以解决。

　　游标本质上是一种能从 select 结果集中每次提取一条记录的机制，因此游标与 select 语句息息相关。现实生活中，在电话簿中寻找某个人的电话号码时，可能会用"手"每条逐行扫过，以帮助我们找到所需的号码。此情形与游标的模型非常类似，即"电话簿"如同查询结果集，"手"类似于游标。

10.4.2　MySQL 中使用游标的步骤

游标的使用可以概括为声明游标、打开游标、从游标中提取数据和关闭游标四个步骤。

1. 声明游标

声明游标需要使用 declare 语句，其语法格式如下：

```
declare 游标名 cursor for select 语句;
```

使用 declare 语句声明游标后，此时与该游标对应的 select 语句并没有执行，MySQL 服务器内存中并不存在与 select 语句相对应的结果集。

2. 打开游标

打开游标需要使用 open 语句，其语法格式如下：

```
open 游标名;
```

使用 open 语句打开游标后，与游标对应的 select 语句将被执行，MySQL 服务器内存中将存放与 select 语句对应的结果集。

3. 从游标中提取数据

从游标中提取数据需要使用 fetch 语句，其语法格式如下：

```
fetch 游标名 into 变量名 1,变量名 2,…;
```

fetch 语句的语法说明如下。

（1）变量名的个数和类型，必须与声明游标时使用的 select 语句结果集中的字段个数和类型保持一致。

（2）第一次执行 fetch 语句时，将从结果集中提取第一条记录，再次执行 fetch 语句时，将从结果集中提取第二条记录……以此类推，fetch 语句每次从结果集中仅仅提取一条记录，因此 fetch 语句需要循环语句的配合才能实现整个结果集的遍历。

（3）当使用 fetch 语句从游标中提取最后一条记录后，再次执行 fetch 语句时，将产生"error 1329（0200）：no data to fetch"错误信息。数据库开发人员可以针对 MySQL 错误代码 1329 自定义错误处理程序，以便结束结果集的遍历。

4. 关闭游标

关闭游标需要使用 close 语句，其语法格式如下：

```
close 游标名；
```

关闭游标的作用在于释放游标打开时产生的结果集，从而节省 MySQL 服务器的内存空间。游标如果没有被显示关闭，那么它将在被打开的 begin-end 语句块的末尾处关闭。

10.4.3 游标使用

在"监所网络数据库"中，获取所有罪犯的姓名、年龄和罪犯编号的游标，详见示例 10.11。

示例 10.11

（1）查询所有罪犯的姓名、年龄和罪犯编号。代码如下：

```
SELECT criminal_name,age,criminal_code FROM criminal_info;
```

（2）编写存储过程，在其中生成获取所有罪犯的姓名、年龄和罪犯编号的游标。完整 SQL 代码如下：

```
delimiter $$
CREATE PROCEDURE show_name_age()
BEGIN

DECLARE cname varchar(32);
DECLARE cage int;
DECLARE ccode VARCHAR(16);
DECLARE done INT DEFAULT FALSE;

DECLARE show_info CURSOR FOR SELECT criminal_name,age,criminal_code FROM criminal_info WHERE age > 40;
```

```
        DECLARE CONTINUE HANDLER FOR 1329 SET done =  TRUE;

        OPEN show_info;

        read_loop:WHILE NOT done DO
          FETCH show_info INTO cname,cage,ccode;
            IF done THEN
               LEAVE read_loop;
            END IF;
          SELECT CONCAT(cname,'的年龄是',cage,'岁,罪犯编号是:',ccode);
        END WHILE;
        CLOSE show_info;
        END $$
        delimiter ;
```

(3) 执行存储过程。

```
        CALL show_name_age();
```

10.5 本章实践任务

10.5.1 实践练习一

1. 需求说明

（1）统计"criminal_info"罪犯平均年龄，并采用尽可能多的方式将平均年龄赋给用户会话变量@avgage，并输出该变量。

（2）在 MySQL 客户端重置命令行结束符为"＄＄"，并依次定义一个变量@avgage 为 decimal（4，2），然后将平均年龄赋给变量@avgagenew，并输出该变量，最后将命令行结束符恢复为";"。

2. 实现思路

1）需求说明 1 解决思路

（1）获取"criminal_info"罪犯平均年龄的 SQL 语句如下：

```
select avg(age)from criminal_info
```

（2）将以上平均年龄赋给用户会话变量@avgage 的 SQL 语句如下：
① 方法1：set＋子查询。代码如下：

```
set @avgage=(select avg(age)from criminal_info);
```

② 方法2：select＋子查询。代码如下：

```
select @avgage:=(select avg(age)from criminal_info);
```

③ 方法3：去掉子查询的简化形式。代码如下：

```
select @avgage:= avg(age)from criminal_info(简化形式1);
select avg(age)into @avgage from criminal_info(简化形式2);
select avg(age)from criminal_info into @avgage(简化形式3);
```

经验

通常情况下，方法3最为常见。

（3）使用select语句输出变量@avgage。代码如下：

```
select @avgage
```

2) 实现需求2解决思路
实现需求2的代码如下：

```
delimiter $$
declare @avg_age decimal(4,2);
select avg(age) from criminal_info into @avg_age;
select @avg_age;
$$
delimiter ;
```

10.5.2 实践练习二

1. 需求说明

（1）创建存储过程，用于获取 goods 表中指定编号的名称、分类、价格。

（2）创建存储过程，用于获取 police_info 表中指定编号的警察部门名称。

2. 实现思路

1）需求说明（1）解决思路

存储过程 proc_goods 仅含有一个输入参数，用于接收 goods 编号。存储过程代码如下：

```
delimiter $$
create procedure proc_goods(
in goods_code varchar(32))
begin
select goods_name,category,unit_price from goods
where goods_code = goods_code;
end
$$
delimiter ;
```

以下批处理，用于执行存储过程 proc_goods，显示编号"21115"的详细信息。

```
call proc_goods('21115');
```

执行结果如图 10.14 所示。

```
mysql> call proc_goods('21115');
+-------------------+----------+------------+
| goods_name        | category | unit_price |
+-------------------+----------+------------+
| 北京方便面（50g） | 休闲食品 | 1.45       |
+-------------------+----------+------------+
1 row in set (19.37 sec)

Query OK, 0 rows affected (19.32 sec)
```

图 10.14　显示的详细信息

2）需求说明（2）解决思路

存储过程 proc _ police _ department 含有两个参数：一个是输入参数，用于接收警察编号；另一个是输出参数，用于输出指定编号警察的部门名称。存储过程的代码如下：

```
delimiter $$
create procedure proc_police_department(
in police_id int,
out department varchar(32))
begin
select department_name into department from department
where id =  police_id;
end
$$
delimiter ;
```

以下批处理，用于执行存储过程 proc _ police _ department，显示编号为 1 的警察所在部门名称：

```
call proc_police_department(1,@department_name);
select @department_name;
```

执行结果如图 10.15 所示。

```
mysql> call proc_police_department(1,@department_name);
Query OK, 1 row affected (0.02 sec)

mysql> select @department_name;
+------------------+
| @department_name |
+------------------+
| 刑罚执行科        |
+------------------+
1 row in set (0.05 sec)
```

图 10.15　显示编号为 1 的警察所在部门名称

注意

concat（字符串 1，字符串 2，…）为 MySQL 的内置函数，用于连接字符串 1，字符串 2，…

10.5.3 实践练习三

1. 需求说明

创建一个存储过程 proc_stu_exercise，获取罪犯姓名、年龄、教育背景、婚姻状态，并针对刑事责任年龄的区间给予分类显示，具体方案如下。

（1）年龄已满 16 周岁，则显示"完全负刑事责任年龄"。
（2）年龄已满 12 周岁，不满 16 周岁，则显示"相对负刑事责任年龄"。
（3）其他年龄，则显示"完全不负刑事责任年龄"。
（4）在存储过程中，给定婚姻状态参数为丧偶。
（5）在存储过程中，给定教育背景参数为小学。

2. 实现思路

创建存储过程的代码如下：

```
delimiter $$
create procedure proc_stu_exercise(
in marital varchar(32)
)
begin
select criminal_name,age,di1.value,di2.value,
case
  when age> 16 then '完全负刑事责任年龄'
  when age>= 12 and age< 16 then '相对负刑事责任年龄'
  else '完全不负刑事责任年龄'
end '年龄类型'
from criminal_info ci
inner join dictionary di1 on di1.id = ci.education_degree
inner join dictionary di2 on di2.id = ci.marital_status
where marital_status = (select id from dictionary where value = marital);
end
$$
delimiter ;
```

以下批处理，用于执行存储过程 procstuexercise，获取罪犯姓名，年龄，教育背景，婚姻状态，并针对年龄的区间给予分类显示。代码如下：

```
call proc_stu_exercise('丧偶');
```

执行结果如图 10.16 所示。

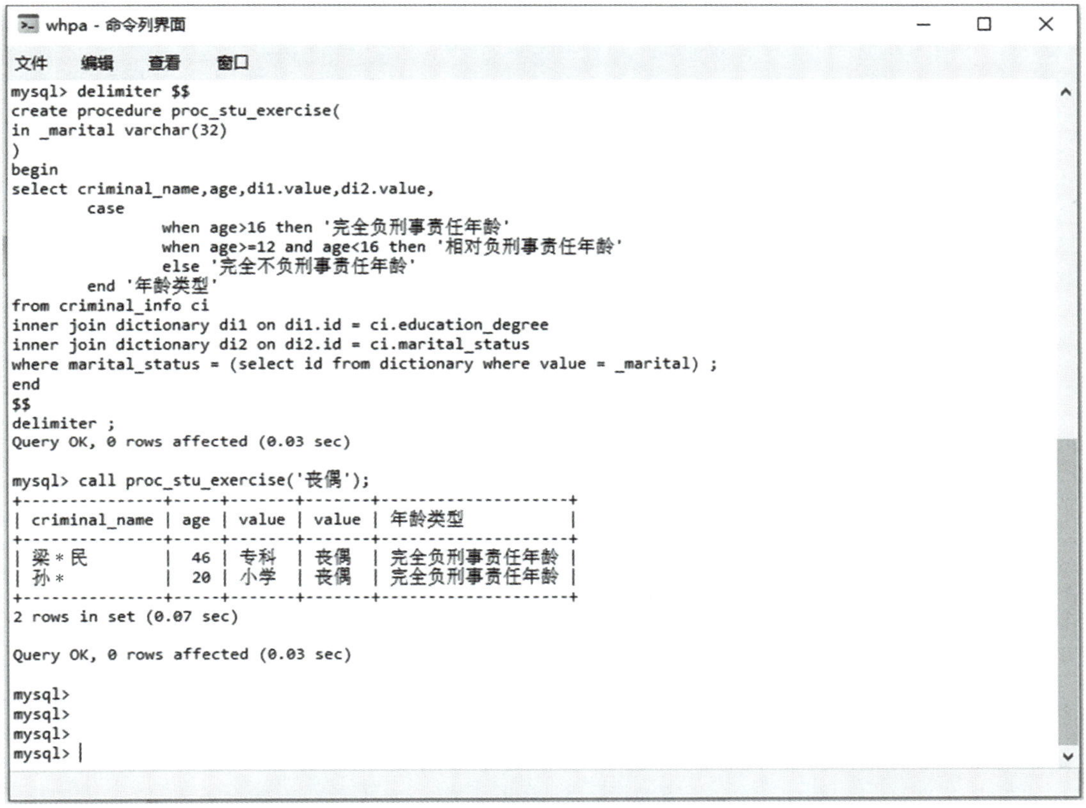

图 10.16 罪犯姓名、年龄、教育背景、婚姻状态

本章总结

- **1. 定义 MySQL 用户会话变量的语法是什么**

    使用 set 命令定义用户会话变量的语法格式如下：

    set @uservariable1 = expression1 [, @uservariable2 = expression2,…]

使用 select 命令定义用户会话变量的语法格式如下：

第一种：

"select @uservariable1:= expression1[,@uservariable2:= expression2,…]"

第二种：

"select expression1 into @uservariable1,expression2 into @uservariable2,…"

● **2. 存储过程的特点有哪些**

（1）存储过程定义在数据库服务器中。

（2）存储过程被创建后，可以在程序中被多次调用，而不必重新编写该存储过程的 SQL 语句。

（3）执行速度快，减少网络流量，可以作为一种安全机制。

● **3. 比较 leave 语句和 iterator 语句的特点**

（1）leave 语句用于跳出当前的循环语句，如 while 语句，它的作用等同于高级编程语言中的 break 语句。

（2）iterate 语句用于跳出本次循环，进而进行下次循环，它的作用等同于高级编程语言中的 continue 语句。

● **4. 说明 MySQL 使用游标的步骤**

（1）声明游标：declare 游标名 cursor for select 语句。

（2）打开游标：open 游标名。

（3）从游标提取数据：fetch 游标名 into 变量名 1，变量名 2，…由于 fetch 语句每次从结果集中仅仅提取一条记录，因此 fetch 语句需要循环语句的配合才能实现整个结果集的遍历。

（4）关闭游标：close 游标名。

本章拓展知识

OceanBase 是由蚂蚁集团完全自主研发的国产原生分布式数据库,始创于 2010 年。已连续 9 年平稳支撑"双 11",创新推出"三地五中心"城市级容灾新标准,是一个在 TPC-C 和 TPC-H 测试上都刷新了世界纪录的国产原生分布式数据库。产品采用自研的一体化架构,兼顾分布式架构的扩展性与集中式架构的性能优势,用一套引擎同时支持 TP 和 AP 的混合负载,具有数据强一致、高可用、高性能、在线扩展、高度兼容 SQL 标准和主流关系数据库、低成本等特点,助力金融、政府、运营商、零售、互联网等多个行业的客户实现核心系统升级。

OceanBase 是"用出来"的数据库,它经历了最为严苛的极限场景的考验,比如"双 11"、新春红包等,上千名工程师不断投入打磨性能和稳定性,让其能胜任各行各业。目前,OceanBase 已在中国建设银行、南京银行、西安银行、中国人寿、网商银行等多家金融机构上线,同时,OceanBase 支持江西人社、中国石化、国家电网、中国移动、中国联通等企业与机构的数字化转型升级。全国 200 家头部金融客户中,1/4 的客户将 OceanBase 作为核心系统升级首选。

2019 年 10 月 2 日,在数据库领域的全球顶级比赛 TPC-C 测试中,OceanBase 数据库以两倍于第二名的优势成绩,打破了由美国 Oracle 公司保持了 9 年之久的世界纪录,成为"数据库领域世界杯"的首个中国冠军。

第 11 章
其他数据库对象及应用

本章简介

关系型数据库，是指采用了关系模型来组织数据的数据库，其以行和列的形式存储数据，以便用户理解。关系模型是以行和列的二维表方式存储数据的模型，一组彼此关联的表组成了数据库。数据表中的一行数据，称为一条记录，纵列被称为字段。数据库记录，代表有一定意义的组合信息。

数据库对象是数据库的重要组成部分，除了表、字段、记录这些基本的数据库存储对象之外，常用的数据库对象还包含触发器（Trigger）、视图（View）、存储过程（StoredProcedure）、索引（Index）、事务（Transaction）等。灵活使用数据库对象，可以更高效地管理数据库。例如，创建 2020 年以来收押人员的视图，为电话号码字段创建唯一索引，插入新女警记录时，自动触发修改罪犯管教民警数据等。本章学习的其他数据库对象，可以有效解决上述需求。

学习目标

1. 掌握如何创建及使用视图
2. 掌握如何创建及使用索引

3. 掌握如何创建及使用触发器
4. 掌握如何创建及使用事务

> **课前预习**

1. 查询语句的基本语法
2. 数据约束的类型
3. 创建及使用存储过程

11.1 视图

11.1.1 视图概念和特点

视图是从一个或多个表定义出来的表，它是一种虚拟存在的表，并且表的结构和数据都依赖于基本表，通过视图不仅可以看到存放在基本表中的数据，还可以像操作基本表一样，对视图中存放的数据进行查询、修改和删除。

视图是存储在数据库中的查询的 SQL 语句，它主要出于两种原因：一种是安全原因，视图可以隐藏一些数据，如罪犯信息表，可以用视图只显示姓名、性别、文化程度等，而不显示罪名和刑罚等敏感信息；另一种是可使复杂的查询易于理解和使用。

11.1.2 视图的优点

与直接操作基本表相比，视图具有以下优点。

1. 简单化

视图不仅可以简化用户对数据的理解，而且可以简化对数据的操作。那些被经常使用的查询定义为视图，从而使用户在以后的操作中不必每次都指定全部的条件。

2. 安全性

通过视图用户只能查询和修改其所能见到的数据，数据库中的其他数据是看不到的。数据库授权命令可以使每个用户对数据库的检索限制到特定的数据库对象上，但不能授权到数据库特定的行和特定的列上。

3. 逻辑数据独立性

视图可以帮助用户屏蔽真实表结构变化带来的影响。

11.1.3 创建视图和使用视图

视图中包含了 SELECT 查询的结果，因此视图的创建基于 SELECT 语句和已存在的数据表。视图可以建立在一张表上，也可以建立在多张表上。在 MySQL 中，创建视图使用 CREATE VIEW 语句，其基本语法格式为：

```
CREATE [OR REPLACE ] view viewname[(columnlist)] as selectstatement;
```

说明

　　CREATE：表示创建视图的关键字，上述语句能创建新的视图。
OR REPLACE：如果给定了此子句，表示该语句可以替换已有视图。
　　viewname：表示要创建的视图名称。
　　columnlist：可选项，表示字段名清单。指定了视图中各个字段名，默认情况下，与 SELECT 语句中查询的字段名相同。
　　as：表示指定视图要执行的操作。
　　selectstatement：一个完整的查询语句，表示从某个表或视图中查出某些满足条件的记录，将这些记录导入视图中。

修改视图的语句和创建视图的语句是完全一样的。如果视图已经存在，则使用修改语句对视图进行修改；如果视图不存在，则创建一个新视图。

ALTER 语句是 MySQL 提供的另外一种修改视图的方法，其修改视图的语法格式为：

```
ALTER view viewname[(columnlist)] as selectstatement;
```

这个语法中的关键字与前面创建视图的关键字是一样的，这里不再介绍。

11.1.4 使用视图创建复杂查询

更新视图是指通过视图来插入、更新、删除表中的数据，因为视图是一个虚拟表，其中没有数据。当通过视图更新数据时，其实是在更新基本表中的数据。如果对视图增加或删除记录，实际上是对其基本表增加或删除记录。视图更新主要有 3 种方法：UPDATE、INSERT 和 DELETE。

1. 使用 UPDATE 语句更新视图

在 MySQL 中，可以使用 UPDATE 语句对视图中原有的数据进行更新。

2. 使用 INSERT 语句更新视图

在 MySQL 中，可以使用 INSERT 语句对视图中的基本表插入一条记录。

3. 使用 DELETE 语句更新视图

在 MySQL 中，可以使用 DELETE 语句对视图中的基本表删除部分记录。

需要注意的是，尽管更新视图有多种方式，但并非所有情况下都能执行视图的更新操作。当视图中包含如下内容时，视图的更新操作将不能被执行。

（1）视图中不包含基本表中被定义为非空的列。
（2）在定义视图的 SELECT 语句后的字段列表中使用了数学表达式。
（3）在定义视图的 SELECT 语句后的字段列表中使用了聚合函数。
（4）在定义视图的 SELECT 语句中使用了 DISTINCT、UNION、LIMIT、GROUP BY 或 HAVING 子句。

示例 11.1

在"罪犯信息表"中创建一个查询罪犯编号、姓名、文化程度、罪名信息的基本信息的视图 viewjbxx。

（1）启动 MySQL 数据库服务，打开 Navicat 集成开发环境。
（2）在 Navicat 中连接 MySQL 数据库，选择"工具"选项卡中的"命令列界面"选项，输入以下语句：

```
create view viewjbxx as select zfbh,xm,whcd,zmxx from zfxx;
```

（3）输入完成后，按"Enter"键，视图 viewjbxx 已创建成功。
继续输入以下语句：

```
select * from viewjbxx;
```

输入完成后，按"Enter"键，显示查询视图的结果，如图 11.1 所示。

```
+---------------+--------+-----------+----------------+
| zfbh          | xm     | whcd      | zmxx           |
+---------------+--------+-----------+----------------+
| 42342221101   | 赵*盖  | 中学      | 抢劫罪         |
| 42342221102   | 高*    | 小学      | 诽谤罪         |
| 42342221103   | 孙*    | 文盲      | 非法经营罪     |
| 42342221105   | 高*    | 小学      | 聚众斗殴罪     |
| 42342221106   | 陈*书  | 硕士研究生| 盗窃罪         |
| 42342221107   | 杨*    | 中学      | 过失杀人罪     |
| 42342221108   | 陆*川  | 小学      | 放火罪         |
| 52342221101   | 鲁*    | 小学      | 危害国家安全罪 |
| 52342221103   | 梁*民  | 大学      | 走私文物罪     |
| 52342221113   | 蔡*达  | 大学      | 故意杀人罪     |
+---------------+--------+-----------+----------------+
10 rows in set (0.09 sec)
```

图 11.1　查询视图 viewjbxx 的信息

示例 11.2

在"罪犯信息表"中创建一个查询不同文化程度的人数的视图 viewwh。

（1）启动 MySQL 数据库服务，打开 Navicat 集成开发环境。

（2）在 Navicat 中连接 MySQL 数据库，选择"工具"选项卡中的"命令列界面"选项，输入以下语句。

```
create view viewwh as select whcd,count(zfbh)人数 from zfxx group by whcd;
```

（3）输入完成后，按"Enter"键，视图 viewwh 已创建成功。

继续输入以下语句：

```
select * from viewwh;
```

输入完成后，按"Enter"键，显示查询视图的结果，如图 11.2 所示。

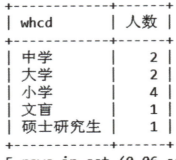

图 11.2　查询视图 viewwh 的信息

示例 11.3

在"警察信息表"中创建一个查询监区长信息的视图 viewjqz。

（1）启动 MySQL 数据库服务，打开 Navicat 集成开发环境。

（2）在 Navicat 中连接 MySQL 数据库，选择"工具"选项卡中的"命令列界面"选项，输入以下语句：

```
create view viewjqz as select jh,xm,xb,bmbh,zw from jcxx where zw like '%监区长';
```

（3）输入完成后，按"Enter"键，视图 viewjqz 已创建成功。

继续输入以下语句：

```
select * from viewjqz;
```

输入完成后，按"Enter"键，显示查询视图的结果，如图 11.3 所示。

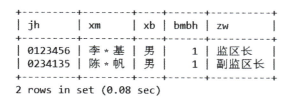

图 11.3　查询视图 viewjqz 的信息

示例 11.4

在"罪犯信息表""警察信息表"中创建一个查询罪犯编号、罪犯姓名、管教民警警号、警察姓名的视图 viewzfjc。

（1）启动 MySQL 数据库服务，打开 Navicat 集成开发环境。

（2）在 Navicat 中连接 MySQL 数据库，选择"工具"选项卡中的"命令列界面"选项，输入以下语句：

```
create view viewzfjc as select a.zfbh,a.xm 罪犯姓名,b.jh,b.xm 民警姓名 from zfxx a,jcxx b where a.gjjcjh= b.jh;
```

（3）输入完成后，按"Enter"键，视图 viewzfjc 已创建成功。

继续输入以下语句：

```
select * from viewzfjc;
```

输入完成后，按"Enter"键，显示查询视图的结果，如图 11.4 所示。

```
+-------------+----------+---------+----------+
| zfbh        | 罪犯姓名 | jh      | 民警姓名 |
+-------------+----------+---------+----------+
| 42342221106 | 陈 * 书  | 0123456 | 李 * 基  |
| 42342221107 | 杨 *     | 0123456 | 李 * 基  |
| 42342221108 | 陆 * 川  | 0123456 | 李 * 基  |
| 52342221101 | 鲁 *     | 0123456 | 李 * 基  |
| 42342221101 | 赵 * 盖  | 0234135 | 陈 * 帆  |
| 42342221102 | 高 *     | 0234135 | 陈 * 帆  |
| 42342221105 | 高 *     | 0234135 | 陈 * 帆  |
| 52342221103 | 梁 * 民  | 0234135 | 陈 * 帆  |
| 42342221103 | 孙 *     | 0234136 | 胡 *     |
| 52342221113 | 蔡 * 达  | 9876543 | 张 *     |
+-------------+----------+---------+----------+
10 rows in set (0.11 sec)
```

图 11.4　查询视图 viewzfjc 的信息

示例 11.5

在"出入监信息表"中创建一个自 2020 年以来收押的人员信息的视图 viewsy。

（1）启动 MySQL 数据库服务，打开 Navicat 集成开发环境。

（2）在 Navicat 中连接 MySQL 数据库，选择"工具"选项卡中的"命令列界面"选项，输入以下语句：

```
create view viewsy as select *  from zfcrjxx where syrq> = '2020-1-1';
```

（3）输入完成后，按"Enter"键，视图 viewsy 已创建成功。

继续输入以下语句：

```
select *  from viewsy;
```

输入完成后，按"Enter"键，显示查询视图的结果，如图 11.5 所示。

```
+----+-------------+------------+------------+------+
| id | zfbh        | syrq       | ljrq       | ljqx |
+----+-------------+------------+------------+------+
|  3 | 52342221103 | 2022-02-11 | 2025-02-11 | NULL |
|  4 | 52342221101 | 2020-09-10 | NULL       | NULL |
|  8 | 42342221108 | 2021-06-10 | 2035-08-10 | NULL |
| 10 | 42342221103 | 2021-09-11 | 2021-10-11 | 待业 |
+----+-------------+------------+------------+------+
4 rows in set (0.09 sec)
```

图 11.5　查询视图 viewsy 的信息

示例 11.6

在视图 viewjqz 中插入一个新的副监区长（张＊ 男 副监区长）。

（1）启动 MySQL 数据库服务，打开 Navicat 集成开发环境。

（2）在 Navicat 中连接 MySQL 数据库，选择"工具"选项卡中的"命令列界面"选项，输入以下语句。

```
select * from viewjqz;
```

（3）输入完成后，按"Enter"键，显示视图 viewjqz 信息，如图 11.6 所示。

```
+---------+--------+-----+------+----------+
| jh      | xm     | xb  | bmbh | zw       |
+---------+--------+-----+------+----------+
| 0123456 | 李*基  | 男  |    1 | 监区长   |
| 0234135 | 陈*帆  | 男  |    1 | 副监区长 |
+---------+--------+-----+------+----------+
2 rows in set (0.08 sec)
```

图 11.6　查询视图 viewjqz 的信息

继续输入以下语句：

```
insert into viewjqz(jh,xm,xb,bmbh,zw) values('0234139','张* ','男',1,'副监区长');
```

输入完成后，按"Enter"键，警察信息已插入完成。

继续输入以下语句：

```
Select * from viewjqz;
```

输入完成后，按"Enter"键，显示插入数据后视图 viewjqz 的信息，如图 11.7 所示。

```
+---------+--------+-----+------+----------+
| jh      | xm     | xb  | bmbh | zw       |
+---------+--------+-----+------+----------+
| 0123456 | 李*基  | 男  |    1 | 监区长   |
| 0234135 | 陈*帆  | 男  |    1 | 副监区长 |
| 0234139 | 张*    | 男  |    1 | 副监区长 |
+---------+--------+-----+------+----------+
3 rows in set (0.10 sec)
```

图 11.7　查询插入数据后视图 viewjqz 的信息

示例 11.7

在视图 viewjqz 中修改张*的部门编号为 2，职务为监区长。

（1）启动 MySQL 数据库服务，打开 Navicat 集成开发环境。

（2）在 Navicat 中连接 MySQL 数据库，选择"工具"选项卡中的"命令列界面"选项，输入以下语句：

```
update viewjqz set bmbh=2,zw='监区长' where xm='张*';
```

（3）输入完成后，按 Enter 键，张*的信息已更新完成。

继续输入以下语句：

```
Select * from viewjqz;
```

输入完成后，按"Enter"键，显示查询视图的结果，如图 11.8 所示。

```
+---------+------+----+------+--------+
| jh      | xm   | xb | bmbh | zw     |
+---------+------+----+------+--------+
| 0123456 | 李*基 | 男 |   1  | 监区长  |
| 0234135 | 陈*帆 | 男 |   1  | 副监区长|
| 0234139 | 张*  | 男 |   2  | 监区长  |
+---------+------+----+------+--------+
3 rows in set (0.10 sec)
```

图 11.8　更新数据后视图 viewjqz 的信息

示例 11.8

修改视图 viewjqz 为显示监狱的正监区长。

（1）启动 MySQL 数据打开 Navicat 集成开发环境。

（2）在 Navicat 中连接 MySQL 数据库，选择"工具"选项卡中的"命令列界面"选项，输入以下语句：

```
alter view viewjqz as select jh,xm,xb,bmbh,zw from jcxx where zw='监区长';
```

（3）输入完成后，按"Enter"键，视图 viewjqz 已创建成功。继续输入以下语句：

```
select * from viewjqz;
```

输入完成后，按"Enter"键，显示查询视图的结果，如图11.9所示。

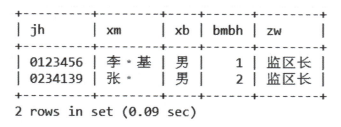

图11.9 修改视图 viewjqz 后的视图信息

11.2 索引

11.2.1 索引概述

索引是一种特殊的数据库结构，可以用来快速查询数据库表中的特定记录。索引是提高数据库性能的重要方式。MySQL中，所有的数据类型都可以被索引。索引是创建在表上的，是对数据库表中一列或多列的值进行排序的一种结构。索引可以提高查询的速度。通过索引，查询数据时可以不必读完记录的所有信息，而只是查询索引列。

索引的优点是可以提高检索数据的速度，这是创建索引的最主要的原因；在有依赖关系的子表和父表之间进行联合查询时，可以提高查询速度；使用分组和排序子句进行数据查询时，同样可以显著节省查询中分组和排序的时间。

索引的缺点是创建和维护索引需要耗费时间，耗费时间的数量随着数据量的增加而增加；索引需要占用物理空间，每一个索引要占一定的物理空间；增加、删除和修改数据时，要动态地维护索引，造成数据的维护速度降低。

11.2.2 索引分类

MySQL的索引按功能区分主要包括普通索引、唯一索引、主键索引、多列索引和全文索引。

1. 普通索引

在创建普通索引时，不附加任何限制条件，只是用于提高查询效率，这类索引可以创建在任何数据类型中，其值是否唯一和非空，要由字段本身的完整性约束条件决定。建立索引后，可以通过索引进行查询。例如，在表 zfxx 的字段 xm 上建立一个普通索引，查询记录时就可以根据索引进行查询。

2. 唯一索引

使用 unique 参数可以设置索引为唯一索引，在创建唯一索引时，限制该索引的值必须是唯一的，但允许有空值，在一张数据表里面可以有多个唯一索引。

例如，在表 jcxx 的字段 dhhm 中创建唯一索引，那么字段 dhhm 值就必须是唯一的。通过唯一索引，可以更快地确定某条记录。

3. 主键索引

主键索引就是一种特殊的唯一索引，在唯一索引的基础上增加了不为空的约束，一张表中最多只有一个唯一索引。这是由主键索引的物理实现方式决定的，因为数据存储在文件中只能按照一种顺序进行存储。

4. 多列索引

多列索引时在表的多个字段上创建一种索引。该索引指向创建时对应的多个字段，可以通过这几个字段进行查询，但是只有查询条件中使用了这些字段中的第一个字段时才会被使用。例如，在表中的字段 xm、xb 和 zw 上创建一个多列索引 indexxmxbzw，只有在查询条件中使用了字段 xm 时该索引才会被使用，使用组和索引时遵循最左边前缀原则。

5. 全文索引

全文索引（也称全文检索）是目前所有引擎使用的一种关键技术，它能够利用分词技术等多种算法智能分析出文本文字中关键词的频率和重要性，然后按照一定的算法规则智能地筛选出我们想要的搜索结果。全文索引非常适合大型数据集，对于小的数据集，其用处比较小。

11.2.3 创建索引

创建索引是指在某个表的一列或多列上建立一个索引，以便提高对表的访问速度。创建索引有三种方式，这三种方式分别是创建表的时候创建索引、在已经存在的表上创建索引和使用 ALTER TABLE 语句来创建索引。

（1）创建表的时候可以直接创建索引，这种方式最简单、方便。其基本形式如下：

CREATE TABLE 表名(属性名 数据类型 [完整性约束条件],

属性名 数据类型[完整性约束条件],

...

属性名 数据类型

```
[UNIQUE | FULLTEXT | SPATIAL] INDEX | KEY
[别名](属性名1[(长度)][ASC | DESC])
);
```

（2）在已经存在的表上，可以直接为表上的一个或几个字段创建索引。基本形式如下：

```
CREATE  [ UNIQUE | FULLTEXT | SPATIAL ]  INDEX 索引名
ON 表名  （属性名  [(长度)]  [ ASC | DESC]);
```

（3）在已经存在的表上，可以通过 ALTER TABLE 语句直接为表上的一个或几个字段创建索引。基本形式如下：

```
ALTER   TABLE 表名   ADD  [ UNIQUE | FULLTEXT | SPATIAL ]   INDEX
索引名(属性名[(长度)]  [ ASC | DESC]);
```

删除索引是指将表中已经存在的索引删除掉。一些不再使用的索引会降低表的更新速度，影响数据库的性能。对于这样的索引，应该将其删除。

对于已经存在的索引，可以通过 DROP 语句来将其删除。基本形式如下：

```
DROP  INDEX 索引名  ON  表名;
```

示例 11.9

在"罪犯信息表"中，使用 create index 语句为 xm 字段创建一个名为 indexname 的普通索引。

（1）启动 MySQL 数据库服务，打开 Navicat 集成开发环境。

（2）在 Navicat 中连接 MySQL 数据库，选择"工具"选项卡中的"命令列界面"选项，输入以下语句：

```
create index indexname on zfxx(xm);
```

输入完成后，按"Enter"键，索引 indexname 已创建成功。

（3）继续输入以下语句：

```
show index from zfxx;
```

输入完成后，按"Enter"键，显示索引的结果，如图 11.10 所示。

```
+-------+------------+--------------+--------------+-------------+-----------+-------------+----------+--------+------+------------+
| Table | Non_unique | Key_name     | Seq_in_index | Column_name | Collation | Cardinality | Sub_part | Packed | Null | Index_type |
+-------+------------+--------------+--------------+-------------+-----------+-------------+----------+--------+------+------------+
| zfxx  |          0 | PRIMARY      |            1 | zfbh        | A         |          10 | NULL     | NULL   |      | BTREE      |
| zfxx  |          1 | fk_jcxx_zfxx |            1 | gjjcjh      | A         |          10 | NULL     | NULL   |      | BTREE      |
| zfxx  |          1 | index_name   |            1 | xm          | A         |          10 | NULL     | NULL   | YES  | BTREE      |
+-------+------------+--------------+--------------+-------------+-----------+-------------+----------+--------+------+------------+
3 rows in set (0.04 sec)
```

图 11.10　显示创建的普通索引 indexname

示例 11.10

在"警察信息表"中，使用 create index 语句为 dhhm 字段创建一个名为 indexdhhm 的唯一索引。

（1）启动 MySQL 数据库服务，打开 Navicat 集成开发环境。

（2）在 Navicat 中连接 MySQL 数据库，选择"工具"选项卡中的"命令列界面"选项，输入以下语句：

```
create unique index indexdhhm on jcxx(dhhm);
```

（3）输入完成后，按"Enter"键，索引 indexdhhm 已创建成功。

继续输入以下语句：

```
show index from jcxx;
```

输入完成后，按"Enter"键，显示索引的结果，如图 11.11 所示。

```
+-------+------------+------------+--------------+-------------+-----------+-------------+----------+--------+------+------------+
| Table | Non_unique | Key_name   | Seq_in_index | Column_name | Collation | Cardinality | Sub_part | Packed | Null | Index_type |
+-------+------------+------------+--------------+-------------+-----------+-------------+----------+--------+------+------------+
| jcxx  |          0 | PRIMARY    |            1 | jh          | A         |           3 | NULL     | NULL   |      | BTREE      |
| jcxx  |          0 | index_dhhm |            1 | dhhm        | A         |           3 | NULL     | NULL   | YES  | BTREE      |
+-------+------------+------------+--------------+-------------+-----------+-------------+----------+--------+------+------------+
2 rows in set (0.07 sec)
```

图 11.11　显示创建的唯一索引 indexdhhm

示例 11.11

在"警察信息表"中，使用 create index 语句为 xm 和 xb 字段创建一个名为 indexxmxb 的多列索引。

（1）启动 MySQL 数据库服务，打开 Navicat 集成开发环境。

（2）在 Navicat 中连接 MySQL 数据库，选择"工具"选项卡中的"命令列界面"选项，输入以下语句：

```
create index indexxmxb on jcxx(xm,xb);
```

（3）输入完成后，按"Enter"键，索引indexxmxb已创建成功。

继续输入以下语句：

```
show index from jcxx;
```

输入完成后，按"Enter"键，显示索引的结果，如图11.12所示。

```
+-------+------------+------------+--------------+-------------+-----------+-------------+----------+--------+------+------------+
| Table | Non_unique | Key_name   | Seq_in_index | Column_name | Collation | Cardinality | Sub_part | Packed | Null | Index_type |
+-------+------------+------------+--------------+-------------+-----------+-------------+----------+--------+------+------------+
| jcxx  |          0 | PRIMARY    |            1 | jh          | A         |           3 | NULL     | NULL   |      | BTREE      |
| jcxx  |          0 | index_dhhm |            1 | dhhm        | A         |           3 | NULL     | NULL   | YES  | BTREE      |
| jcxx  |          1 | index_xmxb |            1 | xm          | A         |           3 | NULL     | NULL   | YES  | BTREE      |
| jcxx  |          1 | index_xmxb |            2 | xb          | A         |           3 | NULL     | NULL   | YES  | BTREE      |
+-------+------------+------------+--------------+-------------+-----------+-------------+----------+--------+------+------------+
4 rows in set (0.06 sec)
```

图11.12　显示创建的多列索引indexxmxb

示例 11.12

使用alter table语句为"罪犯信息表"的zmxx字段创建一个名为indexzmxx的全文索引。

（1）启动MySQL数据库服务，打开Navicat集成开发环境。

（2）在Navicat中连接MySQL数据库，选择"工具"选项卡中的"命令列界面"选项，输入以下语句：

```
alter table zfxx add fulltext index indexzmxx(zmxx);
```

（3）输入完成后，按"Enter"键，索引indexzmxx已创建成功。

继续输入以下语句：

```
show index from zfxx;
```

输入完成后，按"Enter"键，显示索引的结果，如图11.13所示。

```
+-------+------------+--------------+--------------+-------------+-----------+-------------+----------+--------+------+------------+
| Table | Non_unique | Key_name     | Seq_in_index | Column_name | Collation | Cardinality | Sub_part | Packed | Null | Index_type |
+-------+------------+--------------+--------------+-------------+-----------+-------------+----------+--------+------+------------+
| zfxx  |          0 | PRIMARY      |            1 | zfbh        | A         |          10 | NULL     | NULL   |      | BTREE      |
| zfxx  |          1 | fk_jcxx_zfxx |            1 | gjjcjh      | A         |          10 | NULL     | NULL   |      | BTREE      |
| zfxx  |          1 | index_name   |            1 | xm          | A         |          10 | NULL     | NULL   | YES  | BTREE      |
| zfxx  |          1 | index_zmxx   |            1 | zmxx        | NULL      |          10 | NULL     | NULL   | YES  | FULLTEXT   |
+-------+------------+--------------+--------------+-------------+-----------+-------------+----------+--------+------+------------+
4 rows in set (0.06 sec)
```

图11.13　显示创建的全文索引indexzmxx

示例 11.13

删除"罪犯信息表中"的indexzmxx索引。

（1）启动MySQL数据，打开Navicat集成开发环境。

（2）在 Navicat 中连接 MySQL 数据库，选择"工具"选项卡中的"命令列界面"选项，输入以下语句：

```
drop index indexzmxx on zfxx;
```

（3）输入完成后，按"Enter"键，索引 indexzmxx 已成功删除。
继续输入以下语句：

```
show index from zfxx;
```

输入完成后，按"Enter"键，显示查询索引的结果，如图 11.14 所示。

```
+-------+------------+-------------+--------------+-------------+-----------+-------------+----------+--------+------+------------+
| Table | Non_unique | Key_name    | Seq_in_index | Column_name | Collation | Cardinality | Sub_part | Packed | Null | Index_type |
+-------+------------+-------------+--------------+-------------+-----------+-------------+----------+--------+------+------------+
| zfxx  |          0 | PRIMARY     |            1 | zfbh        | A         |          10 | NULL     | NULL   |      | BTREE      |
| zfxx  |          1 | fk_jcxx_zfxx|            1 | gjjcjh      | A         |          10 | NULL     | NULL   |      | BTREE      |
| zfxx  |          1 | index_name  |            1 | xm          | A         |          10 | NULL     | NULL   | YES  | BTREE      |
+-------+------------+-------------+--------------+-------------+-----------+-------------+----------+--------+------+------------+
3 rows in set (0.06 sec)
```

图 11.14 删除 indexzmxx 索引

11.3 触发器

11.3.1 触发器定义

触发器是 MySQL5.0 新增的功能。触发器定义了一系列操作，这一系列操作称为触发程序，当触发事件发生时，触发程序会自动进行。

触发器是和表关联的特殊的存储过程，可以在插入、删除、修改表中的数据时触发执行，比数据库本身标准的功能有更精细和更复杂的数据控制能力。

触发器主要用于监视某个表的 insert、update 以及 delete 等数据维护操作，这些维护操作可以分别激活该表的 insert、update、delete 类型的触发程序运行，从而实现数据的自动维护。触发器可以实现的功能包括使用触发器实现检查约束、维护冗余数据以及维护外键列数据等。

触发器有以下 4 个作用。

1. 安全性

可以使用户具有操作数据库的特定权利。例如，在"警察信息表"中插入一条警察记录，可以通过触发器实现对"罪犯信息表"中管教民警的更新，而不用直接将"罪犯信息表"展现在特定用户面前。

2. 实现复杂的数据完整性

实现数据完整性约束或规则，触发器可实现比约束更复杂的限制。

3. 实现复杂的非标准数据相关完整性

触发器可以对数据库中相关的表进行级联更新。例如，在"警察信息表"中修改一条警察记录，可以通过触发器实现对"罪犯信息表"中管教民警的级联更新。

4. 审计

触发器可以跟踪用户对数据库的操作，审计用户操作数据库的语句，把用户对数据库的更新写入审计表。

11.3.2 使用触发器实现检查约束

创建触发器使用 create trigger 语句，其语法格式为：

```
create trigger 触发器名 触发时刻 触发事件 on 表名 for each row
begin
触发程序
end;
```

说明

1. 触发器名

触发器名在当前数据库中必须具有唯一性，如果是在某个特定数据库中创建，在触发器名前加上数据库的名称。

2. 触发时刻

触发时刻有两个选择：before 或 after，以表示触发器在激活它的语句之前触发或之后触发。通常一个数据库最大可以设置 6 种类型的触发器，即 before insert、before update、before delete、after insert、after update 和 after delete。

3. 触发事件

触发事件是指激活触发器执行的语句类型，可以是 insert（插入记录时激活触发器）、delete（删除记录时激活触发器）、update（更新记录时激活触发器）。

4. 表名

表名是指与触发器相关的数据表名称，在该数据表上发生触发事件时激活触发器。

5. for each row

行级触发器是指受触发事件每影响一行都会执行一次触发程序。

6. 触发程序

触发程序是指触发器激活时将要执行的语句，如果要执行多条语句可使用 begin…end 复合语句。触发程序中可以使用 old 关键字和 new 关键字。

（1）当向表中插入新记录时，在触发程序中可以使用 new 关键字表示新记录。当需要访问新记录的某个字段值时，可以使用"new. 字段名"的方式访问。

（2）当从表中删除某条记录时，在触发程序中可以使用 old 关键字表示旧记录。当需要访问旧记录的某个字段值时，可以使用"old. 字段名"的方式访问。

（3）当修改表的某条记录时，在触发程序中可以使用 old 关键字表示修改前的旧记录，使用 new 关键字表示修改后的新记录。当需要访问旧记录的某个字段时，可以使用"old. 字段名"的方式访问；当需要访问新记录的某个字段值时，可以使用"new. 字段名"的方式访问。

（4）old 记录是只读的，只可以引用它，而不能更改它。

在 MySQL 中，提供了 CHECK 检查约束用来指定某列的可取值的范围，它通过限制输入到列中的值来强制域的完整性。但是目前的 MySQL 版本只是对 CHECK 约束进行分析处理，但会被直接忽略，并不会报错。

这时可以使用触发器，因为触发器就是每一次满足 insert/delete/update 中某个条件的时候执行 begin 函数段里面的语句。

例如：需要对"警察信息表"中的部门编号进行处理，可以通过在 jcxx 表中创建一个插入触发器来进行处理，参考代码如下：

```
delimiter //
create trigger bmbhcheck before insert on jcxx for each row
begin
declare msg VARCHAR(100);
if new.bmbh> 10 or new.bmbh< 1 then
SET msg =  CONCAT('无效的部门编号,请输入 1-10 之间整数！');
SIGNAL SQLSTATE 'HY000' SET MESSAGETEXT =  msg;
end if;
end//
delimiter;
```

示例 11.14

创建触发器 trig1101，当删除"罪犯信息表"中的一条记录时，"罪犯出入监信息表"中该罪犯的出入记录也需删除。

（1）启动 MySQL 数据库服务，打开 Navicat 集成开发环境。

（2）在 Navicat 中连接 MySQL 数据库，选择"工具"选项卡中的"命令列界面"选项，输入以下语句：

  create TRIGGER trig1101 BEFORE delete on zfxx for each row
  delete from zfcrjxx where zfbh= old.zfbh;

（3）在 zfxx 表上点击鼠标右键，弹出菜单选中"设计表"，并在右侧的"触发器"选项卡查看新建的触发器，如图 11.15 所示。

图 11.15 创建删除数据时激发的触发器 trig1101

示例 11.15

创建触发器 trig1102，当在"警察信息表"中增加一位民警，xb 字段为"女"时，则更新"罪犯信息表"的女罪犯的管教民警警号为此新民警。

（1）启动 MySQL 数据库服务，打开 Navicat 集成开发环境。

（2）在 Navicat 中连接 MySQL 数据库，选择"工具"选项卡中的"命令列界面"选项，输入以下语句：

  create TRIGGER trig1102 after insert on jcxx for each row
  update zfxx set gjjcjh= new.jh where xb= '女';

（3）在 zfxx 表上点击鼠标右键，弹出菜单选中"设计表"，并在右侧的"触发器"选项卡查看新建的触发器，如图 11.16 所示。

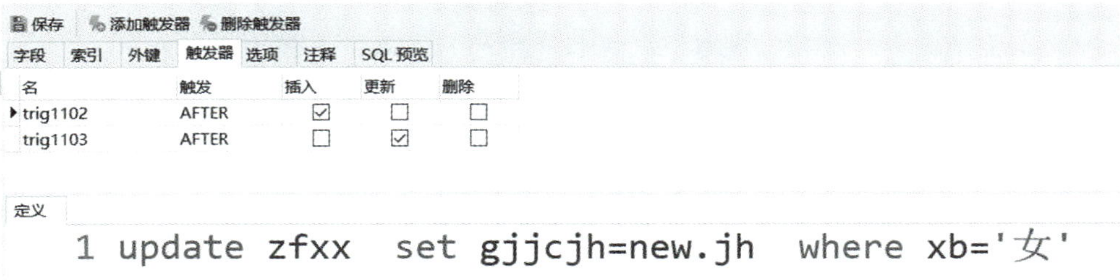

图 11.16 创建插入数据时激发的触发器 trig1102

示例 11.16

创建触发器 trig1103，当修改"警察信息表"中的 zw 字段为空时，则"罪犯信息表"中原来由该民警管教的罪犯移交至监区长，警号为 0123456。

（1）启动 MySQL 数据库服务，打开 Navicat 集成开发环境。

（2）在 Navicat 中连接 MySQL 数据库，选择"工具"选项卡中的"命令列界面"选项，输入以下语句：

```
create TRIGGER trig1103 after update on jcxx for each row
update zfxx set gjjcjh= '0123456' where  gjjcjh= old.jh and new.zw= '';
```

（3）在 zfxx 表上点击鼠标右键，弹出菜单选中"设计表"，并在右侧的"触发器"选项卡查看新建的触发器，如图 11.17 所示。

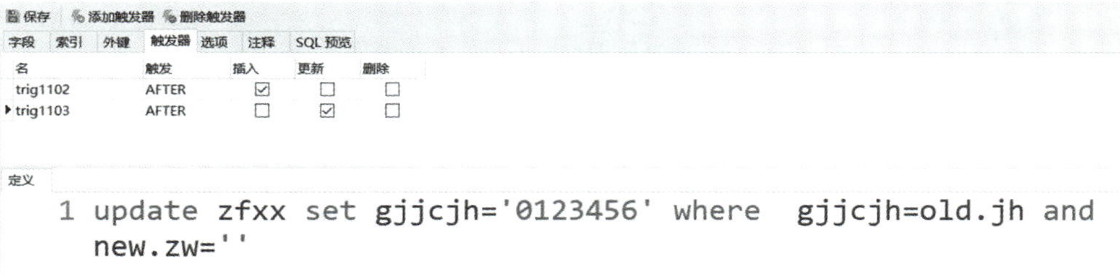

图 11.17 创建更新数据时激发的触发器 trig1103

示例 11.17

查看当前数据库中有哪些触发器。

（1）启动 MySQL 数据库，打开 Navicat 集成开发环境。

（2）在 Navicat 中连接 MySQL 数据库，新建查询，输入以下语句：

```
show triggers from jsgl;
```

（3）单击"运行"按钮，查看 jsgl 数据库中的触发器，如图 11.18 所示：

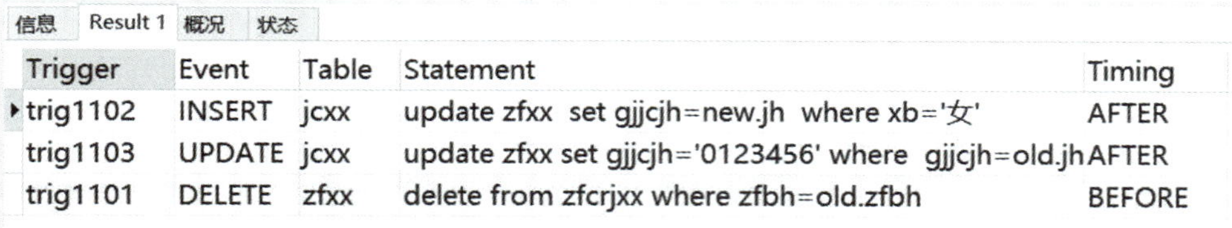

图 11.18 当前数据库中的触发器

示例 11.18

删除触发器 trig1101。

（1）启动 MySQL 数据库服务，打开 Navicat 集成开发环境。

（2）在 Navicat 中连接 MySQL 数据库，新建查询，输入以下语句：

```
drop trigger trig1101;
show triggers from jsgl;
```

（3）单击"运行"按钮，查看 jsgl 数据库中的触发器，如图 11.19 所示：

Trigger	Event	Table	Statement	Timing
trig1102	INSERT	jcxx	update zfxx set gjjcjh=new.jh where xb='女'	AFTER
trig1103	UPDATE	jcxx	update zfxx set gjjcjh='0123456' where gjjcjh=old.jh	AFTER

图 11.19　删除 trig1101 后剩余的触发器

11.4　事务

11.4.1　事务概述

事务是一个由用户所定义的完整的工作单元，一个事务内的所有语句作为一个整体来执行，或者全部执行，或者全部不执行。当遇到错误时，可以回滚事务，取消事务内所做的所有改变，从而保证数据库中数据的一致性和可恢复性。

11.4.2　事务特性

数据库事务有四大特性，简称 ACID，分别如下。

1. 原子性（Atomicity）

一个事务中的所有操作，要么全部执行。要么全部不执行。

2. 一致性（Consistency）

在事务开始之前和事务结束以后，数据库的完整性没有被破坏。

3. 隔离性（Isolation）

MySQL 数据库允许多个并发事务，隔离性可以防止多个事务并发执行时由于交叉执行而导致数据的不一致。

4. 持久性（Durability）

事务处理结束后，对数据的修改就是永久的。

11.4.3 MySQL 自动提交

默认情况下，MySQL 开启了自动提交。也就是说任意一条 DML 中的 insert 语句、update 语句、delete 语句，一旦发送到 MySQL 服务器上，MySQL 服务器会立即解析、执行，并将新增、更新结果提交到数据库文件中，成为数据库中永久的数据。因此，对于诸如数据同步操作，多语句操作之类的逻辑而言，首要步骤是关闭 MySQL 自动提交，只有当所有的 SQL 语句成功执行后，才提交所有的更新语句，否则回滚所有的更新语句。

关闭自动提交的方式有以下两种。

1. 显式地关闭自动提交

使用 MySQL 命令"show variables like ′autocommit′;"可以查看 MySQL 是否开启了自动提交。系统变量 @@autocommit 的值为 ON 或 1 时，表示 MySQL 开启了自动提交，默认情况下，MySQL 开启自动提交；系统变量 @@autocommit 的值为 OFF 或 0 时，表示 MySQL 关闭了自动提交。使用 MySQL 命令"set autocommit=0;"可以显式地关闭 MySQL 自动提交。

2. 隐式地关闭自动提交

使用 MySQL 命令"start transaction;"可以隐式地关闭自动提交，隐式地关闭自动提交不会修改系统会话变量@@autocommit 的值。

11.4.4 MySQL 事务操作语句

1. 开始事务

其语法格式为：

```
START TRANSACTION;
```

说明：用于显式地启动一个事务。

2. 提交事务

其语法格式为：

```
COMMIT;
```

说明：用于提交事务．将事务对数据所做的修改进行保存。

3. 设置保存点

其语法格式为：

```
SAVEPOINT<保存点名称>;
```

说明：用于在事务内设置保存点。

4. 撤销事务

其语法格式为：

```
ROLLBACK;
ROLLBACK TO SAVEPOINT<保存点名称>;
```

说明：撤销事务又称为事务回滚。即事务被执行后，如果执行的 SQL 语句导致业务逻辑不符或数据库操作错误。ROLLBACK 语句撤销事务中所有的执行语句。ROLLBACK TO SAVEPOINT 语句撤销事务中保存点之后的执行语句。

示例 11.19

删除"警察信息表"中的所有警察数据，利用 rollback 来撤销此删除语句。

（1）启动 MySQL 数据库服务，打开 Navicat 集成开发环境。

（2）在 Navicat 中连接 MySQL，新建查询，并输入以下语句：

```
Start transaction;
Delete from jcxx;
Rollback;
```

（3）输入完成后，单击"运行"按钮。

打开"警察信息表"浏览记录，可以看到数据并没有被删除。

示例 11.20

往"罪犯信息表中"插入一条罪犯数据（52342221115 张＊ 女 大学 是 020125＊＊＊＊＊＊＊86X 诽谤罪 管制 0234136），再插入同样一条数据，实现事务自动回滚。

(1) 启动 MySQL 数据库服务，打开 Navicat 集成开发环境。

(2) 在 Navicat 中连接 MySQL，新建查询，并输入以下语句。

```
start transaction;
insert into zfxx values('52342221115','张＊','女','大学','是','020125＊＊＊＊＊＊＊86X','诽谤罪','管制','0234136');
insert into zfxx values('52342221115','张＊','女','大学','是','020125＊＊＊＊＊＊＊86X','诽谤罪','管制','0234136');
commit;
```

示例 11.21

往"警察信息表"中增加一条女警信息，（0234138 张＊ 女 3 138＊＊＊＊＊438 教导员），然后同步更新"罪犯信息表"中的所有女犯，管教民警为"张＊"。

(1) 启动 MySQL 数据库服务，打开 Navicat 集成开发环境。

(2) 在 Navicat 中连接 MySQL，新建查询，并输入以下语句：

```
start transaction;
insert into jcxx values('0234139','张＊','女',3,'138＊＊＊＊＊438','教导员');
update zfxx set gjjcjh='0234139' where xb='女';
commit;
```

(3) 打开"警察信息表"浏览记录，发现"张＊"民警的记录已经插入成功，同时"罪犯信息表"中女犯的管教民警警号也同步进行了更新。

11.5 本章实践任务

(1) 创建一个监狱各管教民警管教罪犯数量的视图 viewnumber。

(2) 在罪犯出入监信息表中为 syrq、ljrq 创建多列索引 indexrq。

(3) 在警察信息表中增加一条民警信息的职务字段（zw）为心理咨询师时，罪犯信息表中自动触发修改杀人犯的管教民警为该民警警号。

（4）监区长（李＊基）升职为副监狱长，1监区副监区长（陈＊帆）升职为1监区监区长，并将李＊基所管教民警移交给陈＊帆，以上完整操作请用一个事务来实现。

本章总结

一、选择题

1. 在数据库中，能提高查询速度的是（　　）。
   A. 数据依赖　　　　　　　　　　　B. 视图
   C. 索引　　　　　　　　　　　　　D. 数据压缩
2. 在视图上不能完成的操作是（　　）。
   A. 更新视图　　　　　　　　　　　B. 查询
   C. 在视图上定义新的基本表　　　　D. 在视图上定义新视图
3. 以下应尽量创建索引的情况是（　　）。
   A. 在Where子句中出现频率较高的列　　B. 具有很多NULL值的列
   C. 记录较少的基本表　　　　　　　D. 需要更新频繁的基本表
4. 属于事务控制的语句是（　　）。
   A. Begin Tran、Commit、RollBack　　B. Begin、Continue、End
   C. Create Tran、Commit、RollBack　　D. Begin Tran、Continue、End
5. 关于触发器叙述，正确的是（　　）。
   A. 触发器是自动执行的，可以在一定条件下触发
   B. 触发器不可以同步数据库的相关表进行级联更改
   C. MySQL不支持DDL触发器
   D. 触发器不属于存储过程

二、填空题

1. 视图是一个虚表，它是_____中导出的表。在数据库中，只存放视图的_____，不存放视图的_____。
2. 触发器是一种特殊的存储过程，它可以在对一个表上进行_____、_____和_____操作中的任一种或几种操作时被自动调用执行。
3. 常用的数据库对象有_____、_____、_____、_____。

三、判断题

1. 数据库中的视图只能使用所属数据库的表，不能访问其他数据库的表。（　　）

2. 触发器就其本质而言是一种特殊的存储过程。存储过程和触发器在数据库的开发中，在维护数据库实体完整性等方面具有不可替代的作用。（   ）

3. 视图和表是一样的，都可以进行更新操作。（   ）

4. 创建索引的列最好不要含有许多重复的值，一般不给很少使用的列添加索引。（   ）

5. 删除触发表时，触发器被随之删除。（   ）

本章拓展知识

　　本章着重介绍了数据库中常用的四种对象：视图、索引、触发器、事务。灵活掌握四种对象的特点与使用方法将会大大提升我们运用数据库的能力。"工欲善其事，必先利其器"，一名数据运维人员要具备工匠精神，做好自己的工作一定要磨好锋利的工具。此外，对象的使用也要注重合理性，滥用错用反而会造成数据库的性能下降、数据丢失等问题。

　　其中视图是数据库中较常用的对象之一。视图是虚拟的表，表中存储着数据。初学者很容易混淆两者的区别。视图的优点众多，简化了数据操作，提升了数据操作安全性，降低了代码冗余等。在掌握了视图创建和基本的使用方法之后，要着重了解视图使用的合理性：

- 创建视图的数目没有限制。但视图创建要注意效率，不可随意添加。
- 视图不能索引，也不能有关联的触发器、默认值或规则。
- 视图不包含数据，每次使用视图时，都必须执行查询中所需的任何一个检索操作。
- 复杂的视图或嵌套了视图，可能会发现系统运行性能下降得十分严重。

第 12 章

MySQL 数据库安全管理

> **本章简介**

本章介绍 MySQL 二进制日志、备份和还原、复制和读写分离，通过这些应用加强大家对 MySQL 数据库管理和维护的能力。日志是 MySQL 重要的组成部分，它记录着 MySQL 数据库运行期间所有的操作变化。当数据库遭到意外的损坏时，可以通过日志查看文件出错的原因，并且可以通过日志文件进行数据恢复。MySQL 备份恢复分为逻辑备份恢复和物理备份恢复。MySQL 复制是指将主数据库的 DDL 和 DML 操作通过二进制日志传到从服务器上，然后在从服务器上将这些日志文件重新执行，从而使从服务器与主服务器的数据保持同步。读写分离的基本原理是让主数据库处理事务性操作，而从数据库则处理 SELECT 查询。数据库复制被用来把事务性操作导致的变更同步到集群中的从数据库。

监所数据库安全管理主要涉及日志管理和备份还原，保障数据信息的访问安全和容灾恢复，有效保障监所数据访问监测和意外导致的丢失数据能及时恢复，为监所各项业务提供正常服务，也能为狱内侦查提供必要的数据佐证。

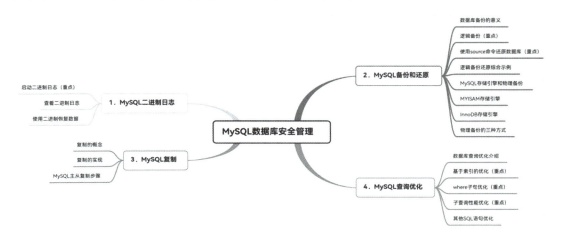

学习目标

1. 掌握使用 MySQL 二进制日志文件对 DML 操作进行定制化处理
2. 掌握使用 MySQL 逻辑备份法将数据库恢复到正确状态
3. 实现 MySQL 数据库主从复制
4. 掌握使用 MySQL Proxy 实现 MySQL 读写分离

课前预习

1. MySQL 如何启动二进制日志，步骤是_____。
2. 使用二进制日志文件恢复数据库的命令是_____。
3. MySQLbinlog 命令中参数 stop-pos 的含义是_____。stop-datetime 的含义是_____。
4. 对数据库 pinbang 进行逻辑备份的命令是_____。
5. 将主服务器 192.168.10.1 二进制日志文件 log.000001 的数据更新同步到从服务器 192.168.10.2，其中 log.000001 的当前操作点位置是 180，从服务器使用账户"ruan"登录主服务器。使用 change 命令实现上述需求的语句是_____。

12.1 MySQL 二进制日志

二进制日志主要用于记录数据库的变化情况，内容主要包括数据库所有的 DDL 和 DML 语句，如 use、insert、delete、update、create、alter 和 drop 语句等，但不包括 select 和 show 等查询操作。二进制日志以事件的形式记录各个更新操作，每个事件都会附加一些其他信息，如事件的开始时间、结束时间等。

如果 MySQL 数据库意外停止，可以通过二进制日志文件来查看用户执行了哪些操作，对数据库服务器文件做了哪些修改，然后根据二进制日志文件中的记录来恢复数据库服务器。二进制文件内容为二进制信息，不可直接查看。

12.1.1 启动二进制日志

使用 MySQL 命令 "show variables like 'logbin';" 可以查看二进制日志是否开启，默认为 OFF，表示没有开启二进制日志，如图 12.1 所示。

第12章 MySQL数据库安全管理

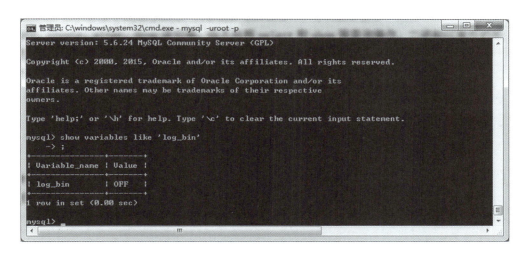

图 12.1　MySQL 默认关闭二进制日志

在 MySQL 配置文件 my.ini（该文件默认位置位于 C：\ProgramData\MySQL\MySQL Server"实际版本号"目录下），添加"log_bin= c：\db_data\log"可以开启二进制日志，如图 12.2 所示。

图 12.2　在 my.ini 中添加开启二进制日志文本

参数 log_bin 的值定义了二进制日志文件名（这里以 log 为例）。二进制日志参数一旦开启，MySQL 将自动创建二进制日志文件，如 log.000001。每次重启 MySQL 服务后，都会生成一个新的二进制文件，扩展名数字依次递增，如 log.000002、log.000003 等。

另外，MySQL 还会创建一个二进制日志索引文件，使用 MySQL 命令"show variables like 'log_bin_index';"，可以查看二进制日志索引文件名（如 log.index），如图 12.3 所示。二进制日志索引文件的内容是所有二进制日志文件的清单，它记录了所有二进制日志文件的绝对路径。

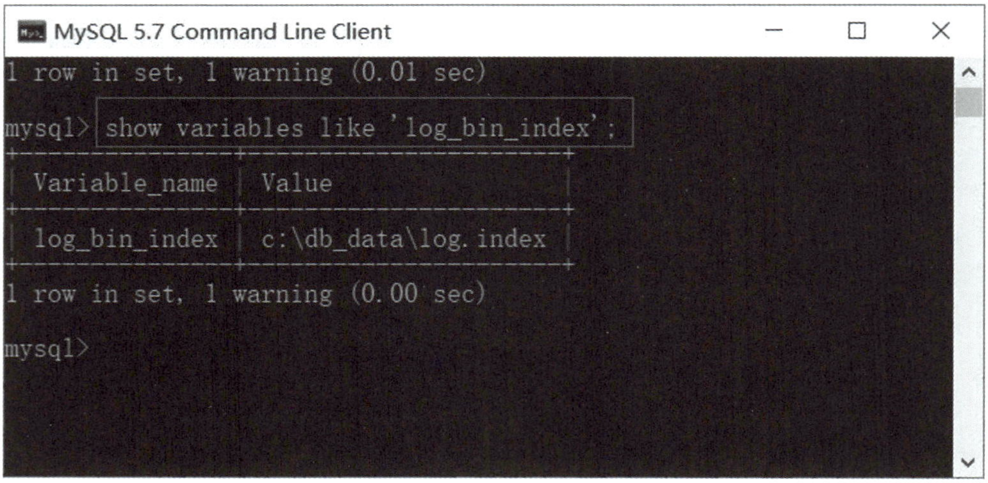

图 12.3　二进制日志索引文件

12.1.2　查看二进制日志文件内容

由于二进制日志文件的内容以事件的方式进行存储，数据库管理人员可以使用 MySQL 命令"show binlog events"，方便地查看二进制日志文件的内容。语法格式如下：

```
show binlog events in【'二进制日志文件名'】【from position】【end position】【length】
```

选项解析如下：

（1）from postion：position 指定日志文件查询的起始位置，不指定就是以日志文件的首行位置作为起始点。

（2）end position：position 指定日志文件查询的终止位置，不指定就是以日志文件的末尾位置作为终止点。

（3）length：查询日志记录条数，不指定就是查询所有记录行。

使用"show binlog events"查看二进制日志文件内容，步骤见示例 12-1。

示例 12.1

（1）打开数据库 prison_database，添加一条警察信息，SQL 语句如下：

use prison_database;
insert into police_info(police_name,police_no,gender,department_id,position)values('阮*','1095573395602303651','男',5,'4');

（2）删除名字为"阮*"的警察信息，SQL 语句如下：

delete from police_info where police_name='阮*';

（3）进入 MySQL，在路径的 dbdata 目录下，显示操作时间最近的二进制日志文件为 log.000032，如图 12.4 所示。

名称	修改日期	类型	大小
log.000026	2022/9/16 11:48	000026 文件	6 KB
log.000027	2022/9/21 1:47	000027 文件	1 KB
log.000028	2022/9/29 10:40	000028 文件	1 KB
log.000029	2022/10/26 8:12	000029 文件	12 KB
log.000030	2022/10/26 14:35	000030 文件	4 KB
log.000031	2022/10/26 16:07	000031 文件	178 KB
log.000032	2022/10/26 16:08	000032 文件	1 KB
log.index	2022/10/26 16:07	INDEX 文件	1 KB

图 12.4　二进制日志文件清单

（4）使用 "show binlog events" 查看操作时间最近的二进制日志文件内容，命令为 show binlog events in 'log.000032'，执行结果如图 12.5 所示。

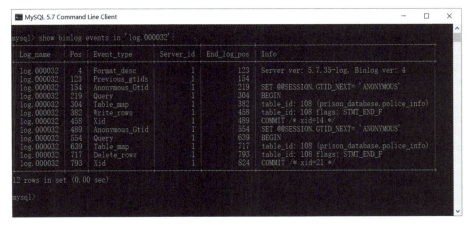

图 12.5　查看二进制日志文件内容

还可以使用“show master status;”，获取当前 MySQL 服务实例正在使用的二进制日志文件及偏移位置（即最后一个操作点编号）等信息，如图 12.6 所示。

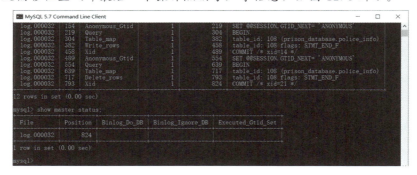

图 12.6　获取二进制文件偏移位置

12.1.3　使用二进制日志恢复数据库

二进制日志文件的内容是符合 MySQL 语法格式的更新语句，当数据库遭到破坏时，数据库管理人员可以借助 MySQLbinlog 工具，读取二进制日志文件中指定的日志内容，并将该日志内容复制、粘贴到 MySQL 客户机中直接运行，将数据库恢复到正确的状态。也可以使用管道操作符“｜”，直接将二进制日志内容导入到 MySQL 客户机中运行。管道操作符“｜”的使用方法如下：

```
MySQLbinlog 日志文件 | MySQL - u 用户-p
```

基于操作点方式恢复数据库，详细步骤见示例 12-2。

示例 12.2

（1）打开 prison _ database 数据库的警察信息表 police _ info，如图 12.7 所示。

id	police_name	police_no	gender	department_id	position
1003	顾*宏	36226319210220927X	男		5 6
1004	张*明	27488519150530377x	男		5 0
1005	秦*	610791320907301218	女		5 1
1006	谭*远	162082183611263136	男		4 4
1007	沈*	157075226305225945	女		6 4
1008	夏*异	425528188604304679	男		9 9
1009	刘*伦	943207193110188931	男		7 6
1010	钟*	157963206604203207	女		8 2
1011	蒋*南	818667180704300238	男		3 4
1012	薛*涵	671487197510205305	女		5 9
1013	郑*	850972180710300076	女		4 9
1014	郑*宁	124243289211100102	男		2 5

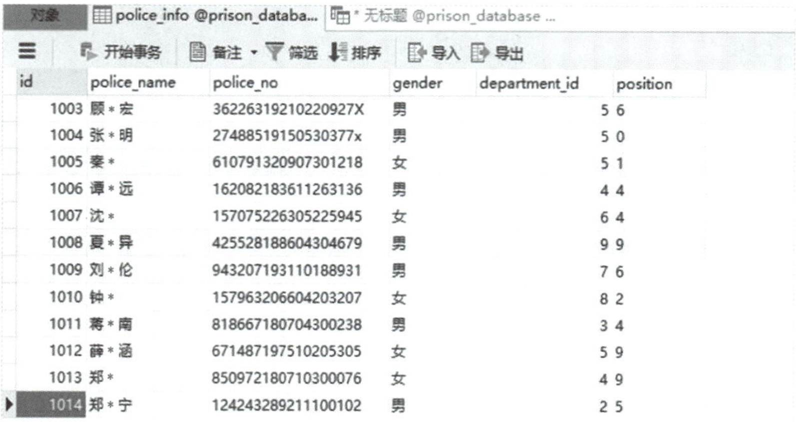

图 12.7　打开 police _ info 表

（2）新增两条警察信息记录，结果如图 12.8 所示。

id	police_name	police_no	gender	department_id	position
1003	顾*宏	36226319210220927X	男	5	6
1004	张*明	27488519150530377x	男	5	0
1005	秦*	610791320907301218	女	5	1
1006	谭*远	162082183611263136	男	4	4
1007	沈*	157075226305225945	女	6	4
1008	夏*异	425528188604304679	男	9	9
1009	刘*伦	943207193110188931	男	7	6
1010	钟*	157963206604203207	女	8	2
1011	蒋*南	818667180704300238	男	3	4
1012	薛*涵	671487197510205305	女	5	9
1013	郑*	850972180710300076	女	4	9
1014	郑*宁	124243289211100102	男	2	5
1017	姚*	109557395602303563	男	5	4
1018	阮*	109557395602307896	女	0	6

图 12.8　新增两条警察信息记录

（3）假设由于误操作将新增的两条警察信息即“姚*”和“阮*”删除了。

（4）进入 MySQL 二进制日志文件路径，如图 12.9 所示。发现最新的二进制日志文件为 log.000033，该文件记录了前面所述的记录的插入和删除操作。

名称	修改日期	类型	大小
log.000028	2022/9/29 10:40	000028 文件	1 KB
log.000029	2022/10/26 8:12	000029 文件	12 KB
log.000030	2022/10/26 14:35	000030 文件	4 KB
log.000031	2022/10/26 16:07	000031 文件	178 KB
log.000032	2022/10/26 17:04	000032 文件	3 KB
log.000033	2022/10/26 17:06	000033 文件	1 KB
log.index	2022/10/26 17:04	INDEX 文件	1 KB

图 12.9　显示最新的二进制文件

（5）执行 show binlog events in ‘log.000033’，该命令显示二进制日志文件 log.000033 的内容，结果如图 12.10 所示。

（6）基于操作点恢复被删除的两条数据库记录的命令如下：

```
    MySQLbinlog   C:\dbdata\log.000033--start-position = 219--stop-
position= 824  | MySQL-uroot-p
```

再次打开 police_info 数据表，发现被删除的两条记录已经恢复了。

这样，数据库会从二进制日志文件 log.000033 中 start-position 属性指定的 219 处操作点开始执行命令，一直执行到 stop-position 属性指定的 824 处操作点。

基于时间点方式恢复数据库，详见示例 12-3。

图 12.10　显示二进制日志文件 log.000033 内容

示例 12.3

步骤 1 至步骤 4 同示例 12-2。

（1）使用 MySQLbinlog 命令，查看二进制日志文件 log.000033，并将显示结果输出到 000033.txt 文件中。代码如下：

```
MySQLbinlog  C:\dbdata\log.000033> C:\dbdata\000033.txt
```

（2）打开 000033.txt，结果如图 12.11 所示。由图 12.11 可知，发生 delete 语句的时间为"17：40：03"。

图 12.11　文本文件 000033.txt 内容

（3）打开 000033.txt，翻到起始节点 219 的时间为“17：06：03”，结果如图 12.12 所示。

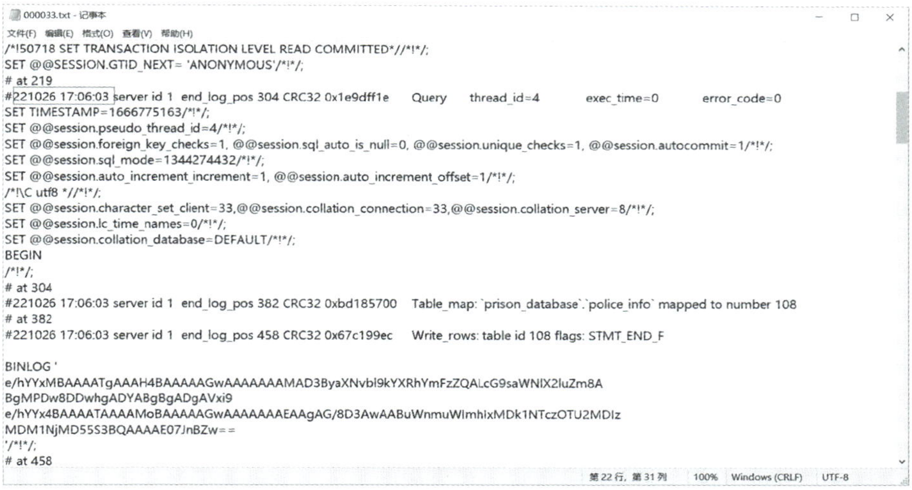

```
000033.txt - 记事本
文件(F) 编辑(E) 格式(O) 查看(V) 帮助(H)
/*!50718 SET TRANSACTION ISOLATION LEVEL READ COMMITTED*//*!*/;
SET @@SESSION.GTID_NEXT= 'ANONYMOUS'/*!*/;
# at 219
#221026 17:06:03 server id 1  end_log_pos 304 CRC32 0x1e9dff1e     Query     thread_id=4     exec_time=0     error_code=0
SET TIMESTAMP=1666775163/*!*/;
SET @@session.pseudo_thread_id=4/*!*/;
SET @@session.foreign_key_checks=1, @@session.sql_auto_is_null=0, @@session.unique_checks=1, @@session.autocommit=1/*!*/;
SET @@session.sql_mode=1344274432/*!*/;
SET @@session.auto_increment_increment=1, @@session.auto_increment_offset=1/*!*/;
/*!\C utf8 *//*!*/;
SET @@session.character_set_client=33,@@session.collation_connection=33,@@session.collation_server=8/*!*/;
SET @@session.lc_time_names=0/*!*/;
SET @@session.collation_database=DEFAULT/*!*/;
BEGIN
/*!*/;
# at 304
#221026 17:06:03 server id 1  end_log_pos 382 CRC32 0xbd185700    Table_map: `prison_database`.`police_info` mapped to number 108
# at 382
#221026 17:06:03 server id 1  end_log_pos 458 CRC32 0x67c199ec    Write_rows: table id 108 flags: STMT_END_F

BINLOG '
e/hYYxMBAAAATgAAAH4BAAAAAGwAAAAAAAMAD3ByaXNvbl9kYXRhYmFzZQALcG9saWNlX2luZm8A
BgMPDw8DDwhgADYABgBgADgAVxi9
e/hYYx4BAAAATAAAAMoBAAAAAGwAAAAAAAEAAgAG/8D3AwAABuWnmuWlmhlxMDk1NTczOTU2MDIz
MDM1NjMD55S3BQAAAAE07JnBZw==
'/*!*/;
# at 458
第 22 行，第 31 列    100%    Windows (CRLF)    UTF-8
```

图 12.12　文本文件 000033.txt 时间节点“17：06：03”内容

（4）基于时间点恢复被删除的两条数据记录命令如下：

```
MySQLbinlog  C:\dbdata\log.000033--start-datetime= "2022-10-26 17:06:03"--stop-datetime= "2022-10-26 17:06:04"  | MySQL-uroot-p
```

再次打开 police _ info 数据表，发现被删除的两条记录已经恢复。

这样，数据库会从二进制日志文件 log.000033 中 start-datetime 指定的开始时间“17：06：03”处执行命令，一直到 stop-datetime 指定的结束时间“17：06：04”。

12.2　MySQL 备份和还原

12.2.1　数据备份的意义

数据丢失对所有企业而言都是个噩梦，业务数据是整个公司的命门，损失这些数据，就相当于抽干公司的血液，甚至可能引发公司倒闭。

在震惊世界的“9·11 恐怖袭击事件”发生后，许多人将目光投向金融界巨头摩根士丹利公司。这家金融机构在世贸大厦租有 25 层，惨剧发生时有 2000 多名员工正在楼内办公，公司受到重创。可是正当大家扼腕痛惜时，该公司宣布，全球营业部第二天可以照常工作。其主要原因是它在新泽西州建立了灾备中心，保留着数据备份，从而保障公司全球业务的不间断运行。备份的重要性可见一斑。

有美国研究机构表明，企业每损失 10MB 的数据，就会造成 5000 美元的损失。如果丢失的关键数据没有及时恢复的话，损失还会加重。

有关数据备份的误区如下。

1. 以为复制就是备份

有人认为复制就是备份，其实单纯复制数据无法使数据留下历史记录，也无法留下系统的 NDS 或者 Registry 等信息。完整的备份包括自动化的数据管理与系统的全面恢复，从这个意义上而言，备份＝拷贝＋管理。

2. 以硬件备份代替备份

虽然很多服务器都采取了容错设计，即硬盘备份（双机热备份、磁盘阵列与磁盘镜像等），但这些都不是理想的备份方案。例如，双机热备份中，如果两台服务器同时出现故障，整个系统便陷入瘫痪状态，因此存在的风险还是相当大的。

3. 只把数据文件作为备份的目标

有人认为备份只是对数据文件的备份，系统文件与应用程序无须进行备份，因为它们可以通过安装盘重新进行安装。事实上，考虑到安装和调试整个系统的时间可能要持续好几天，其中花费的投入是十分不必要的，因此最有效的备份方式是对整个 IT 架构进行备份。

定制一套合理的备份策略尤为重要，可以让数据库管理员全局掌控数据库的备份恢复，以下是一些数据库管理员可以思考的因素。

（1）数据库要定期备份，备份的周期应当根据应用数据系统可承受的恢复时间，而且定期备份的时间应当在系统负荷最低的时候进行。对于重要的数据，要保证在极端情况下的损失都可以正常恢复。

（2）定期备份后，同样需要定期做恢复测试，了解备份的可靠性，确保备份是有意义的、可恢复的。

（3）根据系统需要来确定是否采用增量备份，增量备份只需要备份每天的增量数据，备份花费的时间少，对系统负载的压力也小。

（4）确保 MySQL 打开了 logbin 选项，MySQL 在做完整恢复或者基于时间点恢复的时候都需要 binlog。

（5）可以考虑异地备份。

12.2.2 逻辑备份

MySQL 转储数据库时常用的自带工具 MySQLdump 不仅能备份表记录，还可以备份表结构。

使用 MySQLdump 备份数据库详见示例 12-4。

示例 12.4

（1）备份数据库。

打开 cmd 窗口，执行以下 MySQLdump 命令：

```
MySQLdump-uroot-p – databases sprison_database>
C:\dbdata\prison_database.sql
```

接着输入 root 账户的密码，打开 prison_database.sql，可以发现数据库、数据表的创建，以及表中记录的新增 insert 语句都包含在 prison_database.sql 文件中。

（2）备份数据库中的表。

例如，以下 MySQLdump 将备份数据库 prison_database 的 police_info 表。代码如下：

```
MySQLdump-uroot-p  prison_database police_info>
C:\dbdata\police_info.sql
```

（3）备份成功的 prison_database 数据库和 police_info 表如图 12.13。

名称	修改日期	类型	大小
log.000023	2022/8/10 23:33	000023 文件	8 KB
log.000024	2022/8/17 9:36	000024 文件	6 KB
log.000025	2022/9/2 13:31	000025 文件	142 KB
log.000026	2022/9/16 11:48	000026 文件	6 KB
log.000027	2022/9/21 1:47	000027 文件	1 KB
log.000028	2022/9/29 10:40	000028 文件	1 KB
log.000029	2022/10/26 8:12	000029 文件	12 KB
log.000030	2022/10/26 14:35	000030 文件	4 KB
log.000031	2022/10/26 16:07	000031 文件	178 KB
log.000032	2022/10/26 17:04	000032 文件	3 KB
log.000033	2022/10/26 17:51	000033 文件	4 KB
log.index	2022/10/26 17:04	INDEX 文件	1 KB
police_info.sql	2022/10/26 18:49	Microsoft SQL S...	53 KB
prison_database.sql	2022/10/26 18:43	Microsoft SQL S...	68 KB

图 12.13 备份的数据库和表

12.2.3 使用 source 命令还原数据库

对于已经备份的包含 create、insert 语句的文本文件，可以使用 MySQL 的 source

命令将数据库备份文件导入数据库。

备份的 sql 文件中包含 create、insert 语句（有时也会有 drop 语句），source 命令可以直接执行文件中的这些语句。

source 命令的语法如下：

```
source 备份文件
```

备份文件为 MySQLdump 工具创建的包含 DDL 和 DML 语句的数据库文件。注意，执行的时候不需要指定数据库名。使用 source 命令还原 prison_database 数据库，代码如下：

```
source C:\dbdata\prison_database.sql
```

注意

（1）执行 source 命令前必须使用 use 语句选择好数据库，不然会出现"error 1046（3D000）：no database selected"的错误。

（2）只能在 cmd 界面下执行，不能在 MySQL 工具里面执行 source 命令，否则会报错。因为 cmd 是直接调用 MySQL.exe 来执行命令的，而这些诸如 Navicat for MySQL 的编辑工具，只是利用 MySQL Connector 连接 MySQL，管理 MySQL，并不是直接调用 MySQL.exe。

12.2.4 逻辑备份还原综合示例

某监狱数据库运行期间，开启了二进制日志。凌晨 1：00 时，数据库处于正常状态。从凌晨 1：00 开始，数据库管理员开始备份数据库，直到凌晨 2：00 为止，数据库备份成功。数据库一直正常运行到凌晨 3：00，然后数据库崩溃，数据库无法正常访问。数据库管理员恢复数据库，直到凌晨 4：00，数据库恢复成功。

详见示例 12.5。

示例 12.5

（1）凌晨 1：00，数据库管理员使用 MySQLdump 命令备份数据库（以 prison_database 数据库为例）。代码如下：

```
MySQLdump-uroot-p-l-F> C:\dbdata\prison_database.sql
```

说明：

数据库备份期间，使用"-l"参数为 prison_database 数据库施加读锁，避免备份期间数据发生变化。数据库备份期间，如果开启二进制日志，则使用"-F"参数关闭所有的二进制日志文件。

（2）凌晨 2：00 数据库备份成功。凌晨 2：00 到凌晨 3：00 数据库正常运行期间，某个数据库用户对 prison_database 数据库中的表进行了 DML 操作。这些 DML 语句将记录在最新的二进制日志文件（log.000033）中。

（3）凌晨 3：00 数据库突然无法正常访问，凌晨 4：00 才发现数据库无法正常访问，此时需要恢复数据库。运行 source 命令，将运行 prison_database.sql 中所有 SQL 语句，将数据库恢复到凌晨 1：00 的状态。使用 source 命令将 prison_database 数据库还原至凌晨 1：00 的 SQL 语句为：source C：\dbdata\prison_database.sql。该步骤实现了 prison_database 数据库的恢复。

（4）使用 MySQLbinlog 运行最新的二进制日志文件 log.000033 中所有的 SQL 语句，则将凌晨 2：00 至凌晨 3：00 之间对数据库 prison_database 所进行的正常 DML 语句执行恢复操作。恢复语句如下：

```
MySQLbinlog--no-defaults C:\dbdata\log.000033 | MySQL-uroot-p
```

该步骤实现了 prison_database 数据库的增量数据恢复，至此，数据库成功恢复。

12.2.5　MySQL 存储引擎和物理备份

数据库中的数据以文件的方式组织在一起，物理备份最简单的实现方法就是对这些文件进行复制、粘贴。但是如果物理备份期间，MySQL 服务实例没有关闭，备份过的数据可能已经发生了变化，此时需要借助热备份工具实现物理备份。

InnoDB 和 MyISAM 是许多人在使用 MySQL 时较常用的两个表类型，这两个表类型各有优劣，视具体应用而定。基本的差别为：MyISAM 表类型不支持事务处理等高级处理，而 InnoDB 表类型支持。MyISAM 表类型强调的是性能，其执行速度比 InnoDB 表类型更快，但是不提供事务支持；而 InnoDB 表类型提供事务支持以及外部键等高级数据库功能。

12.2.6　MyISAM 存储引擎

MyISAM 表的所有数据存放在数据库目录中，每个 MyISAM 表都会存在 3 个文件——FRM 文件、MYD 文件以及 MYI 文件，它们分别为数据定义文件、数据文件和数据索引文件。备份 MyISAM 表时，只需要备份每个表的 FRM 文件、MYD 文件以及 MYI 文件。

12.2.7　InnoDB 存储引擎

每个 InnoDB 表都会存在 FRM 文件、表空间文件（分为独享表空间文件、共享表空间文件）。表空间文件的后缀为 ibd，InnoDB 存储引擎开启了独立表空间（my.ini 中配置 innodbfilepertable ＝ 1）产生的存放该表的数据和索引的文件。

由于 InnoDB 是一个事务安全的存储引擎，事务安全主要是通过重做日志以及回滚日志实现。默认情况下，重做日志的信息记录在 iblogfile0 以及 iblogfile1 文件中，回滚日志的信息记录在表空间文件中。因此，备份 innoDB 表时，不仅需要备份表空间文件、FRM 文件，还需要备份重做日志文件，如 iblogfile0 以及 iblogfile1 文件。

12.2.8　物理备份的三种方式

1. 冷备份

进行物理备份时，如果关闭 MySQL 服务实例，只需复制上面列举的文件到指定盘符，即可实现数据库的物理备份，这种备份称作冷备份。

2. 温备份

MySQL 服务实例一旦关闭，将无法为数据库用户提供更新服务，甚至无法为数据库用户提供数据查询服务。在 MySQL 服务实例开启的情况下，使用 MySQL 命令"flush tables with read lock;"锁定所有数据表后，再复制上面列举的文件到指定盘符，即可实现数据库的物理备份，这种备份称作温备份。温备份期间，MySQL 服务实例仅可以为数据库用户提供查询服务。一旦为所有数据库表施加读锁，MySQL 服务实例将无法为数据库用户提供数据更新服务。

3. 热备份

在 MySQL 服务实例开启的情况下，在数据库备份的同时，数据库的查询和更新均不受影响，这种备份称作热备份。MySQL 以及第三方公司提供了热备份工具，如 MySQLhotcopy、Xtrabackup 等，这些工具帮助数据库管理员实现 MySQL 数据库的物理备份。

12.3　MySQL 复制

（1）复制解决的基本问题是让一台服务器的数据与其他服务器保持同步。一台主库的数据可以同步到多台备库上，备库本身也可以被配置成另外一台服务器的主库。主库和备库之间可以有多种不同的组合方式。

（2）MySQL 支持两种复制方式：基于行的复制和基于语句的复制。

（3）复制通常不会增加主库的开销，主要是启用二进制日志带来的开销，但出于备份或及时从崩溃中恢复的目的，这点开销是必要的。

除此之外，每个备库也会对主库增加一些负载（例如网络 I/O 开销）尤其当备库请求从主库读取旧的二进制文件时，可能会造成更高的 I/O 开销。

12.3.1　复制的概念

MySQL 复制是指将主数据库的 DDL 和 DML 操作通过二进制日志传到从服务器上，然后在从服务器上将这些日志文件重新执行，从而使从服务器与主服务器的数据保持同步。

主服务器将数据更新写入二进制日志文件，并维护文件中的一个索引以跟踪日志循环，这些日志可以记录发送到从服务器的更新。当一个从服务器连接主服务器时，它通知主服务器从服务器在日志中读取的最后一次成功更新的位置，从服务器接收从那时候起发生的任何更新，然后封锁并等待主服务器通知新的更新。

在 MySQL 中，复制操作是异步进行的，即在进行复制时，所有对复制中的表的更新必须在主服务器上进行，从服务器不需要保持连接来接受主服务器上的数据，以避免用户对主服务器上的表进行的更新与对从服务器上的表进行的更新之间的冲突。

MySQL 支持一台主服务器同时向多台从服务器进行复制操作，从服务器同时可以作为其他从服务器的主服务器，如果 MySQL 主服务器的访问量比较大，通过复制技术，从服务器来响应用户的查询操作，从而降低了主服务器的访问压力，同时从服务器可以作为主服务器的备份服务器。

一般而言，数据库复制技术可从以下几个方面改善分布式数据库集群系统的功能和性能。

1. 可用性

数据库集群系统具有多个数据库节点，在单个或多个节点出现故障的情况下，其他正常节点可以继续提供服务。

2. 性能

多个节点一般可以并行处理请求，从而避免单个节点的性能瓶颈，一般至少可以提高读操作的并发性能。

3. 可扩展性

单个数据库节点的处理能力毕竟有限，增加节点数量可以显著提高整个集群系统的吞吐率，实现数据库的分布和负载均衡。

4. 备份

可以在从服务器上进行备份，以避免备份期间影响主服务器的服务。

12.3.2 复制的实现

MySQL 数据库复制操作可分为以下几个步骤。

（1）master 启用二进制日志功能。

（2）slave 的 I/O 进程连接上 master，并请求指定日志文件中指定位置（或从最开始位置）之后的日志内容。

（3）master 接收来自 slave 的 I/O 进程的请求之后，通过负责复制的 I/O 进程，根据请求消息读取指定日志指定位置之后的日志信息，返回给 slave 的 I/O 进程。返回信息除了日志所包含的信息之外，还包括来自 master 端的二进制日志文件的名称以及操作点的位置（position）。

（4）slave 的 I/O 进程接收到信息后，将接收到的日志内容依次添加到 slave 端的中继日志文件的最末端，并将读取到的 master 端的二进制日志文件的文件名和操作点位置记录到 master info 文件中。

（5）slave 的 SQL 进程检测到中继日志文件中新增加的内容后，会马上解析中继日志文件的内容，并在自身执行中继日志文件中新增加的 SQL 脚本。

MySQL 主从复制示意图，如图 12.14 所示。

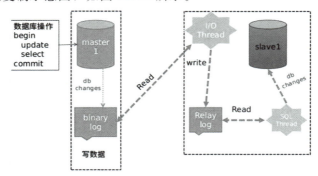

图 12.14　MySQL 主从复制示意图

12.3.3 MySQL 主从复制步骤

示例 12.6

1. 配置主服务器数据库配置文件，修改主服务器 MySQL 数据库的 my.ini（Linux 系统中该文件为 my.cnf）配置文件，一般情况下该文件位于 MySQL 主安装目录下。本例的主服务器 IP 为 192.168.6.82，具体的配置内容如下。

（1）serverid=1。serverid 属性值为数据库 ID，此 ID 唯一不能重复，否则主从复制会发生错误。

（2）logbin= binarylog。logbin 属性值为 MySQL 二进制日志文件名。此项为必填项，否则不能实现主从复制；如该项值为空，则以计算机名字加编号来命名二进制日志文件。

（3）binlogdodb=pinbang。binlogdodb 属性值为需要同步的数据库名（本例将主从同步 pinbang 数据库）。如果需要同步另外的数据库，则重复设置 binlogdodb。如果未设置 binlogdodb，则默认同步所有的数据库。

（4）binlogignoredb=mysql。binlogignoredb 属性值为不需要同步的数据库名。

2. 重启主服务器数据库

修改完主服务器 MySQL 数据库配置文件之后，需要重启 MySQL 服务。停止 MySQL 服务的命令是"net stop MySQL"，启动 MySQL 服务的命令是"net start MySQL"。

3. 在主服务器数据库添加用于同步的账号

在主服务器数据库添加用于同步的账号 shang，该账户密码为 123，并仅能从 192.168.6.87 登录 master 服务器。为了实现主从复制，必须要求 shang 账户拥有 replication slave 权限，该权限将直接授予 slave 服务器。shang 账户连接 master 服务器后可以执行 replicate 操作的权利，具体的 MySQL 命令如下：

```
grant replication slave on *.* to shang@'192.168.6.87' identified by 'abc123';
```

当然，我们也可以授予 shang 账户所有的权限，具体的 MySQL 命令如下：

```
grant all privileges on *.* to shang@'192.168.6.87' identified by 'abc123' with grant option;
```

"with grant option"表示该用户可以给其他用户授权。

4. 显示主服务器最新状态信息

执行"show master status;"命令，可以查看 Master 数据库当前正在使用的二进制日志及当前执行二进制日志的位置，如图 12.15 所示。其中 file 值为当前使用的二进制日志文件名，position 值为当前执行的二进制日志文件的位置。

图 12.15　MySQL 主服务器状态信息

从图 12.15 可以看出，master 主服务器当前使用的二进制日志文件为 binary＿log.000007，该文件的位置为 120。master 主服务器把对数据库操作的指令都记录到 binary＿log.000007 中，slave 从服务器通过读取该文件来对 slave 从服务器数据库中的数据进行修改，从而达到主从同步的效果。

示例 12.7

1. 配置从服务器数据库配置文件

只需要配置从服务器数据库配置文件的 serverid 即可，需要注意的是，该 serverid 的值不能与主服务器数据库配置文件的 serverid 的值相同。

本例中从服务器 IP 为 192.168.6.87，数据库配置文件的 serverid 的值为 2，即 serverid＝2。

注意：

凡是修改了数据库配置文件，必须重启数据库。

2. 停止从服务器的 slave 线程

使用命令"stop slave；"可以停止从服务器的 slave 线程。

3. 设置从服务器实现主从复制

使用命令"change master to"，可以设置从服务器实现主从复制。代码如下：

```
change master to master_host= '192.168.6.82',
master_user= 'shang',master_password= '123',
master_log_file= 'binary_log.000007',master_log_pos= 120;
```

命令参数说明如下。

（1）master＿host：主服务器 IP。

（2）master＿user：连接主服务器的账户。

（3）master_password：连接主服务器的账户密码。

（4）master_log_file：当前主服务器正在使用的二进制日志文件。

（5）master_log_pos：当前主服务器正在使用的二进制日志文件的操作点位置。

注意：

这里的 masterlogfile、masterlogpos 的值要与 master 主服务器的值一致，否则将无法实现主从复制同步。执行结果如图 12.16 所示。

图 12.16　设置从服务器实现复制相关信息

4．开启从服务器的 slave 线程

使用命令"start slave;"，可以启动从服务器的 slave 线程。

5．显示从服务器最新状态信息

执行"show slave status \G;"命令，用于显示从服务器最新状态信息，如图 12.17 所示。

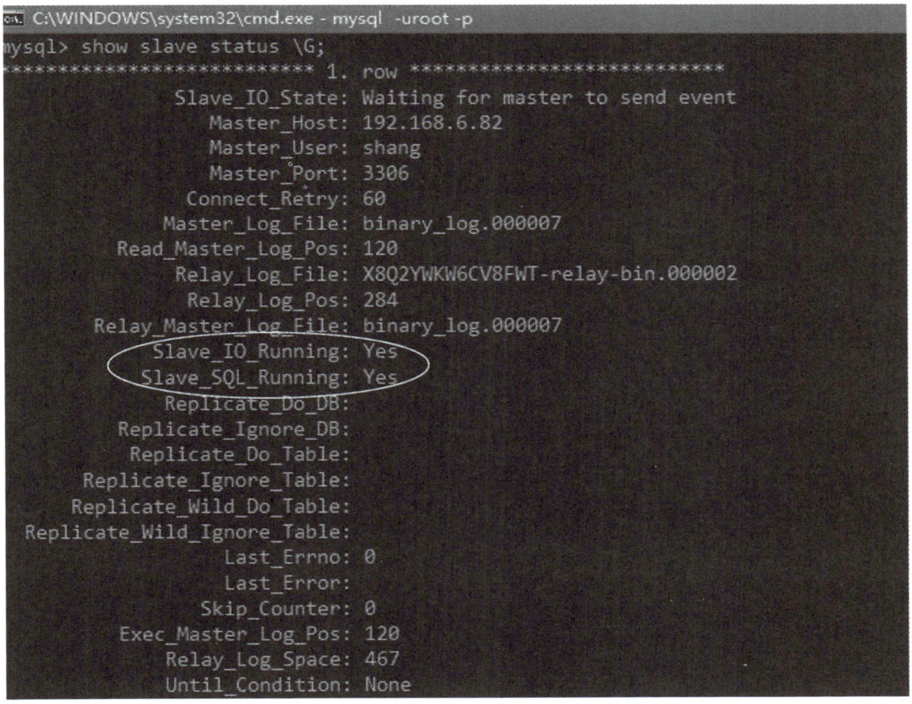

图 12.17　从服务器最新状态信息

图 12.17 椭圆框内的 Slave_IO_Running 和 Slave_SQL_Running 的值均为 Yes，表明从服务器的 IO 进程和 SQL 进程均处于运行状态。Slave_IO_Running 和 Slave_SQL_Running 是从服务器上的两个关键进程，Slave_IO_Running 负责与主服务器通信，Slave_SQL_Running 负责从服务器自身的 MySQL 进程，只有这两个进程都开启了才能实现主从同步。

6. 测试主从复制正确性

在主服务器上执行一个更新操作（insert、update 和 delete），观察是否在从服务器上同步更新执行。

12.4 MySQL 查询优化

12.4.1 数据库查询优化介绍

当前很多应用系统存在查询时间长、响应速度慢，甚至查询结果不够准确等现象。究其原因，一是硬件设备（如 CPU、磁盘）的存取速度跟不上，内存容量不够大；另一个很重要的原因则是数据查询方法不适当，抑或没有进行数据查询优化。

许多数据库开发人员认为查询优化是数据库管理系统的任务，与程序员所编写的 SQL 语句关系不大。这是不对的，一个好的查询方法通常可以使程序性能提高数十倍。实际的数据库产品（如 Oracle、MySQL、SQL Server 等）的企业级版本都采用了基于代价的优化方法，这种优化能根据从系统字典表中得到的信息来估计不同的查询方法代价，然后选择一个较优的规则。虽然现在的数据库产品在数据查询优化方面已经做得越来越好，但由于 SQL 语句是整个查询优化的基础，因此用户所提交的 SQL 语句的优劣至关重要。

每个查询语句都会有很多可供选择的执行策略和操作算法，查询优化就是选择一个高效的查询处理策略。查询优化有许多种方法，按照优化的层次一般可以分为代数优化和物理优化。代数优化是指关系代数表达式的优化，即按照一定的规则，改变代数表达式中操作的次序和组合，使查询执行更高效；物理优化则是指存取路径和底层操作算法的选择。选择的依据可以是基于规则的，也可以是基于代价的，还可以是基于语义的。实际 RDBMS 中的查询优化器都综合运用了这些优化技术，以获得较好的查询优化效果。

查询优化在关系数据库系统中有着非常重要的地位，关系数据库系统和非过程化的 SQL 之所以能取得较大的成功，关键得益于查询优化技术的发展，查询优化是影响 RDBMS 性能的关键因素。查询优化既是 RDBMS 实现的关键又是关系数据库的优点所在，它减轻了用户选择存取路径的负担。用户只要提出"干什么"，不必指出"怎么干"。

12.4.2 基于索引的优化

索引是依赖于表建立的，它包含索引键值及指向数据所在页面和行的指针。一个表的存储是由两部分组成的，一部分用于存放表的数据页面，另一部分用于存放索引页面。通常，索引页面相对于数据页面而言要小得多。当进行数据检索时，系统先搜索索引页面，从中找到所需数据的指针，然后再直接通过指针从数据页面中读取数据。

由于创建索引需要消耗一定的系统性能，因此需要考察对某列创建索引的必要性。以下场合需要考虑创建索引。

（1）主键和外键列。
（2）需要在指定范围内快速或频繁查询的列。
（3）需要按排列顺序快速或频繁查询的列。
（4）在集合过程中需要快速或频繁组合在一起的列。

不考虑创建索引的场合如下。
（1）在查询中几乎不涉及的列。
（2）很少有唯一值的列，如记录性别的列。
（3）由 text、image 数据类型定义的列。
（4）只有较少行数的表没有必要建立索引。

按天统计订单金额，详见示例 12.8。

示例 12.8

分析：按照订单日期分组计算订单金额，即分组列为订单日期。为提升查询效率，可以在"订单日期"列上建立索引。在 orders 表的 ordersDate 列建立索引的 SQL 语句如下：

```
create indexidxOrdersDate on orders(ordersDate);
```

按照订单日期分组计算订单金额的 SQL 语句如下：

```
select ordersDate,sum(amount)from orders group by ordersDate;
```

按类型、团购价升序显示商品基本信息，详见示例 12-9。

示例 12.9

分析：由于查询需要根据商品类型、团购价进行排序显示，并且查询商品基本信息为常见的业务操作，使用频度高。为提升查询效率，可以在"商品类型""团购价"列上创建组合索引。在 product 表的 categoryID 和 currentPrice 列上创建组合索引的 SQL 语句如下：

```
create indexidxcategoryprice on product(categoryID,currentPrice);
```

按类型、团购价升序显示商品基本信息（连接商品表和商品类型表）的 SQL 语句如下：

```
select categoryName,title,currentPrice,categoryName from product,
category where product.categoryID = category.categoryID order by
product.categoryID,currentPrice;
```

在使用索引字段作为条件时，如果该索引是组合索引，那么必须以该索引中的第一个字段作为条件，才能保证系统使用该索引，否则该索引将不会被使用，并且应尽可能地让字段顺序与索引顺序相一致。

如果将示例 12-9 创建组合索引的语句修改为：

```
create indexidxcategoryprice on product(currentPrice,categoryID,);
```

则由于查询条件"where product.categoryID＝category.categoryID"，使得组合索引的第二个字段 categoryID 作为条件，在这种情形下系统是不会使用该索引的，所以应该保证以复合索引中的第一个字段作为条件。

12.4.3　where 子句优化

（1）避免在 where 子句中对字段进行 null 值判断。

在 where 子句中对字段进行 null 值判断，这将导致数据库引擎放弃使用索引而进行全表扫描，而全表扫描会耗费数据库资源，延长检索时间。例如，以下 SQL 语句应尽量避免：

```
select title from product where currentPrice is null
```

可以在 currentPrice 上设置默认值 0，它确保了表中 currentPrice 列没有 null 值，修改后的 SQL 语句如下：

```
select title from product where currentPrice= 0
```

（2）避免在 where 子句中使用！＝或＜＞操作符。

应尽量避免在 where 子句中使用！＝或＜＞操作符，否则数据库引擎将放弃使用索引而进行全表扫描。例如，

"currentPrice！= 10"或"currentPrice！= 10＜ ＞ 10"，可以改成"currentPrice＞ 10 or currentPrice＜ 10"。

（3）慎用 in 和 not in。

in 和 not in 会使系统无法使用索引，而只能直接搜索表中的数据。如果 in 范围内的值是连续的，可以用"between...and"替换 in。例如：

```
select id from t where num in(1,2,3);
```

可以替换成：

```
select id from t where num between 1 and 3;
```

如果必须是 in，则在 in 后面值的列表中，将出现最频繁的值放在最前面，出现最少的值放在最后面，这样可以减少判断的次数。

（4）避免在 where 子句中对字段进行表达式操作。

应尽量避免在 where 子句中对字段进行表达式操作，否则数据库引擎将放弃使用索引而进行全表扫描。例如：

```
select * from product where currentPrice/2= 20;
```

应改写成：

```
select * from product where currentPrice= 20* 2;
```

例如：

```
select * from record where substring(cardno,1,4)= '5378';
```

应改写成：

```
select * from record where cardno like '5378% ';
```

库函数 substring（str，start，length）的作用是从字符串 str 的第 start 个位置开始获取 length 长度的字符串。

（5）避免在 where 子句的"="左边进行函数、算术运算或其他表达式运算。

（6）尽量使用 exists。例如：

```
select title,currentPrice from Product where areaID in
(select areaID from Area where areaName= '江汉路' or areaName= '武广')
```

上述 SQL 语句可以替换成使用 exists，这样查询效率会提升：

```
select title,currentPrice from Product where exists
(select 1 from Area where(areaName='江汉路' or areaName='武广')
and areaID= Product.areaID
```

12.4.4 子查询性能优化

子查询是一个 select 查询，它可以嵌套在 select、insert、update 以及 delete 语句或其他子查询中。任何允许使用表达式的地方都可以使用子查询，子查询可以使编程灵活多样，用于实现一些查询逻辑比较复杂的需求。但是在性能上，不合适的子查询常会形成性能瓶颈。关于子查询方面的优化可关注以下几点。

（1）尽量使用连接查询代替子查询。

连接查询中 join 子句之所以更有效率一些，是因为被嵌套的内层子查询需在内存中创建临时表，较为费时，而使用 join 子句则不需要创建临时表。

（2）not in、not exists 子查询可以改用 left join 代替。

例如：

```
select title,currentPrice from product where areaID not in
(select areaID from area where areaName='江汉路' or areaName='武广')
```

可以改写成：

```
select title,currentPrice from product P left join area A
on P.areaID= A.areaID where A.areaName<>'江汉路' and A.areaName<>'武广'
```

例如，显示没有下单的客户姓名的 SQL 语句如下：

```
select customerName 客户姓名 from customer C
where not exists (select 1 from Orders o where customerID= C.customerID)
```

可以采用左连接改写成：

```
select customerName 客户姓名 from customer C left join Orders O
on C.customerID= O.customerID where O.customerID is null
```

（3）如果子查询结果集没有重复记录，in、exists 子查询可以用 inner join 代替。
例如：

```
select title from Product where categoryID in
(select categoryID from category where categoryName='食品' or categoryName='KTV')
```

可以改写成：

```
select title from product P innerjoin category C
on P.categoryID = C.categoryID where C.categoryName='食品' or categoryName='KTV'
```

（4）in 子查询可用 exists 代替。
例如：

```
select title from product where categoryID in
(select categoryID from category where categoryName='食品' or categoryName='KTV')
```

可以改写成：

```
select title from product where exists
(select 1 from category where(categoryName='食品' or categoryName='KTV')
and categoryID=product.categoryID)
```

（5）不要用含有 count（*）的子查询判断是否存在记录，最好使用 left join 或 exists。
例如：

```
select areaName from area where
(select count(*)from Product where areaID=Area.areaID)=0
```

应改写成：

```
 select areaName from area left join product on area.areaID = product.areaID
where product.areaID is null
```

例如：

```
select areaName from area where
(select count(*)from product where areaID= area.areaID)< > 0
```

应改写成：

```
select areaName from area where exists
(select 1 from product where areaID= area.areaID)
```

（6）尽量避免嵌套子查询。

查询嵌套层次越多，效率越低，因此应当尽量避免嵌套子查询。

（7）子查询中尽量过滤出尽可能多的记录行。

12.4.5 其他 SQL 语句优化

1. 查询时按需取材

不要返回不需要的行、列，即避免"select * from 表"。

2. 避免或简化排序

应当避免或简化对大型表进行重复的排序。大多数情况下，数据库优化器会利用索引自动地以适当的次序产生输出，这样就避免了排序。但以下这些情况是不能够利用索引自动排序的。

（1）索引中不包括一个或几个待排序的列。

（2）group by 子句或 order by 子句中列的次序与索引的次序不一致。

（3）排序的列来自不同的表。

所以为了避免不必要的排序，就必须正确地创建索引，合理地合并数据库表（尽管有时可能会影响表的规范化，但相对于效率的提高还是值得的）。

如果排序不可避免，则应当试图简化它，如缩小排序列的范围等。

3. 尽量在 group by 子句、having 子句之前剔除多余的行

查询语句中各子句的执行顺序和功能如下。

（1）select 中的 where 子句用于选择所有合适的行。

（2）group by 子句用于分组统计。

（3）having 子句用于剔除多余的分组。

所以为了优化查询效率,需要尽量在 where 子句中过滤掉尽可能多的记录,即尽量在 group by 子句和 having 子句之前剔除尽可能多的数据行。

4. 消除对大型表数据的顺序存取

在嵌套查询中,对表的顺序存取可能会对查询效率产生致命的影响。例如,采用顺序存取策略,一个嵌套 3 层的查询,如果每层都查询 1000 行,那么这个查询就要查询 10 亿(1000×1000×1000)行数据。以下这些方法可以消除对大型表数据进行顺序存取时所存在的效率问题。

1)对连接的列创建索引

例如,有以下两个表:学生表(学号、姓名、年龄……)和选课表(学号、课程号、成绩)。如果需要对上述两个表进行连接查询,就要在"学号"这个连接字段上建立索引。

2)使用并集

尽管在所有的查询列上都建立了索引,但某些形式的 where 子句依然会强迫优化器使用顺序存取。例如,下面的查询将强迫对 orders 表执行顺序操作:

```
select * from orders where(customernum= 104 and ordernum> 1001)or ordernum= 1008
```

虽然在 customernum 和 ordernum 上建有索引,但是由于该语句要检索的是分离的行的集合,因而优化器还是会使用顺序存取路径扫描整个表。如果使用 union 连接分离的结果集,就能利用索引路径处理查询。使用并集的 SQL 语句如下:

```
select* from orders where customernum= 104 and ordernum> 1001
union
select* from orders where ordernum= 1008
```

5. 尽量用 distinct(唯一),不要用 group by

如果 group by 的目的不包括计算,只是分组,那么使用 distinct 速度更快。例如:

```
select ordersID from ordersDetail where quantity > 2 group by ordersID
```

可改为:

```
select distinct(ordersID)from ordersDetail where quantity> 2
```

6. 避免困难的正规表达式

like 关键字支持通配符匹配，技术上称为正规表达式，但这种匹配特别耗费时间。例如：

```
select* from customer where zipcode like "98___";
```

即使在 zipcode 字段上建立了索引，在这种情况下还是采用顺序扫描的方式。如果将语句修改为：

```
select* from customer where zipcode> "98000";
```

在执行查询时就会利用索引来处理查询，显然会大大提高检索速度。

7. 尽量使用存储过程

存储过程将数据的处理工作放在服务器上，减少了网络的开销。

8. 尽量少用视图，特别是嵌套视图

对视图操作比直接对表操作慢，所以在执行逻辑复杂的查询时，可以考虑使用存储过程来代替视图。使用视图时，有以下几点需要注意。

（1）尽量不要使用嵌套视图，因为嵌套视图增加了寻找原始资料的难度。

（2）对单个表检索数据时，不要使用指向多个表的视图，应该直接从表或仅包含该表的视图上读取。

9. SQL 语句中的字段值要与数据类型精确匹配

例如：

```
select empname form employee where salary> 3000
```

分析此语句，若 salary 是 float（或 decimal）型，则数据库对其自动执行类似语句"convert（float，3000）"，用于将 int 型 3000 转为 float 型 3000.0。因而，当 salary 为 float 型时，为了避免等到运行时才让 DBMS 进行转化而影响执行效率，应将其改写为：

```
select empname form employee where salary> 3000.0
```

12.5 本章实践任务

12.5.1 实践练习一

在"飞狐网"中,首先新增两条国际新闻,然后再更新两条新闻作者。使用 MySQL 二进制日志文件取消对作者的更新操作,仅保留对两条新闻的新增操作。

12.5.2 实践练习二

数据库 novelsysdb 在运行期间,开启了二进制日志。凌晨 1:00 时,数据库处于正常状态。从凌晨 1:00 开始,数据库管理员开始备份数据库,直到凌晨 2:00 为止,数据库备份成功。凌晨 3:00,数据库管理员发现凌晨 2:00 到 3:00 之间存在误操作,数据库管理员恢复数据库,直到凌晨 4:00 数据库恢复成功。请使用 MySQL 备份和还原方法将数据库恢复到正确状态。

12.5.3 实践练习三

备有两台安装有 MySQL 的电脑,将安装有 jourery 数据库的电脑作为 master 主服务器,另外一台电脑作为 slave 从服务器,并分别记下主服务器和从服务器的 IP。要求将主服务器上的 jourery 数据库备份到从服务器,并实现 jourery 数据库主从复制。

12.5.4 实践练习四

使用查询优化技术检索旅游信息。要求使用索引提升旅游信息查询质量,以及将子查询替换成连接查询,用于提升旅游信息查询效率。具体需要实现以下查询业务。

(1) 统计每一种线路类型的线路数量、最高线路价格、最低线路价格和平均线路价格,要求按照线路数量和平均线路价格升序显示。

(2) 获取客户"郝琼琼"预订线路的详细信息,要求显示线路编号、线路名、线路价格和出行日期,按照线路价格升序显示。

(3) 统计每个客户的订单数,要求显示客户姓名和订单数,按照订单数升序显示。

> 本章总结

- **1. 如何启动 MySQL 二进制日志功能？使用 MySQLbinlog 命令恢复数据库的具体语法是什么**

（1）在 MySQL 配置文件 my.ini（该文件默认位置位于 MySQL 根目录下）的［MySQLd］选项组中，添加"logbin＝二进制日志文件名"，就可以开启二进制日志功能。

（2）MySQLbinlog 命令恢复数据库的具体语法如下：

MySQLbinlog--no-defaults 二进制日志文件【--start-pos＝操作点起始编号】【--stop-pos＝操作点终止编号】【--start-datetime＝操作点起始时间】【--stop-datetime＝操作点终止时间】｜ MySQL－u 用户－p。

- **2. 使用 MySQLdump 进行逻辑备份的命令是什么？使用 source 还原数据库的命令是什么**

（1）使用 MySQLdump 进行逻辑备份的命令如下。

① 备份所有数据库：MySQLdump－u 用户-p--all-database＞备份 sql 文件。

② 备份单个数据库 db1：MySQLdump－u 用户-p--database db1＞备份 sql 文件。

③ 备份数据库 db1 和 db2：MySQLdump－u 用户-p--database db1 db2＞备份 sql 文件。

④ 备份数据库 db1 下 table1：MySQLdump－u 用户-p db1 table1＞备份 sql 文件。

（2）使用 source 还原数据库的命令如下：

source 备份 sql 文件

- **3. MySQL 主从复制的机制是什么？**

MySQL 复制是将一台 MySQL 主服务器的数据更改异步地复制到另外一台或多台从服务器的过程。复制是异步进行的，即从服务器不需要保持连接来接收主服务器的数据。复制的内容可以是记录的更新，也可以是更新语句（例如 insert、update、delete 语句）。所谓复制，是指当主服务器的数据更改通过二进制日志文件拷贝到从服务器的中继日志文件（relay log）中，从服务器重做中继日志中的"数据更改"，从而使得从服务器和主服务器的数据保持同步。

● **4. 子查询优化的常见方法有哪些?**

(1) 尽量使用连接查询代替子查询。

(2) not in、not exists 子查询可以改用 left join 代替。

(3) 如果子查询结果集没有重复记录,in、exists 子查询可以用 inner join 代替。

(4) in 子查询用 exists 代替。

(5) 不要用含有 count(*) 的子查询判断是否存在记录,最好使用 left join 或 exists。

(6) 尽量避免嵌套子查询。

(7) 子查询中尽量过滤出尽可能多的记录行。

本章拓展知识

(1) 对不符合规范的数据要进行监测,在有规则管束的前提下才能做到有条不紊。同样,在日常生活中,也应当做遵纪守法的好公民。

(2) 单独数据库管理意义有限,与更多技术如 ODBC 编程等联合,实现数据共享,能达到更好的共赢效果。各个国家的先进技术与观念也是一个庞大的"数据库",中国通过"一带一路"打造利益共同体。我们要积极响应国家政策,拥护党的纲领,为社会主义建设奉献自己的一份力量。

(3) 在社会新闻中,时常出现有意或者无意的"删库"现象,有些原因是不够严谨认真,还有些原因是对职业道德甚至法律的无视。使用数据库备份功能可很大幅度降低删库造成的损失。数据库从业者既要有职业技术技能,更要有职业道德。

附录

数据字典

数据库

序号	库名	描述	备注
1	prison_database	监所管理数据库	

数据表

序号	表名	描述	备注
1	crimes_list	常见罪名表，用于保存常见罪名信息	
2	criminal_info	罪犯信息表，用于保存罪犯的基本信息	
3	department	部门表，用于保存监所部门的信息	
4	duty	值班调度信息表，用于保存监所警察值班调度信息	
5	in_out_prison	出入监信息表，用于保存罪犯出入监信息	
6	police_info	警察信息表，用于保存监所警察的信息	
7	position	地理信息表，用于保存监所的地理位置信息	
8	dictionary	字典表，用于保存学历、婚姻状态等基本信息	
9	goods	商品表，用于保存监所内可购买商品的信息	
10	order_distribution_datetime	订单配送表，用于保存监所内买卖商品的信息	
11	prison_room	狱室信息表，用于保存狱室的基本信息（用于练习）	
12	system_login	系统登录表，用于保存访问监所网络平台的信息	
13	visitor	亲属访问表，用于保存亲属访问的信息	

crimes_list（常见罪名表）

字段名	数据类型	允许空值	备注
id	int（11）	no	编号
crime_name	varchar（255）	yes	罪名
legal_name	varchar（255）	yes	法律名称
applicable_scope	text	yes	适用范围
Sentencing_reference	text	yes	量刑建议

criminal_info（罪犯信息表）

字段名	数据类型	允许空值	备注
id	int（11）	no	编号
criminal_code	varchar（11）	yes	罪犯编号
criminal_name	varchar（32）	yes	姓名
gender	varchar（2）	yes	性别
education_degree	int（11）	yes	文化程度
marital_status	int（11）	yes	婚姻状态
id_number	varchar（18）	yes	身份证号
crime_number	int（11）	yes	罪名编号
penalty_content	varchar（255）	yes	刑罚时长
prison_official	int（11）	yes	管教编号
nationality	varchar（32）	no	罪犯国籍，默认为中国

department（部门表）

字段名	数据类型	允许空值	备注
id	int（11）	no	编号
department_id	varchar（32）	yes	部门编码
department_name	varchar（32）	yes	部门名称
department_head_id	int（11）	yes	部门负责人编号
department_function	varchar（255）	yes	部门职能
superior_department_id	int（11）	yes	上级部门编号

duty（值班调度信息表）

字段名	数据类型	允许空值	备注
id	int（11）	no	编号
duty_time	datetime	yes	值班时间
person_liable	varchar（32）	yes	值班负责人
duty_log	varchar（255）	yes	值班记录内容
transtion_person	varchar（32）	yes	交班负责人
transtion_content	varchar（255）	yes	交接内容
position_id	int（11）	yes	值班地点

in_out_prison（出入监信息表）

字段名	数据类型	允许空值	备注
id	int（11）	no	编号
criminal_code	varchar（11）	yes	罪犯 id
in_time	date	yes	收押时间
out_time	date	yes	离监时间
trend	varchar（255）	yes	离监去向

police_info（警察信息表）

字段名	数据类型	允许空值	备注
id	int（11）	no	编号
police_name	varchar（32）	yes	警察姓名
police_no	varchar（7）	yes	警号
gender	varchar（2）	yes	性别
department_id	int（11）	yes	部门编号
position	varchar（32）	yes	职位

position（地理信息表）

字段名	数据类型	允许空值	备注
id	int（11）	no	编号
position_name	varchar（32）	yes	地点名称
longitude	varchar（128）	yes	经度
latitude	varchar（128）	yes	纬度
remark	varchar（255）	yes	备注

dictionary（字典表）

字段名	数据类型	允许空值	备注
id	int（11）	no	编号
type	int（11）	yes	类别
value	varchar（32）	yes	类别值
create_time	datetime	yes	创建时间
update_time	datetime	yes	修改时间
remark	varchar（255）	yes	描述

goods（商品表）

字段名	数据类型	允许空值	备注
goods_code	varchar（32）	no	商品编号
goods_name	varchar（255）	no	商品名称
category	varchar（255）	no	商品类别
unit_price	decimal（10,2）	yes	单价

order_distribution_datetime（订单配送表）

字段名	数据类型	允许空值	备注
order_id	varchar（32）	no	序号
order_no	varchar（255）	yes	订单编号
order_date	varchar（255）	yes	订单时间
delivery_date	decimal（10,2）	yes	交货时间

prison_room（狱室信息表）

字段名	数据类型	允许空值	备注
id	int（11）	no	序号
room_name	varchar（255）	yes	房间编号
accommodate	int（11）	yes	容纳人数
room_type	int（11）	yes	房间类型

system_login（系统登录表）

字段名	数据类型	允许空值	备注
id	int（11）	no	序号
login_account	varchar（255）	yes	登录账号
login_password	int（11）	yes	登录密码

监所网络数据库技术

visitor（访问表）

字段名	数据类型	允许空值	备注
id	int（11）	no	序号
name	varchar（255）	no	访问者姓名
visitor_time	date	no	访问时间
criminal_code	varchar（11）	no	罪犯编号

以下为数据表内数据，仅作参考。

crimes_list（常见罪名表）

id	crime_name	legal_name	applicable_scope	Sentencing_reference
1	抢劫罪	刑罚	侵犯财产的行为和处罚	有期徒刑、无期徒刑或者死刑
2	诽谤罪	刑罚	侵犯公民人身权利的行为和处罚	三年以下有期徒刑、拘役、管制或者剥夺政治权利
3	走私文物罪	刑罚	破坏社会主义市场经济秩序的行为和处罚	有期徒刑或者无期徒刑
4	危害国家安全罪	刑罚	危害国家安全的行为和处罚	有期徒刑、无期徒刑或者死刑
5	聚众斗殴罪	刑罚	破坏社会管理秩序的行为和处罚	有期徒刑、无期徒刑或者死刑
6	盗窃罪	刑罚	侵犯财产的行为和处罚	有期徒刑或者无期徒刑
7	过失致人死亡罪	刑罚	侵犯公民人身权利的行为和处罚	三年以上七年以下有期徒刑
8	诈骗罪	刑罚	侵犯财产的行为和处罚	有期徒刑或者无期徒刑
9	故意杀人罪	刑罚	侵犯公民人身权利的行为和处罚	有期徒刑、无期徒刑或者死刑
10	非法经营罪	刑罚	扰乱市场秩序的行为和处罚	有期徒刑或者拘役

附录 数据字典 Appendix

criminal_info（罪犯信息表）

id	criminal_code	criminal_name	gender	age	education_degree	marital_status	id_number	crime_number	penalty_content	prison_official	nationality	roomid
1	42342221101	赵*盖	男	40	3	7	020104********432	1	有期徒刑15年	1	中国	1
2	42342221102	高*	男	46	1	7	020103********813	2	管制	6	中国	1
3	52342221103	梁*民	男	46	4	9	030104********429	3	有期徒刑5年	8	中国	1
4	52342221101	鲁*	男	36	5	8	020105********86X	4	无期徒刑	540	中国	1
5	42342221105	高*	男	50	1	8	020103********813	5	拘役	1	中国	1
6	42342221106	陈*书	男	40	6	7	020104********756	6	有期徒刑5年	1	中国	1
7	42342221108	陆*川	男	29	1	7	020103********678	8	有期徒刑15年	1	中国	1
8	42342221103	孙*	女	20	1	9	020105********422	10	拘役	1	中国	1
9	52342221703	赵*	女	15	2	8	020105********248	11	拘役	1	中国	1

department（部门表）

id	department_id	department_name	department_head_id	department_function	superior_department_id
1	70105	办公室	1	协助领导做好调查研究工作，并针对问题提出相应的意见和建议	
2	70101	刑罚执行科	1	刑事执行	
3	70102	劳动改造科	2	劳动改造	
4	70103	行政后勤科	1	保障监狱正常运转	
5	70104	教育科	3	思政教育	
6	70105	狱政管理科	4	监狱日常管理	

357

续表

id	department_id	department_name	department_head_id	department_function	superior_department_id
7	70105	政治处	1	负责监狱干警、职工的思想政治教育和党建工作	
8	70105	财务科	1	健全各项财务管理制度，编制财务支出和财务预算计划	
9	70105	生活卫生科	1	负责罪犯的生活管理和按标准管理犯人的伙食工作	
10	2	看守大队	1	负责看守监狱大门，维护监狱安全秩序	
11	1	医院	1	负责罪犯疾病的防治、医疗抢救、传染病防治工作	

in_out_prison（出入监信息表）

id	criminal_code	in_time	out_time	trend
1	42342221102	20/11/1995	20/3/1996	个体经营
2	42342221101	5/3/2012	5/3/2027	
3	52342221103	11/2/2022	11/2/2025	
4	52342221101	10/9/2020		
5	42342221105	12/5/2002	12/6/2002	待业
6	42342221106	5/12/2000	5/12/2005	当地居委会
7	42342221107	23/7/2017	23/7/2030	
8	42342221108	10/6/2021	10/8/2035	
9	52342221113	8/2/1997		
10	42342221103	11/9/2021	11/10/2021	待业

police_info（警察信息表）

id	police_name	police_no	gender	department_id	position
1	李*光	42****25	男	1	1
2	admin	00****00			
3	何*韬	31****00	男	2	4
4	李*宏	14****00	男	1	7
5	姚*	83****00	女	7	6
6	吕*英	94****00	男	2	7
7	向*宁	60****4x	女	3	7
8	钟*涵	14****1X	女	1	9
9	蒋*远	66****00	男	8	8
10	陆*宏	79****7X	男	1	1

注：共1000条，仅取前10条。

dictionary（字典表）

id	type	value	create_time	update_time	remark
1	1	小学	2022/9/10 16:45	2022/9/10 16:45	学历
2	1	初中	2022/9/10 16:45	2022/9/10 16:45	学历
3	1	高中	2022/9/10 16:45	2022/9/10 16:45	学历
4	1	专科	2022/9/10 16:46	2022/9/10 16:46	学历
5	1	本科	2022/9/10 16:46	2022/9/10 16:46	学历
6	1	研究生	2022/9/10 16:47	2022/9/10 16:47	学历
7	2	已婚	2022/9/10 16:49	2022/9/10 16:49	婚姻状态

续表

id	type	value	create_time	update_time	remark
8	2	未婚	2022/9/10 16:49	2022/9/10 16:49	婚姻状态
9	2	丧偶	2022/9/15 12:28	2022/9/15 12:28	婚姻状态

goods（商品表）

goods_code	goods_name	category	unit_price
21115	北京方便面(50g)	休闲食品	1.45
21116	老干妈(250g)	休闲食品	8.5
21117	鱼子酱(100g)	休闲食品	63.2
21118	法式面包(500g)	休闲食品	

order_distribution_datetime（订单配送表）

order_id	order_no	order_date	delivery_date
1	2022100600123	2022/10/6 14:29	2022/10/8 14:19

prison_room（狱室信息表）

id	room_name	accommodate	room_type
1	301	8	3
2	302	8	3
3	401	10	2

system_login（系统登录表）

id	login_account	login_password
1	admin	admin

visitor（访问表）

id	name	Visitor_time	Criminal_code
1	zhangsan	2022/5/12	42342221101
2	lisi	2022/6/22	42342221102
3	wangwu	2022/7/13	52342221103
4	zhaoliu	2022/8/30	42342221101
5	sunqi	2022/9/12	42342221102
6	zhaoliu	2022/8/9	52342221103
7	sunqi	2022/5/17	42342221101

参考文献

[1] 韩耀军,等.数据库系统原理与应用[M].北京:机械工业出版社,2007.

[2] 孔祥盛.MySQL 核心技术与最佳实践[M].北京:人民邮电出版社,2014.

[3] 孔祥盛.MySQL 数据库基础与实例教程[M].北京:人民邮电出版社,2014.

[4] 李波.MySQL 从入门到精通(视频教学版)[M].北京:清华大学出版社,2015.

[5] 倪春迪,殷晓伟.数据库原理及应用[M].北京:清华大学出版社,2015.

[6] 李楠楠.数据库原理及应用[M].北京:科学出版社,2015.

[7] 国家 863 中部软件孵化器.MYSQL 从入门到精通[M].北京:人民邮电出版社,2016.

[8] 李辉,等.数据库系统原理及 MySQL 应用教程[M].北京:机械工业出版社,2016.

[9] 刘增杰.MySQL 5.7 从入门到精通(视频教学版)[M].北京:清华大学出版社,2016.

[10] 俞海,顾金媛.数据库基本原理及应用开发教程[M].南京:南京大学出版社,2017.

[11] 聚慕课教育研发中心.MySQL 从入门到项目实践(超值版)[M].北京:清华大学出版社,2018.

[12] 张素青,翟慧,黄静.MySQL 数据库技术与应用[M].北京:人民邮电出版社,2018.

[13] 杨俊杰,张玮.数据库原理[M].北京:中国水利水电出版社,2018.

[14] 王英英,李小伟.MySQL 5.7 从零开始学(视频教学版)[M].北京:清华大学出版社,2018.

[15] 王英英.MySQL 8 从入门到精通(视频教学版)[M].北京:清华大学出版社,2019.

[16] 徐彩云.MySQL 数据库实用教程[M].武汉:华中科技大学出版社,2019.

［17］张华. MySQL 数据库应用（全案例微课版）［M］. 北京：清华大学出版社，2021.

［18］肖宏启，杨丰佳，柳均. MySQL 数据库设计与应用［M］. 北京：清华大学出版社，2021.

与本书配套的二维码资源使用说明

　　本书部分课程及与纸质教材配套数字资源以二维码链接的形式呈现。利用手机微信扫码成功后提示微信登录，授权后进入注册页面，填写注册信息。按照提示输入手机号码，点击获取手机验证码，稍等片刻收到 4 位数的验证码短信，在提示位置输入验证码成功，再设置密码，选择相应专业，点击"立即注册"，注册成功。（若手机已经注册，则在"注册"页面底部选择"已有账号？立即注册"，进入"账号绑定"页面，直接输入手机号和密码登录。）接着提示输入学习码，需刮开教材封面防伪涂层，输入 13 位学习码（正版图书拥有的一次性使用学习码），输入正确后提示绑定成功，即可查看二维码数字资源。手机第一次登录查看资源成功以后，再次使用二维码资源时，只需在微信端扫码即可登录进入查看。